MÉMOIRES
de
deux voyages et séjours
en
ALSACE
1674-76 & 1681

AVEC UN ITINÉRAIRE DESCRIPTIF DE PARIS A BASLE
ET LES VUES D'ALTKIRCH ET DE BELFORT DESSINÉES PAR L'AUTEUR

LDLSDL'HP

PUBLIÉ POUR LA PREMIÈRE FOIS D'APRÈS LE MANUSCRIT ORIGINAL
PAR LBJCM

MULHOUSE
IMPRIMERIE VEUVE BADER ET Cie
1886
Tous droits réservés

Mémoires

de

deux voyages en Alsace

1674-76 & 1681

A

LA MÉMOIRE

DU PROMOTEUR DE CETTE PUBLICATION

FRÉDÉRIC ENGEL-DOLLFUS

*QVIS DESIDERIO SIT PVDOR AUT MODVS
TAM CARI CAPITIS?*

MÉMOIRES
de
deux voyages et séjours
en
ALSACE
1674-76 & 1681

AVEC UN ITINÉRAIRE DESCRIPTIF DE PARIS A BASLE
ET LES VUES D'ALTKIRCH ET DE BELFORT DESSINÉES PAR L'AUTEUR

LDLSDL'HP
Lazare De La Salle DE L'Hermine Parisien

PUBLIÉ POUR LA PREMIÈRE FOIS D'APRÈS LE MANUSCRIT ORIGINAL.
PAR LBJCM
(le bibliothécaire Joseph Coudre, mulhousien.

MULHOUSE
IMPRIMERIE VEUVE BADER ET Cie
1886
Tous droits réservés

AU LECTEUR

IEN *n'est plus vray, l'Opinion est la Reine du monde. Ce sentiment qu'on atribue*[1] *à un Auteur Italien se vérifie partout ; mais on n'en peut jamais être mieux convaincu que par les voyages qui nous apprennent les différentes coûtumes des Peuples de la Terre, où l'on voit souvent que ce qui est honête ou utile chez une nation paroît indécent ou incommode chez une autre, sans qu'on puisse déterminer au juste de quel côté est la raison. Il ne seroit pas besoin d'aller dans les régions les plus éloignées de sa patrie pour trouver la preuve de ce que je dis, puisque cette diversité se rencontre non seulement entre les hommes qui habitent divers climats, mais encore entre ceux qui sont néz dans un même Royaume et dans la même Province. Et qui voudroit entrer*

---

[1]. Après quelque hésitation nous avons cru devoir suivre l'orthographe du manuscrit, pour en conserver autant que possible l'aspect extérieur. Nous avons corrigé seulement les fautes évidentes et modifié, mais discrètement, l'accentuation et la ponctuation, qui présentaient alors la même diversité que la forme même des mots. Il ne faut pas l'oublier : à l'époque où écrivait notre auteur, la langue était constituée, l'orthographe ne l'était pas.

dans un détail plus précis de cette vérité trouveroit que l'Opinion s'érige autant de Trônes qu'il y a de têtes d'hommes en particulier. Mon dessein n'est pas d'entreprendre icy une telle discussion, Je la laisse à ceux qui ont receu le don de l'examen des Esprits; je ne fais cette réflexion que par raport à ceux qui aiment les voyages et à ceux qui les méprisent, puisque dans l'un et l'autre de ces deux partis chacun prend la chose à sa manière.

Pour ceux qui se plaisent à voyager, on sait qu'il y en a entr'eux qui s'atachent à étudier la Politique ou le gouvernement des Etats souverains; que d'autres n'en veulent qu'aux productions extraordinaires de la nature; les uns n'ont du goust que pour les monuments antiques, les médailles, les inscriptions et tout ce qui peut contribuer à la gloire de la République des lettres; quelques autres se plaisent à examiner le génie des nations étrangères, à faire un détail si étendu de leurs mœurs et de leurs inclinations qu'ils en raportent jusques aux moindres particularitez. Il se trouve encore d'une autre espèce de voyageurs, qui ne courent le monde que par inquiétude d'esprit; qui ne voyent rien ou qui oublient ce qu'ils ont vû, parce qu'ils ne portent point de tablettes et qu'ils ne font ni mémoires ni relations : tout leur dessein est de changer de pays, de connoître de nouvelles tours ou de nouveaux clochers — gens qui ne sont pas si tôt arrivez dans un lieu qu'ils s'y ennuyent; ils se souviennent cependant assez bien des bons et des mauvois gistes, et c'est là ce qui les touche le plus, aussi bien que le plaisir de dire un jour qu'ils sont revenus de loin. Je ne parle point de ceux qui entreprennent des voyages pour leur commerce ou pour leurs affaires, puisque c'est par nécessité de profession ou d'accident. Je ne diray rien non plus de ce qui s'apelle pelerinages de dévotion, le motif en peut être juste et pieux, et il ne m'appartient pas de juger des intentions ni du fruit qui en peut revenir.

Quant aux personnes qui n'aiment ni à voyager ni les relations de voyages, ils vous diront qu'ils n'ont que faire de toutes les autres nations du monde ni de leurs coûtumes; ils trouvent que c'est une vraye folie de ruiner sa santé par les fatigues d'un voyage, d'exposer sa vie aux hazards que l'on court tant sur la mer que sur la terre; que c'est une triste chose de se trouver étranger par tout où l'on va, sans amis et sans aucun secours que celui de sa bourse, et cela pour contenter une inclination déréglée de voir et d'apprendre des choses nouvelles, ou tout au plus pour courir après une fortune incertaine.

Sans rien décider sur cette matière ni condamner l'opinion de personne, chacun peut penser ce qu'il lui plaira des voyages; pour moy j'estime qu'on en peut tirer des avantages qui ne sont pas à mépriser. N'est-il pas vray qu'un homme qui n'a jamais perdu de vue le clocher de son vilage (comme on dit) ne se deffait que difficilement des préjugez de l'enfance, ainsi qu'on le remarque en bien des gens qui, abusez de l'erreur de la patrie, s'étonnent de voir que les hommes des autres nations ayent du bon sens, à cause qu'ils ne parlent pas le même langage ou qu'ils ont la peau d'une autre couleur qu'eux. Vn sédentaire demeure toujours difficile pour la nourriture, le coucher et les autres commoditez de la vie, au lieu que la nécessité de souffrir quelquefois la faim hors de son pays, donne de l'appétit à un voyageur pour des choses mêmes qui l'auroient dégouté autrefois. La fatigue de demeurer à cheval des journées entières, de marcher durant le chaud et le froid, de dormir quelquefois sur un plancher ou même sur la terre, ne sert qu'à fortifier le tempérament d'un jeune homme et à le rendre patient dans la disette. Il se deffait d'ordinaire d'une certaine bassesse de courage ou de terreur panique, qui le saisissoit d'horreur en marchant de nuit ou à la vûe du moindre accident, souvent imaginaire; et si l'expérience des dangers ne lui donne pas tout à fait un cœur intrépide, du moins elle l'acoutume à conserver son jugement dans les véritables périls, pour s'en tirer par force ou par adresse. Le malheur d'autruy et surtout le spectacle touchant des misères et de la désolation que les armes causent dans un pays de frontière, le rendent compatissant et généreux à secourir les affligez ; il aprend à devenir secret et prudent, en remarquant les fautes que l'intempérance de la langue fait commettre dans le commerce du monde : en un mot, il y a mille utilitez à tirer des voyages, quand on les entreprend par raison.

Après ce long préambule, il est tems que j'avertisse ceux qui prendront peut-être la peine de lire ces mémoires, qu'ils contiennent deux voyages d'Alsace, dont je ne fais cependant icy qu'un seul récit, en observant les tems auxquels les choses se sont passées. Dans mon premier voyage, j'y séjournay depuis la fin de l'année *1674* jusqu'au commencement de *1676*, pour lors je pris en allant et en revenant la route de la Comté de Bourgogne ; mais dans le second, que je fis en *1681*, je fus par la Lorraine.

On ne doit pas s'atendre à trouver icy des descriptions complètes des Provinces et des Villes que j'ay visitées, ni un raport bien exact des mœurs et des coutumes des nations que j'ai fréquentées : par tout pays il y a des honêtes gens et des scélérats, Je n'en parle qu'en général et selon que les choses me paroissent, sans obliger personne à me croire. Pour y mettre de tout, j'ay ajouté quelques particularitez des combats qui se sont donnez entre nôtre armée et celle de l'Empire durant mon séjour dans le voisinage du Rhin, afin de ne pas perdre la mémoire de ces actions si glorieuses à notre France ; et ces petits raports sont peut-être ce qu'il y a de moins mauvais dans ces mémoires. A l'égard du stile, on verra bien qu'il n'est pas travaillé : aussi est-ce presque le même dont j'ay écrit mes remarques, lorsque *j'étois en voyage, m'imaginant qu'il seroit plus propre à me représenter naïvement les choses telles que je les ay vües ; c'est aussi la raison pour laquelle j'entre dans de petits détails, qui pouront déplaire à ceux qui ne les regarderont pas par mes yeux. Mais je prie le Lecteur de me laisser divertir en me délassant quelquefois de mes occupations plus sérieuses : l'exemple de plusieurs excellens hommes qui n'ont pas dédaigné un pareil passetems m'autorise assez. On ne s'avise guères de les blâmer d'avoir gâté de l'encre et du papier, à écrire la Relation de leurs voyages. C'est là tout ce qu'on pourroit me reprocher, puisque je ne me rends pas fâcheux au public en faisant imprimer mes petites productions.*

MÉMOIRES

D'UN

VOYAGE D'ALSACE

ous mes autres voyages n'ont eu pour motif qu'une pure curiosité; mais l'intérêt s'est trouvé meslé dans les deux que j'ay faits en Alsace. J'entrepris le premier pour aller exercer un Employ que Macarion,[1] l'un des fermiers généraux, me donna dans cette Province. Je sentois cependant une répugnance naturelle pour ces sortes d'exercices; mais la désocupation où je me trouvay à la fin de mes études, et surtout le plaisir d'aller dans un pays où je pourrois aprendre une langue étrangère, toucha mon inclination, diminua l'aversion que j'avois pour ce qui s'apelle *maltoste,* et me détermina à partir. Après environ dix-sept mois d'absence, je revins à Paris pour penser à un établissement plus solide.

Cinq ans après mon retour, une affaire assez considé-

---

[1] *Macarion* (c'est-à-dire l'heureux, le fortuné, le riche) est évidemment une de ces dénominations grécisées dont La Bruyère, quelques années plus tard, fera si grand usage.

rable qui survint dans nôtre famille, m'engagea à faire un second voyage en Alsace. Comme je connaissois le pays, que j'en savois encore passablement la langue, et que d'ailleurs j'étois intéressé pour une part dans l'affaire en question, je fus député par la parenté pour aller à Brisach travailler à la légalisation d'un certificat de mort d'un de nos cousins germains, qui étoit décédé 14 ans auparavant, étant en garnison dans cette ville là. La succession de ce malheureux parent, dont nous étions les héritiers les plus proches, montoit à plus de dix mille écus ; la somme étoit assez grosse pour que nous prissions le soin de la retirer des mains de nos parties averses, gens qui n'étoient pas d'humeur à s'en désaisir facilement, ainsi qu'ils nous le firent bien connoître : car ils commencèrent par s'inscrire en faux contre nôtre certificat, quoiqu'il eût été extrait du Registre mortuaire de Brisach et qu'il eût été signé par le chirurgien major des armées du Roy. Nos parties crurent nous épouvanter par là, nous rebuter par la longueur des procédures et la difficulté des preuves ; tout cela ne nous fit point de peur pour lors, car sans perdre de tems, nous leur fismes signifier un compulsoire du châtelet, joint à un *Pareatis* du grand sceau, avec une assignation de comparoitre dans six semaines à Brisach en Alsace, à jour nommé, pour y voir compulser le certificat contesté, d'après son original.

C'étoit donc pour m'y trouver aussi au nom des cohéritiers que je partis de Paris un jeudi, 19 Juin 1681, muni de toutes les pièces que je viens de nommer, monté sur un beau cheval turc bien équipé de tout le nécessaire à un cavalier. Hilas,[1] mon frère cadet, qui étoit infirme et languissant depuis quelques mois, voulut aussi monter

---

[1] Hilas, Anténor, Andronic, autant de pseudonymes, comme plus haut Macarion.

à cheval pour prendre l'air, en me conduisant jusqu'à
S. Maur à 2 lieües dans ma route; ce qui engagea Anténor,
mon aîné, et sa femme de l'y mener en carosse avec le
fidèle Andronic, qui leur tint compagnie.

Nous traversâmes tout Paris pour sortir par la belle
Porte St Antoine, et ayant passé la grande rue du fauxbourg du même nom, qui est devenue fameuse dans l'histoire pour avoir servy de champ de bataille* durant les
guerres civiles d'entre les Princes, nous passâmes à droite
du modelle d'un superbe arc de triomphe,** que la ville a
fait ériger à la gloire du Roy à la tête de la capitale de son
Royaume; et, à demie lieüe de là, nous entrâmes dans le
Parc de Vincennes par la porte de St Mandé, ainsi apellée
à cause d'une Paroisse voisine qui porte ce nom. Il n'y a
pas encore longtems qu'il y avoit près de cette porte du
Parc une manière de ménagerie, où l'on gardoit des Lions,
des Tigres et d'autres bêtes féroces, que l'on faisoit combatre ensemble pour le divertissement du Roy et de la
Cour.

* la bataille Saint Antoine le 2 juillet 1652.[1]

** Il est du dessin de Mr Perrault, de l'académie des sciences.

On passe le long du fossé et par devant la principale
porte du château de Vincennes, qui est une maison toute
Royale; aussi est-elle l'ouvrage de trois de nos Rois.
Ce château est situé à l'entrée d'un grand Parc plus
ancien encore que lui, puisque le Roy Philipes Auguste
en fit bâtir les murailles en 1183; il a une lieüe de longueur, et il est peuplé de cerfs, de daims et de chevreüils,
que l'on y rencontre par troupes. A l'orient du château,
dans le même Parc, on voit l'Eglise et le couvent des
Minimes qui y furent mis, parce qu'ils mangent perpé-
tuellement maigre, à la place des Religieux de l'ordre de
Granmont qui, à ce qu'on dit, alloient à la chasse. On

---

[1] Les notes marginales sont de l'auteur

garde dans la sacristie de cette maison le tableau original du Jugement dernier peint par Jean Cousin; on peut juger de la capacité de ce Peintre par l'invention, la correction et l'ordonnance bisare de cet ouvrage; il a été gravé en une planche de 4 à 5 pieds en quarré.[1]

Etant sorti du Parc, je laissay à gauche le Pont de St Maur, bâty sur la Marne. Le bourg de St Maur est gros. Il y a un chapitre de chanoines qui tiennent à honneur d'avoir eu pour confrère le célèbre Rabelais, de Chinon en Touraine.

Après avoir tenu table trop longtems avec mes frères dans un cabaret de ce bourg, je les embrassay en les quittant pour prendre tout seul le chemin de l'Allemagne, tandis qu'ils s'en retournèrent à Paris. Je côtoyay sur la gauche les murs du Parc du château de Monsr le Prince,[2] et je fus passer la rivière de Marne en bac au bas du vilage de Chenevières, qui est situé sur un côteau en très belle vüe de toutes parts. Dès que je l'eus monté, j'aperçûs la Queüe, vilage ainsi nommé à cause d'une vieille Tour fort haute, mais ruinée à moitié, que le vulgaire appelle *Tour de ganes*. On en trouve encore quelques autres aux environs de Paris qui portent le même nom; la Tradition du païs prétend qu'elles ont été bâties par un seigneur françois nommé Gane ou Gannelon,[3] qui se révolta contre l'Empereur Charlemagne son souverain et qui lui fit la guerre. Avant que d'arriver à Auxoirs,[4] on laisse sur la droite, au milieu d'une bruyère ou plutôt d'un bois mal planté, une mazure de chapelle qu'on apelle Montétis, où

---

[1] ou plutôt en douze planches, par Pierre de Jode, né à Anvers en 1570, mort en 1634. — [2] de Condé.

[3] Le comte Guenes (aux cas obliques Guenelun) est en effet le traître dans la chanson de Roland : *Guenes li fel en ad fait traïsun*. C'est Ganelon le félon qui l'a trahi. — [4] Ozouer.

l'on tient une foire à la Notre-Dame de septembre. Vn gentilhomme de ce quartier là m'a voulu autrefois faire acroire qu'il y avoit anciennement en cet endroit un Temple dédié à Thétis, Déesse de la mer; quelle imagination! Dès qu'on a passé Auxoirs-la-Ferrière, on entre dans un grand chemin pavé, qui traverse un bois d'environ trois quarts de lieüe, qu'on apelle les bois d'Auxoirs, quoique ce soit pourtant une partie de la forest de Cressi; c'étoit autrefois un très dangereux passage à cause des voleurs. Sortant de ce bois, on voit en face le beau château d'Armainvilliers, apartenant à M^r le marquis de Beringhen, premier Ecuyer de France. Armainvilliers est une Terre d'un gros revenu à cause de ses dépendances. Je décrirois volontiers les beautez de cette maison que j'ay visitées à mon aise dans d'autres tems, y ayant passé agréablement plusieurs jours de la belle saison; mais il faut continuer mon voyage.

On abrége de beaucoup de quiter le grand chemin à droite qui conduit par le vilage de Grets, lorsqu'on peut enfiler par l'avenüe de ce château pour aller à Tournehem vulgairement apellé *Tournan,* petite vilette de la Briefrançoise, qui n'a rien de remarquable qu'une de ces Tours anciennes connües sous le nom de *gane;* mais celle-cy n'est pas si haute de la moitié que celle de la Queüe : toute mal bâtie que soit cette bicoque, c'est néanmoins une chatellenie.

Je quittay à Tournan mon droit chemin, et je pris un peu à gauche pour aller coucher à une Terre que mon beau-frère Achile possède à une lieüe de là. Je passay par l'avenüe d'une jolie maison apellée *le chemin,* qui est environnée de larges fossez revêtus de pierres et acompagnée d'un Parc fermé de murailles, ayant de charmantes promenades. Cet aimable séjour apartient à Mr Bernard, Maître des Eaux et forêts de l'Election de Cressy, proche parent de feu Monsʳ Fouquet le surintendant. Je prends plaisir à me ressouvenir de cet agréable lieu, où j'ay passé tant de bons jours dans cet âge de la vie où les plaisirs sont encore purs et innocens. Comme je m'étois trop arêté à Sᵗ Maur, je me trouvay si tard en cet endroit que je ne trouvay personne de ma connoissance sur mon chemin, non plus qu'en traversant le vilage de Neumoutiers, dont le curé m'auroit infailliblement retenu à coucher chez lui, s'il m'eût vu, parce qu'il savoit bien qu'il n'y avoit pour lors à la Terre de mon beau frère qu'une femme de charge et des valets de ménagerie. En effet, j'y arrivay à plus de dix heures du soir, tous les gens de la maison étoient déjà endormis; ainsi j'eus toutes les peines du monde à me faire entendre en heurtant de toute ma force. J'y passay néanmoins fort bien la nuit, je me sentois un peu fatigué, comme il arrive d'ordinaire le premier jour d'un voyage.

Le lendemain, je passay par la Houssaye, bourg où il y a un assez bon château pour servir de refuge pendant le tems des guerres. C'est la dernière Paroisse de l'archevêché de Paris de ce côté là; et Marle, que je trouvay à demie lieue, est la première qu'on rencontre en entrant dans le Diocèse de Meaux. Je fus dîner à Rozoy en Brie, petite ville où il n'y a rien de remarquable; après quoy je passay par Vaudoy et je fus coucher à Saucy : les blés y étoient assez beaux malgré la sécheresse universelle.

Je me levay de fort grand matin, le jour suivant, pour joüir de la fraicheur; je passay à côté d'un ancien château gotique, qui a l'air d'avoir été autrefois quelque noble manoir, on me le nomma *Esternay*. J'arrivay de bonne heure à

SEZANNE

ville de la Brie-champenoise. Je descendis à *l'épée royale*, bon cabaret. Cette ville me parut plus jolie que je ne me l'étois figuré sur le récit que j'en avois ouy faire à des gens du lieu même. Elle a une grande rûe principale, qui est large, droite et longue. Je fus voir l'Eglise de Paroisse, qui est assez passable ; elle a une belle Tour, qui la fait découvrir de loin. En me promenant après dîner, je me souvins que je connoissois le gardien des Récollets de cette Ville, Religieux de grand mérite. Je pris le chemin de son couvent ; mais je ne le trouvay pas. Pour m'en consoler, je demanday à voir la maison, il se trouva que le Religieux à qui je m'adressay était Napolitain. Nous ne fûmes pas longtems en conversation, sans parler de l'Italie, et principalement de Naples, et des merveilles de nature qui sont à ses environs. Ce Religieux paroissoit bien agé de 60 ans ; il me conta qu'il étoit fils d'un seigneur Napolitain qui avoit suivy le parti de M^r le Duc de Guise, et que lui, qui me parloit, il s'étoit trouvé à la prise de ce Prince près de Mole[1] à la vûe de Gayete ; que depuis il étoit toujours demeuré en France ; qu'il avoit aidé même à celui[2] qui a rédigé les mémoires de feu Monsr de Guise ; mais il ne pouvoit souffrir que cet écrivain se fût donné la liberté de railler Gennare Anése,[3] chef de la révolte de Naples, de son caractère et de sa femme. Comme j'ay connû autrefois à Paris le sieur Tonti,[*] qui a été un des

[*] inventeur de la compagnie à rentes viagères apellée de son nom *La Tontine*.

---

[1] Mola-di-Gaeta. Henri II de Lorraine, duc de Guise, qui, après l'insurrection de Masaniello, avait été pendant quelques mois quasi roi de Naples, y fut pris par les Espagnols en 1648.

[2] M. de Sainction, secrétaire du duc, d'après Bayle (art. Cerisantes). Ces mémoires ont été publiés en 1668, quatre ans après la mort du prince, « l'un des plus galans et l'un des plus accomplis seigneurs de France. »

[3] Gennaro Annese, armurier, chef des révoltés après la mort de Masaniello ; on l'a représenté comme un homme avide et brutal.

principaux acteurs de la sédition de Naples, j'en demanday des nouvelles à ce Religieux, qui ne m'en parla qu'avec mépris et comme d'un homme de basse naissance. Il n'oublia pas ensuite à me parler des grands biens que son Père possédoit à Naples, à Pouzzoles et à Cumes ; et il ajouta que, pour luy, s'il ne fût pas entré en Religion, le Temple de Vénus, qui est près de Bayes, les *Cento Camerelle*, et l'*Arco felice* se seroient trouvez dans son patrimoine. Quoique ce Religieux fût d'une illustre extraction, j'ay néanmoins apris depuis mon retour qu'il n'étoit que frère convers. Il parloit assez bien des airs de qualité et des inclinations de la noblesse napolitaine. Nous nous entretînmes aussi des savans Peintres d'Italie, et par ocasion je n'oubliay pas de loüer la capacité du frère Luc, Religieux françois de son ordre, qui a été un des grands Peintres de nos jours;[1] il a tant aimé son art que pour avoir plus de liberté de le cultiver, il n'a pas voulu entrer dans les ordres sacrés, quoiqu'il eût assez d'étude pour cela. Là-dessus le Religieux Napolitain me mena à l'Eglise, où il me montra d'excellens tableaux de la main du frère Luc, et je considéray avec plaisir celui du maître-autel. Je passay ainsi fort agréablement une partie de la chaleur du jour en cette conversation; le Récollet de son côté étoit ravi aussi d'avoir trouvé pour se désennuyer un homme qui connaissoit son pays et qui savoit un peu sa langue. Il insista beaucoup pour m'engager à atendre son Père gardien, dont je luy apris que j'étois ami; mais je ne pensois qu'à avancer mon chemin, je le remerciay en me retirant.

Je partis sur les trois heures de Sezanne, et dès que je

---

[1] 1613-1685. Nommé quelquefois Lucas de la Haye, élève de Vouet.

fus dans la campagne, je trouvay la fin des belles contrées à bled, car les plaines de la

CHAMPAGNE,

qui commencent à deux lieües de là, ne m'offrirent à la vûe qu'un terroir brûlé. La sécheresse étoit si excessive qu'il ne paroissoit presque plus rien dans les terres, qui avoient été le mieux emblavées; il sembloit que le feu y eût passé, on n'auroit pas trouvé une douzaine d'épics[1] en vingt pas de terrein, c'étoit une vraye désolation.

J'arrivay le soir à Semoine, gros vilage, mais pauvre et misérable. Je logeay dans la meilleure hôtellerie, qui étoit pourtant le plus méchant giste du monde pour la table et pour le lit.

Le jour suivant je montay à cheval de grand matin, espérant aller à la fraicheur à cinq lieües de là entendre la messe, parce que c'étoit un dimanche; mais passant à Mailly, qui n'est qu'à deux lieües d'où je venois, je trouvay justement qu'un Prêtre l'alloit commencer. Je ne voulus pas perdre l'ocasion de faire mon devoir de chrétien. Cependant le soleil montoit toujours, de sorte que la fraicheur étoit passée, lorsque je partis de ce vilage; et bientot après, je me trouvay exposé au milieu de ces vastes campagnes de craye blanche à la plus cuisante chaleur qu'il ait, je croy, fait depuis la chute de Phaéton : un rat n'y auroit pas trouvé de l'ombre. On ne voit là ni hayes ni buissons, si ce n'est dans les fonds où les vilages de ce païs là, qui sont bien clair-semez, sont situez sur le bord de quelques ruisseaux ou plutôt des ravines qui servent d'égout à la campagne. On y a planté quantité

---

[1] L'orthographe usuelle était depuis longtemps épi ou espi. Si notre auteur écrit *épic*, c'est qu'il se reportait à l'étymologie du mot, *spica;* la langue latine lui était familière.

d'arbres, aparement pour se garentir de la brulure et pour en rendre le séjour tolérable. Ces plaines à perte de vüe seroient propres à faire la revüe de tout le genre humain. Enfin, las, le Visage brûlé, les yeux ébloüis de la trop grande lumière du ciel et de la blancheur de la terre, j'aperçûs à peine

VITRY-LE-FRANÇOIS

où j'arrivay, après avoir tournoyé sur une longue chaussée, élevée le long d'un pâturage marécageux, qui borde en cet endroit la rivière de Marne, et qui aboutit à un pont de bois par lequel on entre à la ville. Je me logeay dans la première rüe, à l'enseigne du *nouveau monde,* pour voir s'il me seroit plus favorable que celuy où je brulois. Heureusement je ne fus pas trompé, car c'est une fameuse hôtellerie où je trouvay du frais, une bonne table et des gens serviables et prévenans : tout cela me fit grand bien. J'y demeuray mêmes plus longtems que je ne l'avois résolu, car dès que j'eus diné et que j'en eus fait donner à mon cheval, je me jettay sur un lit pensant n'y reposer qu'une demie heure, mais le sommeil m'y arêta jusqu'à plus de six heures du soir ; je ne fus pas plus loin pour ce jour là. Je fus promener avec le fils de l'hôte, qui étoit un grand jeune homme bien fait et fort civil.

Nous eûmes bientôt visité tous les quartiers de cette jolie petite ville. Notre estampe[1] nous montre qu'elle est de figure quarrée, que les rües en sont tirées à la ligne, et que du milieu de la grande place on en voit les quatre portes. Dans le coin droit de cette même place, il y a une Eglise, dont le corps du bâtiment n'étoit que commencé,

---

[1] Le manuscrit est orné à profusion de cartes, de plans, de vues de ville, d'armoiries, le tout en épreuves choisies, et même de deux fort jolis dessins de l'auteur, sur lesquels nous aurons occasion de revenir.

quoique le portail fût tout finy, d'une assez jolie architecture : c'est tout au contraire de l'Italie, où l'on ne bâtit la façade qu'en dernier ; ils suivent cependant à Vitry la manière d'Italie pour la couverture des maisons, car elles y ont de même leurs combles ou toits surbaissez. Il y a dans cette ville un couvent de Recollets et un hôpital de l'ordre de la Charité. Je ne sçay si c'est à cause qu'il étoit dimanche, que les habitans de Vitry me parurent assez proprement mis et de bon air : je les croy polis et la plûpart à leur aise, car mon conducteur me dit que souvent on donnoit des sérénades et l'on faisoit des assemblées de plaisirs ; que même cette nuit il y aurait bal chez une personne des plus distinguées de la ville. Il me pressa fort de m'y trouver. C'étoit une tentation bien touchante pour moy qu'une telle ocasion de dancer devant des provinciaux ; cependant la crainte que j'eus que cette agréable corvée ne retardât mon voyage le lendemain, l'emporta sur mon inclination danceuse. Je le remerciay de sa courtoisie et nous nous en vinmes souper.

Notre hôte étoit un homme d'importance ; il avoit été garde-du-corps du Roy, et il se donnoit pour gentilhomme, tout cabaretier qu'il fût ; j'avois crû jusqu'alors ces deux qualitez incompatibles. Au reste c'étoit un homme de mise,[1] honête et généreux, il m'entretint fort bien des nouvelles du tems pendant le souper, il me conta ses avantures guerrières, enfin il n'oublia rien pour faire les honneurs de sa maison.

Le lendemain je m'atendois de partir de grand matin, mais le sellier qui racomodoit quelque chose à la selle de mon cheval, ne la raporta que vers les six heures ; d'ailleurs j'eus le chagrin de voir que le valet d'écurie avoit égaré ou changé sa bride. Après bien du bruit et des con-

---

[1] *homme de mise* = homme de bonne compagnie.

testations, il fallut, pour ne point perdre de tems, que je me contentasse, malgré moi, d'une autre qui n'étoit pas à beaucoup près si propre ni si bonne que la mienne : tout cela fut cause que je sortis assez tard de Vitry-le-François.

Cette ville est située sur la rive droite de la Marne, dans le Pertois, qui fait partie de la vraye Champagne. Elle ne fut fondée que du tems de François premier, dont elle porte le nom, un an après que Vitry qui est à demie lieüe de là, sur la rivière de Saux, eut été brulé. Je passay devant ce Vitry qui depuis son malheur porte le surnom de brulé. C'est encore un bon bourg où il y a quelques Eglises, entr'autres celle d'un Prieuré de l'ordre de la Ste Trinité pour la Rédemption des Captifs. On voit sur la hauteur qui le commande un vieil chateau, qui paroît avoir été bon autrefois; aussi ce lieu est-il connu dans l'antiquité sous le nom de Victoriacum. Après avoir passé deux vilages et diné à Sermaise, qui est un autre village, je quitay la plate Champagne pour entrer dans les

ETATS DU DUC DE LORRAINE,

par le Barrois, qui est un païs agréable, diversifié de haut et de bas, et j'arrivay sur les sept heures à

BAR-LE-DUC.

C'est une Ville distinguée en haute et basse. Je n'entray dans l'une ni dans l'autre, je me logeay dans un fauxbourg à l'hotellerie *des bons enfans,* d'où je remarquay par ma fenêtre une grande brèche aux murailles de la Ville haute, qui y est depuis qu'elle est occupée par la France. Après avoir bien soupé, un homme las espère dormir, mais le bruit de joye et celui des armes à feu, que la bourgeoisie tiroit de tems en tems autour de leur feu de la St Jean, ne

me le permit pas avant minuit : le peuple de cette ville là
n'est pas plus sage qu'ailleurs sur cet article.

Quoique je n'eusse guères dormi, je me levay néanmoins
fort matin le jour de S. Jean-Baptiste; et tout en sortant
du fauxbourg, je rencontray un gentilhomme du Païs, fort
bien monté, acompagné d'une espèce de vieux domestique
aussi à cheval. Comme ils tenoient la même route que
moy, nous nous acostâmes bientôt, et entr'autres discours,
je lui dis que je venois de Paris. Il me marqua beaucoup
d'atachement pour cette grande ville, il parla même des
Parisiens avec bien des loüanges ; cependant il trouvoit,
disoit-il, dans leurs manières quelque chose qui ne lui
revenoit point, quoiqu'il ne pût dire au juste ce que c'étoit.
Je lui répondis que c'étoit assez l'humeur des Provinciaux
de ne point aimer les Parisiens, bien souvent sans savoir
s'ils étoient aimables ou non. Il me regarda à deux ou trois
fois à ces paroles sans rien dire, se doutant bien que je
deffendois la cause de mes compatriotes. Tout en causant
ensemble, nous arrivâmes à Ligny-en-Barrois, petite Ville
qui apartient à Mons.ʳ le Duc de Luxembourg. Après la
messe et le dîner, nous passâmes S.ᵗ Aubin et ensuite nous
trouvâmes des bois où ce gentilhomme me conta qu'on avoit
massacré bien du monde pendant ces dernières guerres.* * les guerres de la Triple Alliance.

Sur les trois heures nous arrivâmes à Void, où je m'arétay, à cause que mon cheval étoit fatigué. Il me recommanda à l'hotesse du *mouton blanc,* qui est une belle
hôtellerie. La cuisine où l'on entre d'abord, est fort grande
et d'une structure particulière, car, à la place du plancher,
c'est une galerie à balustres qui règne tout autour de son
quarré, pour entrer dans les chambres du premier étage.
Ce lieu n'est éclairé que par de grands vitrages qui ferment
le haut du batiment en manière de dôme. Ce païs de
Lorraine est un passage fréquent pour les gens de guerre.
Il y avoit pour lors dans ce bourg plusieurs compagnies

d'infanterie, qui passoient d'Allemagne en Flandre. Je les trouvay rangées en bataillon au milieu de la place de ce bourg de Void, et je remarquay avec admiration que les poules se promenoient autour de ces soldats, sans que pas un d'eux en excroquât aucune : on peut juger par là de l'exacte discipline des troupes de France.

Pour me desennuyer en atendant l'heure du souper, je demanday à la fille de la maison si elle n'avoit point quelque livre à me prêter ; c'étoit une jeune personne qui ne causoit pas mal. Pour entrer en conversation, la vüe de ces gens de guerre m'inspira de lui demander si ces passages de troupes ne l'épouvantoient point, à quoi elle répondit fort agréablement que, bien loin d'en avoir peur, elle se sentoit assez de cœur pour les combatre eux mêmes, si c'étoit la mode que les femmes portassent les armes pour la deffence de leur païs. Cette saillie me fit rire et je lui dis : « Ah vraiment, Mademoiselle, je ne suis plus surpris que la pucelle d'Orléans ait fait autrefois tant de merveilles contre les ennemis de la France, puisqu'elle étoit de ce païs cy, où les filles sont si vaillantes. » — « Il est vray », reprit-elle, « qu'elle est née à Domremy, qui est un village à quelques lieües d'icy, et à qui pour cela on a donné le surnom de pucelle. » Après avoir baloté[1] ce compliment encore un moment, je me retiray à ma chambre pour lire un livret intitulé *le Solitaire,*[2] que cette fille m'avait prêté.

25 juin. Le jour suivant, après avoir marché une lieüe, je passay la Rivière de Meuse sur un pont qui est dans le village de Pannier,[3] au delà duquel je traversay de longs pâturages, où je vis un grand nombre de poulains, ce qui me

---

[1] baloté = tourné et retourné ce compliment. — [2] Sans doute *le Solitaire de Terrasson*, nouvelle, par Mme Bruneau de La Rabatellière, marquise de Merville. *Paris*, 1677. 2 vol. in-12. — [3] Sans doute *Pagney*, appelé aujourd'hui *Pagny-sur-Meuse*.

fit juger que ce païs là est propre pour les haras. Je passay ensuite deux gros bourgs, Lay[1] et Foug, qui sont à une lieüe l'un de l'autre, dans un terroir assez bossu; puis j'aperçûs de dessus une hauteur la Ville de

TOUL,

qui a plusieurs beaux clochers; elle est située au milieu des prairies. Je mis pied à terre à *la croix blanche*. En atendant le diner, je fus voir la Ville. Elle est de médiocre grandeur, ses rües ne sont ni bien pavées ni droites, et elle ne me parut guères peuplée. Je me trouvay dans une grande place où je considéray avec atention le portail de l'Eglise cathédrale, qui est relevé de deux hautes Tours, chargées d'ornemens gotiques entremêlez d'un grand nombre de statües de Saints de pierre, qui font un assez agréable effet à la vüe. Cela ne plait pas au goût de ceux qui aiment la belle architecture antique et moderne, et encore moins aux *vertueux** qui sont nouveaux-venus d'Italie; il faut pourtant avoüer qu'il y a un merveilleux apareil de pierre dans ces sortes d'édifices. J'entray dans l'Eglise; elle est en forme de croix, le chœur est séparé de la nef par une Tribune ou Jubé de pierre, enrichi de colonnes et de figures de marbre; le maître-autel est isolé à la manière ancienne. On a suspendu au devant une grande couronne à fleurons dorez d'environ douze pieds de diamètre, d'un ouvrage tout à jour comme du filigrane, qui ne peut être que de métal, parce qu'elle est fort mince; derrière ce même autel, l'abside ou le fond du chœur, qui est en demi cercle, est revêtu d'un lambris d'architecture moderne de pierre et de marbre, orné d'une corniche soutenüe par six pilastres, entre lesquels sont placez sept

* *Virtuosi*, nom qu'on donne en Italie aux professeurs et aux amateurs des beaux-arts.

---

[1] Lay-Saint-Rémy.

figures de saints en relief. Il y a quantité de tombeaux remarquables dans cette Eglise, entr'autres celui d'un Jean d'hebron, grand guerrier, dont on voit le casque, la cuirasse, l'épée et les gantelets pendus au haut du mausolée. Je remarquay aussi dans la nef une statüe de marbre blanc, armée et à genoux, représentant l'illustre Jeanne d'Arc, connüe dans l'histoire sous le nom de Pucelle d'Orléans. C'est un chanoine du chapitre de Toul qui étoit de sa famille, qui a fait ériger ce monument à la mémoire de cette heroïne, ainsi que je l'apris d'une inscription gravée au-dessous, sur le pilier de la nef où est posée la figure. Je ne visitay point d'autres Eglises à Toul, quoiqu'il y en ait un assez bon nombre, si l'on en peut juger par les clochers ; j'avois fait mon compte d'aller coucher à Nancy, et un plus long retardement m'en auroit empêché.

Quoique cette ville de Toul soit située sur la Moselle, je ne passay toutefois cette rivière qu'à une lieüe de là. Ensuite de quoy, j'entray en Lorraine par un bois de trois grandes lieües de longueur, où le Roy a fait faire un chemin de quarante ou cinquante pieds de largeur et si droit que l'on en voit le bout tout en entrant. Ce travail est fort à propos, parce que ce bois, qui est épais et entremêlé de vallées obscures, étoit une retraite à voleurs et aux coureurs de party pendant les guerres ; de sorte qu'on ne le pouvoit passer sans danger, à moins de marcher par grosses bandes et bien armez. Je vis un grand nombre de croix de bois qu'on a dressées le long de cette route, aux endroits où de pauvres passans ont été pillez et tuez, comme je le connus par des écriteaux qu'on y a atachez, où leurs noms et le jour de leur massacre est marqué. Ces objets ont je ne sçay quoy d'horrible et donnent de l'émotion à un voïageur qui passe seul par ce désert. Je ne rencontray grâces à Dieu point de meurtrier dans cette forest ; mais je ne la passay pourtant sans inquiétude, car environ aux deux tiers de cette route sauvage, il y a une profonde et roide Vallée, qui m'obligea de mettre pied à terre pour soulager mon cheval. Nous marchâmes bien un quart de lieüe ensemble jusqu'au fond de la descente, où, voulant remonter à cheval, je m'aperçûs que mon manteau étoit tombé de dessus la selle à vingt pas derrière moy. Pour m'épargner la peine de le mener par la bride en l'allant ramasser, je crus que je pouvois le laisser sur sa bonne foy; mais le drole d'animal ne me vit pas si tôt revenir à lui, qu'il prit le galop et me laissa là. Il faut avoüer qu'alors le chagrin me saisit violemment : car outre l'embarras de mes grosses bottes et d'un manteau dont j'étois chargé par l'excessive chaleur qu'il faisoit, c'est que je ne voyois aucun secours pour ratraper mon cheval échapé. Je le croyois perdu avec tous mes papiers et mon petit nécessaire, qui étoient dans une valise atachée au derrière de la selle; cependant le courage et la raison ne m'abandonnèrent pas, et réfléchissant sur les moyens de me tirer d'embarras, je remarquay que plus je courois vers mon cheval, et plus il hâtoit le pas pour s'éloigner de moy. Je trouvay donc à propos d'aller lentement, de peur de l'effaroucher; en effet cela fit qu'il s'amusa à paître le long du chemin et que, par un bonheur inespéré pour moy, les resnes de sa bride s'acrochèrent à des ronces. Pour lors je vins le reprendre en le caressant, avec un bon serment de ne me plus fier à luy; enfin je remontay sur ma bête. Cette avanture ne mériteroit pas d'être raportée, si ce n'étoit une leçon à retenir pour ceux qui se fient trop à la docilité de leurs montures. Je traversay ensuite le reste de cette longue et ennuyeuse forêt, et à peine en fus-je dehors, que j'aperçûs à demie lieüe de là l'agréable et forte ville de

NANCY

dans une petite plaine environnée de côteaux, et je découvris aussi le bourg de S. Nicolas, qui est à deux lieües sur la droite, à cause de deux hautes tours quarrées dont l'Eglise est ornée. J'entray par la Porte de St Jean dans la ville neuve de Nancy, que je passay toute pour entrer dans la vieille, où est l'hôtellerie de la *Licorne,* qu'on m'avoit indiquée comme la meilleure. J'y soupay avec des officiers d'infanterie du Régiment de la Marine qui y avoient séjour; je pris résolution d'y séjourner aussi, tant pour me délasser que pour voir la ville.

Le lendemain, tout en sortant, je rencontray ce gentilhomme avec lequel j'étois venu dé Bar-le-duc ; il m'aborda et me promit de me rendre visite l'après dinée. Un peu après, comme je marchois dans la grande rüe de la Ville neuve, j'aperçûs par derrière un officier bien mis, que je croyois connoitre ; en effet je ne l'eus pas plûtot joint, que je trouvay que c'étoit le seigneur Corbulo,[1] Capitaine au Régiment de la Marine. Cette rencontre imprévûe nous causa une joye que nous exprimâmes en nous baisant et en nous embrassant à plusieurs reprises ; ensuite il me marqua du chagrin de ce que je n'étois pas plûtôt party de Paris, pour me rendre à Brisac, dans le tems qu'il y étoit en garnison avec sa compagnie, pour être en état de m'y rendre service dans mon affaire. J'en rejetay la faute sur mon procureur, qui avoit tardé mes expéditions ; tous nos discours conclurent par la parole de passer la journée ensemble. Comme l'excessive chaleur que j'avois soufferte pendant le chemin m'avoit brulé le visage, de sorte que

---

[1] Encore un de ces pseudonymes, que notre auteur choisissait du reste suivant la condition des personnes. Il y a eu plusieurs capitaines romains du nom de *Corbulo ;* Tacite parle de l'un d'eux dans ses annales.

j'en avois la peau toute enlevée, ce capitaine me regardant curieusement, me demanda où je m'étois acomodé de la sorte. Je lui répondis naturellement que c'étoit au milieu des plaines de Champagne, en marchant au plus chaud du jour.

Tout en causant, nous fûmes ensemble à l'hôtel de ville, qui est situé dans une grande place quarrée de la ville neuve. Ce batiment n'est remarquable que par une tour qui s'élève sur le milieu de la façade. Nous passâmes ensuite par les Capucins, puis nous entrâmes dans l'Eglise des Jésuites, qui est fort jolie; de là, passant l'esplanade qui sépare les deux villes, nous entrâmes dans le vieux Nancy par une fort belle porte. On trouve d'abord une Place nommée la Carrière, parce que c'est le manége où l'on exerce les chevaux, et où anciennement on faisoit des Tournois, des joustes et des carousels, ainsi qu'il paroit par l'estampe cy jointe où l'illustre Callot, qui étoit de Nancy, a représenté une de ces fêtes acompagnée de diverses autres sortes de spectacles; la même figure nous fait voir sur la droite un beau et long corps de logis, où sont les Ecuries ducales. Lorsque j'y passay, le feu avoit consumé depuis trois mois toute la couverture de ce grand Edifice. Du bout de cette Place nous fûmes au Palais qu'on apelle la Cour, parce que c'étoit la Demeure des Ducs de Lorraine. Ce batiment est à l'ancienne manière, plus solide qu'agréable. Il est composé de quatre corps de logis qui forment une grande cour quarrée, ornée de portiques tout autour; dans les angles, il y a deux grosses tours basses, dans l'une desquelles est l'escalier. On voit, au dessus de la grande Porte, la figure en relief de pierre d'un Duc, à cheval, armé de toutes pièces et l'épée à la main; cette entrée est dans un assez vilain quartier. Nous décendimes au jardin, qui n'est pas laid; il ne peut pas être grand, parce qu'il est borné par les remparts de la ville et qu'il s'enfonce dans un bastion, qui porte le surnom de la Cour. Nous aperceumes de là la porte dite de S. Georges, à cause de la statüe de ce saint, qui y est placée à cheval, au plus haut.

De là nous nous rendîmes à l'hôtellerie de Corbulo, où nous fîmes bonne chère, quoique l'hotesse fût bien en colère contre lui. Je ne sçay quel différend ils avoient eü ensemble, mais elle n'entra pas une seule fois dans nôtre chambre pendant le dîner sans lui chanter pouilles. Nôtre ami faisoit semblant d'en rire, quoiqu'il eût bien de la peine à modérer sa bile, en se voyant tant harceler par une femme ; son acharnement me confirma dans l'opinion où j'étois déjà, que le sexe a bonne tête en Lorraine.

Après dîner nous nous joignîmes à un autre capitaine, avec qui nous fûmes promener sur les fortifications ; puis nous sortîmes tous ensemble de la vieille ville par la porte de N. Dame, pour voir entrer un bataillon de Feuquières,[1] qui venoit de Flandre et qui alloit à Brisac. Il se fit là un peloton de plus de 3o officiers, tant de ceux qui arrivoient de campagne que de ceux de la garnison de Nancy. Ils se demandoient réciproquement des nouvelles des divers quartiers des Troupes. Comme j'étois vêtu à la cavalière, on me prenoit aussi pour un capitaine, et dans la conversation on me demandoit si ma compagnie étoit à Nancy et de quel Régiment j'étois. Pour couper court et ne me pas embarasser d'une menterie, je leur répondois que je n'étois pas dans le service. Je remarquay là une maltôte de guerre, c'est que les officiers de la garnison prêtoient secrètement de leurs hommes à ceux qui arrivoient, dont les compagnies n'étoient pas complètes, afin de gagner des

---

[1] du régiment de Feuquières. Manassès, Isaac et Antoine de Pas, marquis de Feuquières, se sont successivement distingués dans le métier des armes, au xviie siècle.

étapes de soldats. Je m'informay aussi à mon tour de la route que je devois tenir jusqu'à Brisac. Corbulo, mon ami, me dit qu'il n'y avoit que trois petites journées de Nancy. Voyant que j'avois encore sept journées devant moy pour me rendre à Brisac, cet avis me fit changer de route, et je résolus d'aller par Epinal passer la montagne de Vauge à Tannes,[1] pour m'aller reposer chez mes amis d'Alsace, en atendant le jour de mon assignation. C'est pourquoy Corbulo me mena chez un Marchand de sa connoissance, qui me donna une liste de tous les lieux qui sont sur le chemin de Nancy à Remiremont.

Ce soir nous soupâmes dans mon hotellerie avec le capitaine qui y étoit logé. C'est l'ordinaire que les officiers se traitent tour à tour dans leurs auberges, soit en marche soit en quartier d'hyver, aux dépens de leurs hôtes, cela s'entend. Les capitaines de la garnison avoient introduit la coutume de donner tous les soirs le bal aux Dames de Nancy, dans le jardin au bas du perron du Palais. Nous y fûmes après souper voir l'assemblée. Il y avoit quatre ou cinq violons, qui joüoient assez misérablement, les danceurs étoient à peu près assortissans ; mais qu'importoit-il, quel besoin de si bien dancer, lorsqu'on ne voit presque goute ? Après deux tours de jardin, nous nous retirâmes chacun à notre auberge, en intention d'être levez de grand matin le lendemain, parce que l'infanterie, qui fait rarement de plus longues traites que de cinq à six lieües par jour, aime à partir de bonne heure, afin d'arriver au giste avant le grand chaud de l'après midi, et avoir aussi du tems pour se reposer et pour aller chercher son étape.

C'est pourquoy la Compagnie du Capitaine qui étoit logé dans mon hôtellerie, fut rangée devant la porte, tambour batant, toute prête à marcher dès trois heures du matin.

---

[1] Vosges, Thann.

^{*} les délicats et les malades.

On commence toujours par faire partir les Malingres* les premiers, puis la compagnie marche en bon ordre jusqu'à un quart de lieüe de son quartier; après quoy le soldat met son mousquet en escharpe et marche à son aise, sans se contraindre. Comme je sortois pour aller dire adieu à Corbulo, je l'aperçus, botté, à pied, une crevate[1] noire au cou, un foüet à la main et fait comme un brûleur de maisons, qui crioit : allons allons, partons ! Nous nous embrassâmes en nous disant adieu ; il monte à cheval à la tête de sa compagnie, pour prendre la route de Flandres, et moy, tout seul de ma bande, je tiray du côté de l'Allemagne.

Je sortis de Nanci avant le lever du soleil et laissant sur la gauche le bourg de St Nicolas,[2] fameux pelerinage de Lorraine, je passay à Leupcourt,[3] vilage; puis je marchay dans de belles prairies, qui durèrent bien une lieüe jusqu'à une barque où je passay la Moselle. J'étois charmé du païsage de ces quartiers là : il y a les plus agréables côteaux du monde. Je dinay dans un petit vilage vis à vis de Bayon, gros lieu, qui est de l'autre côté de la rivière ; un peu après, je me trouvay obligé de la passer, quoique sans bateau, car je vis que le grand chemin se perdoit dans les eaux. Elles étoient cependant assez profondes pour lors, mais la pratique que j'avois prise autrefois en Alsace de passer souvent des rivières à la nage de mon cheval, me rendit hardi dans cette ocasion. Je passay devant le bourg de Charmes, puis j'arrivay à Chatel,[4] petite ville postée sur une montagne au bord de la Moselle, dont on pourroit faire une bonne place de guerre. La chaleur, qui étoit

---

[1] Cravate. La cravate ou le crevate (ce mot fut d'abord du masculin) a fait son apparition en France vers 1660 ; elle doit son origine aux Cravates ou Croates qui servaient dans les armées du roi.

[2] Saint-Nicolas-du-Port. — [3] Lupcourt. — [4] Châtel-sur-Moselle.

toujours excessive, m'obligea d'y faire reposer mon cheval fort à propos ; car après avoir passé encore une fois cette rivière, j'entray dans un grand bois planté sur une hauteur, où j'eus tout le tems de m'ennuyer. Je m'aperçûs que je m'égarois, lorsqu'en demandant le chemin d'Epinal, on me renvoyoit par des vilages qui n'étoient pas écrits dans ma route. Enfin je me redressay[1] et, après bien de la peine, j'arrivay de nuit à

ESPINAL.

J'avois bien peur que la Ville ne fût fermée, et que je ne pusse pas trouver à loger; ce qui achevoit mon inquiétude, c'est que je me trouvois sur une levée,[2] qui alloit en tournoyant et qui ne me paroissoit pas conduire à Espinal, que j'entrevoyois sur ma gauche, au delà de la Rivière de Moselle. J'en trouvay la porte à la fin, et sans choisir je me logeay dans la première hôtellerie, à droite en entrant, chez de bonnes gens. J'y soupay mal à cause du jour maigre, mais j'y dormis bien, car j'étois fatigué d'avoir fait plus de quatorze grandes lieües de Lorraine en un jour. Il ne me parut pas qu'il y eût rien de bien remarquable dans cette ville d'Espinal; il y a néanmoins une abaye de bénédictins. C'est une petite ville située sur la rive droite de la Moselle, son chateau et ses fortifications furent démolies dans le tems que la France s'empara de la Lorraine.

En me préparant à partir le jour suivant, je vis arriver quantité de gens de toutes façons, comme des marchands de ville et de campagne, dont quelques-uns amenoient d'assez beaux chevaux pour vendre à la foire qui se tient à Espinal.

Je n'en partis que sur les huit heures, et à peine fus-je

---

[1] Je me remis dans le droit chemin. — [2] Chaussée.

sorty de la ville, que mon chemin me conduisit dans de hautes montagnes droites et si chargées de bois que, pour être élevé,[1] je n'en découvrois pas plus loin que si j'eusse marché dans une vallée. C'est une ennuyeuse chose que de voyager seul, mais c'est un vray désespoir que de se trouver sans guide dans ces affreux déserts où l'on ne connoit point les chemins. Dans l'incertitude où j'étois, je ne laissois pas d'avancer, et heureusement je découvris, en décendant une haute colline, la ville de

REMIREMONT.

Je mis pied à terre à l'auberge du *Mouton*. Je m'aperceus, tout en arrivant, que mon hôtesse aimoit à jaser ; cela me servit de divertissement pendant mon dîné. Je me mis à lui faire des questions touchant les chanoinesses de Remiremont, jamais on n'a vu une cabaretière plus éloquente à médire ; elle ne leur pardonnoit rien, elle glosoit sur la liberté qu'elles prenoient de recevoir compagnie chez elles, et de faire des parties de promenade. « Eh bien ! quel mal y a-t-il à cela », lui disois-je, « ces dames ne sont point cloitrées ; elles ne font point de Vœux de Religion ; ce sont des filles de qualité qui n'ont pas renoncé aux bienséances du monde, il leur est même permis, à ce que j'ay appris, de quiter leurs bénéfices pour se marier, quand elles trouvent leur avantage. » — « Eh ! vrayment oüi, Monsieur, » reprit-elle, « et c'est pour cela qu'elles ne fuyent pas les beaux cavaliers. » Pour faire un peu changer de note à cette babillarde, je lui demanday si ces Dames chanoinesses étoient bien riches. Sur quoy elle me fit un long détail de leurs Terres et de leurs fiefs, puis d'elle-même elle remonta jusqu'à la fondation de leur

---

[1] bien que je fusse sur un terrain élevé.

Abaye. Elle me conta, à sa mode, qu'un Roy d'Austrasie, nommé S. Romeric, s'étant mis à la devotion, fit deux couvens de sa maison ; qu'il se retira dans celui qu'il fit bâtir sur une petite montagne, qui est au dessus de la Ville, qu'on apelle aujourd'hui le Saint Mont,[*] où quelques seigneurs de sa Cour suivirent son exemple, et qu'il fonda aussi un couvent de Demoiselles, dont Ste Gertrude, sa fille, fut la première Abesse. Voilà la tradition de mon hôtesse. J'ay lû dans quelque auteur plus digne de foy qu'elle, que le fondateur de cet illustre chapitre des chanoinesses de Remiremont fut un comte d'Avent, qui étoit un des premiers seigneurs de la Cour du Roy de Metz ; il vivoit dès le commencement du sixième siècle, et il s'apelloit Romeric à la vérité, mais on ne dit point qu'il ait fondé un couvent d'hommes, seulement qu'il se dépoüilla de sa comté en faveur de cet Institut. Cette Abaye est pour 50 filles de qualité, qui n'y peuvent être reçûes qu'après avoir fait les mêmes preuves de noblesse que font les comtes de St Jean de Lyon ; aussi donne-t-on à ces Dames le titre de chanoinesses comtesses de Remiremont, Elles ne font point de Vœux solennels, comme j'ay dit, à la réserve de Madame l'Abesse, La Doyenne, et la Sacristaine,[1] qui sont les trois dignitez du chapitre. M. Valois[*] dit que c'étoit autrefois des Religieuses de l'ordre de S. Benoit.[2]

[*] on le nomme en latin *Mons Romericus*, Mont de Romeric, d'où s'est formé le nom de Remiremont.

[*] Hadriani Valesii Notitia Galliarum.

Je sortis après dîner pour voir l'Eglise de cette Abaye : d'abord on traverse une grande cour qu'on apelle le cloitre, autour de laquelle sont les logemens des chanoinesses ; puis on voit le Portail de l'Eglise, qui est pratiqué dans le pied d'une haute Tour ; tout cela est fort ancien et d'une structure très simple, aussi bien que l'intérieur de ce Temple.

---

[1] Sacristaine, ou plus exactement *Dame secrète*.
[2] C'est aussi l'opinion de D. Mabillon.

On y monte du chœur au chevet par quelques degrez ; le maitre-autel est disposé comme ceux des anciennes cathedrales, c'est-à-dire qu'il est enfermé d'une balustrade quarrée, isolée et ornée, aux angles, de hautes colonnes de cuivre d'une manière gotique ; mais au fond du chevet il y a un autre autel nouvellement construit, d'une belle architecture. Après avoir parcouru tous les endroits de cette Eglise durant un bon quart d'heure, le dernier coup de Vepres sonna, et aussitôt j'aperçûs les Dames qui entroient au chœur par la porte du bas. Elles saluèrent l'autel et les deux rangs des chaires par trois grandes révérences à la séculière, puis elles montèrent à leurs places. Je m'étois posté dans ce chœur d'une manière à observer facilement toutes leurs démarches et leurs habillemens. Elles n'en ont point d'autres que les femmes du monde, elles n'en portent pas même d'uniformes : car les unes étoient parées comme des Dames de la cour, en robe, frisées jusqu'au milieu de la tête ; d'autres n'étoient qu'en déshabillé de quelque belle étoffe et en cornetes ; mais toutes avoient leurs coiffes noires. Tout leur habit régulier consiste en une petite pièce[*] quarrée, de toile blanche, large d'environ quatre doigts et longue de six, qu'elles portent toujours au derrière de leur coiffure, et qui leur pend sur le chignon du cou ; et au chœur seulement elles portent une mante noire d'une étoffe légère, bordée des deux côtez et par le bas d'une bande d'hermine d'environ demi-pied de large. Cette mante ne les couvre point ; elle s'atache seulement par derrière aux épaulières de la robe, et fait une queüe trainante d'une aûne ou deux, ce qui leur donne une grace merveilleuse. Quand il est entré trente ou quarante de ces queües là, il n'est plus besoin de balayer le chœur.

Je remarquay cependant quelques-unes de ces Dames de différent age, qui avoient l'air tout à fait modeste et dévot ; leurs habits n'étoient que de serge noire, elles se cou-

[*] on m'a dit qu'elles nommaient cela leur *mari*.

vroient entièrement de leurs mantes, dont la queüe ne passoit pas le bas de la jupe : elles ne portoient que du linge uni et des coiffes de gros tafetas, qui leur cachoient presque le visage : celles là paroissoient avoir beaucoup d'atention à l'office divin. Je ne vis point l'abesse au chœur ; lorsqu'elle y assiste, elle a une croix de diamans pendue au cou, et sa crosse est dressée auprès d'elle dans son trône. Sur la fin de Vêpres, il vint une douzaine de petits laquais prendre le manteau de chœur de leurs maitresses, que quelques-unes quittèrent, avant que de sortir de leurs places ; les autres prirent leurs queües sur le bras en s'en retournant.

Je sortis de l'Eglise en même tems que ces Dames, et j'en remarquay trois ou quatre ensemble arêtées dans la nef, qui causoient en me regardant avec beaucoup de curiosité. On me dit à mon hotellerie que je leur aurois fait plaisir de les aborder, parce qu'elles sont bien aises d'aprendre des nouvelles, lorsqu'il passe quelque cavalier étranger par leur Abaye. Quand j'aurois sceu cette rubrique, je n'aurois pas eu assez de hardiesse pour leur aller faire un mauvais compliment. Je me contentay de les saluer profondément en passant devant elles.

Il y avoit dans la cour du cloitre un bucher de 25 à 30 pieds de haut, dressé en quarré autour d'un grand sapin, qu'on devoit brûler le soir à l'honneur de S. Pierre, Patron de cette Abaye. On m'aprit que les Dames y font des cérémonies et le peuple de grandes réjoüissances, pendant que le feu dure. C'étoit là une ocasion pour m'arêter à voir cette fête, qui m'auroit procuré d'ailleurs pendant toute la soirée une agréable conversation avec ces Dames chanoinesses, mais j'en fus averti trop tard. J'avois un guide tout retenu pour me conduire à travers les montagnes de Vauge jusques à Tannes en Alsace ; je le trouvay en effet, qui m'atendoit à l'hotellerie. Avant que de sortir de Remiremont, je diray que cette année là il faisoit excessivement cher vivre par toute la Lorraine.

Nous n'avions pas encore fait une lieüe de chemin, que nous commençâmes à entrer dans les Montagnes de Vauge; mais elles ne nous serroient pas encore de près. Nous ne fîmes que deux lieües, ce soir là, et nous arétames à Rupt, méchant petit vilage, où, dès que le soleil fut couché, nous soufrîmes un froid insuportable malgré la saison. Je ne fus point honteux de m'aprocher du feu, et il fallut, tout habillé que j'étois dans le lit, me bien couvrir de mon manteau, parce que les fenêtres de la cabane où je logeois ne fermoient point.

29 juin. Le lendemain, fête de S. Pierre, nous partîmes bien matin, pour aller à S. Maurice, à 3 lieües de là. L'Eglise est bâtie sur une hauteur, et elle est si petite qu'il faut en laisser la porte ouverte, afin que ceux qui n'y peuvent tenir puissent du moins voir le Prêtre à l'autel. Ce canton là est environné de hautes montagnes, sur lesquelles nous vîmes encore des espaces d'un quart de lieüe tout couverts de neige; cependant, lorsque le soleil aproche de son midi, il y fait une chaleur à rôtir, parce que ses rayons dardans à plomb et réfléchissans sur ces rochers, il semble qu'on y respire du feu au lieu de l'air. Mon guide, qui connoissoit le païs, me montra une source d'eau minérale au dessus du chemin à gauche : la curiosité me fit décendre de cheval, pour en goûter, mais elle sent si fort la roüille de fer qu'il n'est pas possible d'en boire ; on a revêtu les bords de cette fontaine de massonnerie, et l'eau qui s'écoule par les pierres du devant les a teintes en couleur de roüille. J'ay vû dans cette même montagne de Vauge, du côté qu'elle regarde l'Alsace, d'autres eaux minérales, qui étoient fort claires et qui, au lieu de ce goût de fer roüillé, en avoient un aigret et assez propre pour se désalterer durant les chaleurs de l'Eté; les allemands les apellent *Zaur-prun*,[1] c'est à dire fontaine aigre. Ce qu'il y a de commode dans cette route de montagnes, c'est qu'elle est fort peuplée; on ne fait pas une demie lieüe sans trouver quelque petit cabaret, et au pis aller on peut se rafraichir à bon compte dans les eaux de la Moselle, qui ne paroît plus qu'un ruisseau à mesure qu'on aproche de sa source. Mon guide me la montra au pied de ces hautes montagnes; elle sort de dessous un gros corps d'arbre, pour aller se jetter dans le Rhin à Coblents, après avoir baigné les rives de Metz et de Trèves.

Apres avoir passé Buissant,[2] dernier vilage de la Lorraine, la montée devient rude et droite entre deux hauts côteaux couverts de sapins, où le chemin n'a de largeur que pour le passage de deux chevaux. C'étoit icy un dangereux defilé durant ces dernières guerres : les païsans armez y avoient fait des retranchemens avec de gros arbres et des pièces de roches, où ils arrêtoient les plus vaillans soldats et les faisoient périr dans ces malheureux détroits; mais, graces aux soins du Roy, nous trouvâmes ce chemin bien débarassé, bien rétabli, et même très agréable pour lors, puisque les sapins nous y mettoient à l'ombre de l'ardeur excessive du soleil. Etant parvenus au plus haut du chemin dans cette montagne de Vauge, nous vîmes la borne qui sépare les Etats de Lorraine d'avec

L'ALSACE, PROVINCE D'ALLEMAGNE
Elſaß in Deutſchland.

En suite de quoy, nous ne fîmes plus que décendre durant deux bonnes heures, ce qui est fatiguant pour les chevaux. Ces montagnes de Vauge séparent la Franche-Comté de la Lorraine ; puis, tournant à gauche, elles con-

---

[1] Sauerbrunnen. — [2] Bussang.

tinuent leur enchainure vers le septentrion jusqu'aux Terres du Palatinat. Les anciens apelloient cette montagne Vogesus ou Vosagus mons, et les Allemands l'apellent aujourd'hui Berg* auf der Fürst.[1] Après être décendus ce défilé de montagnes toujours à l'ombre, elles commencèrent peu à peu à s'écarter et à nous laisser joüir de la vûe du ciel, et insensiblement nous entrâmes dans une gorge étroite et longue, dans laquelle nous trouvâmes un vilage dont on rétablissoit encore les ruines que la guerre y avoit causées ; ce vilage s'apelle Orbeis.[2] Mon guide y demanda le chemin à quelques païsans, mais on lui repondit qu'on ne l'entendoit pas; nous y arêtames pour boire un coup et pour essayer si je me souviendrois bien encore de cette langue que je n'avois point parlée depuis plus de cinq ans. De là nous passâmes Saint Emerich, petite ville que toutes les cartes nomment S. Damarin,[3] et continuant toujours de marcher dans cette même gorge de montagne, nous avisâmes au bout de deux heures les ruines du château de

*Montagne de dessus le Prince; on entend peutêtre le Duc de Lorraine, dont cette montagne enferme les Etats du côté de l'Alsace.

TANNE[4]   𝔇𝔞𝔫𝔫𝔢

Et un peu après nous entrâmes dans la ville, que nous traversâmes presque toute, pour aller loger au *Lion d'or* sur la place. Comme il n'étoit pas plus de quatre heures, dès que je fus déboté, nous nous promenâmes en atendant le souper. Nous entrâmes dans la grande Eglise, qui est une collégiale dédiée à S. Thibaut ; les filles y récitoient pour lors le rosaire en allemand, ce qui me fit souvenir que je

---

[1] Auf der First. L'auteur avait raison de donner cette explication sous toutes réserves : il ignorait que l'on appelle en allemand *die First* la crête d'une montagne. Il aura trouvé sur la carte de Mérian le nom orthographié de cette façon, et aura ajouté *Berg* pour les besoins de son explication.

[2] Urbès. — [3] Thamarin, forme ancienne du nom de Saint-Amarin. — [4] Thann.

l'avois vû pratiquer autrefois dans ce païs. Cet Edifice a
de l'air de St André-des-Arcs, Parroisse de Paris, tant
pour la grandeur que pour les ornemens de sculpture que
l'on voit sur ses murailles en dehors ; mais St Thibaut a
un bien plus beau clocher, il est fort remarquable pour la
délicatesse de sa structure. C'est un ouvrage gotique de
pierre, tout à jour, comme du filigrane. On tient qu'il est
mieux travaillé que les clochers de Strasbourg et de Fribourg en Brisgau, qui sont tous trois du même architecte ;[1]
mais celui de Tanne est le moins haut, Je le considéray
avec atention, au lieu que cinq ans auparavant je n'avois
vû cette ville que comme en courant. Je remarquay donc
mieux cette fois cy qu'elle a des rües assez belles et
longues, les maisons y ont la pluspart leurs murs de devant
peints de diverses histoires ou d'ornemens à la moresque.
Il y a trois ou quatre fontaines à bassin dans les carrefours, dont l'eau qui en déborde forme des ruisseaux
d'eau vive et claire, coulans le long des rües. J'y vis aussi
une assez jolie horloge sur la porte du côté de l'Alsace.
Il n'y a qu'une Eglise de Parroisse et un couvent de cordeliers. On y voit d'assez beau monde pour le païs. Je
ne parle point présentement de la façon de leurs habits ;
je remets cela au discours général que je feray des coutumes, modes et meubles des Allemands.

La Ville de Tanne est enfoncée entre des coteaux couverts
de bois, ce qui rend son plan d'une figure plus longue que
large, et, qui pis est, la rend incapable de deffence et fort
sujete à la pluye et aux broüillards ; en récompense, ses
dehors sont embellis de quantité de jolies maisons bourgeoises. Le château qui paroît sur la côte étoit assez fort
autrefois, mais à présent il est détruit ; le Roy le fit miner

---

[1] Il est superflu de faire observer que cette assertion n'est pas fondée.

en 1674, aussi bien que tous les autres forts et châteaux de cette montagne de Vauge. C'est peut-être ce qui chagrina les bourgeois de Tanne et qui les engagea d'aller une demie lieue loin porter les clefs de leur Ville aux Impériaux, qui coururent toute l'Alsace pendant la campagne de la même année. Le château en question apartient au Duc Mazarin, qui est baron de Tanne et seigneur de beaucoup d'autres Terres en Alsace. Il est aussi gouverneur de cette Province ; mais il n'y réside pas pendant la guerre, parce que ce bon Duc ne s'aplique à la faire qu'au vice et aux ennemis de nôtre salut.[1] Pour achever tout ce que je sçay de Tanne, elle est située dans le Zuntgau,[2] qui est la partie la plus méridionale de l'Alsace. Tanne signifie en françois un sapin, nom qu'elle tire sans doute de l'abondance de ces sortes d'arbres que ses montagnes produisent.

Le lendemain, dès que j'eus congédié mon guide lorrain, je m'en fus dîner à Altkirch, petite ville distante de six lieües de Tannes, dont je parleray amplement dans la suite. Pour le présent mon dessein est de suivre les diverses routes que je fis durant mon premier voyage d'Alsace, afin de rassembler en un corps la visite de toutes les places dignes de remarque que j'ay vües dans cette belle Province.

Je diray donc qu'en sortant de Tanne, je passay le ruisseau de Thur, qui y coule en venant des montagnes de Vauge, que je cotoyois sur ma gauche. Je trouvay bientôt Cernay, petite ville à l'entrée de la haute Alsace, qui n'est

---

[1] Armand-Charles de la Porte-Mazarini, duc de Rethelois-Mazarin, de La Meilleraye et de Mayenne, avait épousé, en 1661, Hortense Mancini, que son oncle, le cardinal Mazarin, institua son héritière universelle, à charge par son mari de porter le nom et les armes des Mazarin. Le duc, qui se conduisit fort mal avec sa femme, après la mort du cardinal, est représenté dans les Mémoires du temps comme un bigot visionnaire.
[2] Sundgau.

fermée que d'une foible muraille ; on l'apelle Senheim en langue du païs.

Pour éguayer un peu le triste stile de cette relation, je vais conter que six ans auparavant j'avois rencontré en cet endroit une Dame de ma connoissance, à cheval, accompagnée de sa fille, jeune demoiselle de sept à huit ans, qu'elle alloit mener en pension chez les Religieuses de Tusbach,[1] pour lui faire aprendre la langue allemande. Cette enfant étoit en croupe derrière un valet bien armé, elles avoient outre cela un autre valet monté sur le cheval de bagage, et pour escorte deux cavaliers de la garnison de Belfort, d'où elles venoient. Je me trouvay là fort à propos pour servir d'Ecuyer à la Dame, qui me marqua bien de la joye d'avoir rencontré un compagnon de voyage tel que moy : aussi aimoit-elle bien à causer ; pour moy, qui étois seul, on juge bien que je ne fus pas fâché de l'avanture, la compagnie désennuye toujours en voyageant. Nous passâmes donc tous de compagnie par devant la porte de Sultz, petite ville, et laissant à gauche Gebwillers,[2] autre vilette, dépendante de la fameuse Abaye de Murbach située sur la montagne voisine, nous prîmes à droite par la plaine pour aller à Issenheim, gros vilage, où il y a un beau château au Duc Mazarin ; nous y arêtames un moment, pour rendre visite en passant à la femme d'un commissaire des guerres, amie de la Dame de nôtre escadron. De là nous reprîmes le chemin de

ROUFAC   Buffach[*]

ville assez jolie, apartenant à l'Evêque de Strasbourg ; le château est situé en bel air et en belle vûe sur une hauteur

---

[1] Notre-Dame-de-Dusenbach, ancien pèlerinage dans le canton de Ribeauvillé. Notre-Dame de Dusenbach était la patronne des musiciens en Alsace.
[2] Soultz et Guebwiller.

[*] Joan. Ant. Maginus appelle Rufac *Rubeaquum antiquissima a Romanis condita civitas.* Sanson dans son ancienne géographie la nomme *Rufiana*, suivant en cela le sentiment de Peutinger et d'Antonin. On trouve dans Ptolémée une autre Rufiana au nord de Mayence.

hors des murailles, vers le nord. Nous logeâmes *au Saumon,* grande hôtellerie fort mal garnie pour lors, à cause de la guerre; à peine pûmes nous avoir un méchant lit pour la dame de nôtre brigade et pour sa fille. Quant à nous autres hommes, nous nous couchâmes tous sur de la paille, que l'on avoit étendüe le long du plancher, nous faisant chevet de la selle de nos chevaux, à la mode de la cavalerie.

Nous partîmes de grand matin de Roufac, suivans toujours le pied des hautes montagnes de Vauge, qui est couvert d'excellens vignobles; pour le haut, c'est une forêt presque continuelle et fort épaisse de sapins, peuplée d'une grande quantité de venaison, et même d'animaux dangereux, tels que des loups cerviers et des ours. En chemin faisant, nous vîmes sur ces hauteurs plusieurs vieux chateaux à demi-ruinez, où la noblesse du païs se cantonoit autrefois, à ce qu'on dit, se faisant ordinairement des guerres entre les petits seigneurs. La vûe de ces anciennes forteresses et la compagnie où je me trouvois me fit souvenir de ces chevaliers errans du tems des Amadis, qui alloient par le monde conduisans des demoiselles sur des palefrois, cherchant des avantures, secourant les opprimez et redressans les torts. La dame que j'acompagnois, qui avoit l'esprit vif et beaucoup de lecture des livres de chevalerie, prit bien du plaisir à ma pensée et secondant mes idées, nous donnions à l'envy des noms Romanesques à tous ces châteaux escarpez que nous rencontrions. L'un étoit celui d'Urgande la déconnüe,[1] ou de l'enchanteur Archalans,[2] l'autre passoit pour le chateau des dix Perrons

---

[1] Urgande la déconnue, c'est-à-dire l'inconnue, ainsi qu'elle est toujours nommée par une de ces épithètes que les grammairiens, bien improprement d'ailleurs, appellent patronymiques. — [2] Archalans ou Arcarlaüs.

et ainsi des autres; mais ce qui étoit de plaisant,[1] c'est la dispute que j'avois quelquefois avec cette dame sur la convenance de ces noms, l'un de nous soutenant qu'un tel étoit plus propre qu'un autre à l'antique masure qu'il nous plaisoit de bâtiser. Si nous apercevions de loin quelques cavaliers venans à nôtre rencontre, je demandois aussitôt ma lance et mon écu à nos Ecuyers, comme pour m'apreter à la jouste et abatre jus[2] des arçons les chevaliers outrecuidez,[3] qui n'auroient pas confessé que la dame que je menois étoit la plus acomplie de l'univers, qu'elle étoit la mie, la crême, la fine fleur de beauté. Quoiqu'il s'en fallût beaucoup que la Dame ne fût telle, elle ne laissoit pas de rire de tout son cœur de me voir joüer ce role; les gens de nôtre escorte entendant ce langage où ils ne comprenoient rien, croyoient que j'avois le cerveau blessé; cependant je n'étois pas assez fou pour ataquer personne, car tous mes emportemens de valeur cessoient à l'aproche de ces cavaliers passans et ils ne se doutoient de rien. C'étoit ainsi que nous charmions la fatigue du voyage et qu'insensiblement, après avoir passé Hastatt et Egesheim,[4] deux gros bourgs fermez, nous aperçûmes Colmar, belle ville, sur la droite, au milieu de la plaine; puis nous arrivâmes à Durckheim,[5] renommé pour la victoire que Monsr de Turenne remporta sur les Impériaux au commencement de l'année 1675. Nous traversâmes les restes de leurs retranchemens, qu'on n'avoit pas encore comblez; ayant de là tournoyé entre les beaux côteaux de Katzenthall,[6] où croit le meilleur vin d'Alsace, nous prîmes à gauche et nous arrivâmes à

---

[1] Nous disons aujourd'hui : ce qu'il y avait de plaisant. — [2] jus = à bas. — [3] outrecuidé s'employait autrefois pour outrecuidant, qui est plus juste. — [4] Hattstatt et Eguisheim. — [5] Turckheim. — [6] Katzenthal.

AMERSCHWIR[1].

villete qui n'a rien de remarquable. Nous décendîmes chez le Receveur général du Domaine, qui nous donna à dîner avec le Burgmeister[*] et sa femme, bonnes grosses gens, qui ne savoient pas un mot de françois ni l'un ni l'autre, mais le mari savoit bien boire. En sortant de table, nôtre hôte nous mena promener aux Capucins, dont l'Eglise avoit été brulée depuis peu de tems par les Impériaux; cet accident n'empêcha pas qu'ils ne nous reçussent d'uné manière gaye et honête. Nous n'entrâmes pas dans leur couvent, à cause que nous avions des femmes avec nous; nous demeurâmes dans une espèce de parloir sous le porche du cloitre, où à peine eûmes nous commencé à jargonner, que voici un frere convers qui arrive, portant d'une main une grosse bouteille de vin, et de l'autre une assiete ou tranchoir de bois, couvert de petits morceaux de pain coupez en quarré, comme on fait le pain bény, et tout saupoudrez de sel blanc et d'anis vert; puis, selon la loüable coutume d'Allemagne, le P. Gardien, à qui il apartenoit de faire les honneurs de sa maison, commence par verser à boire, saluer celui qui lui parut le plus digne de la compagnie, vuider le verre à sa santé, puis le remplir et le présenter à celui qu'il avoit intimé.[*] Il fallut faire la ronde, et la Dame et sa fille, qui ne bûvoient point de vin, furent pourtant obligées de baiser le verre, pour ne se pas faire d'affaires avec ces capucins allemands. Après les avoir quittez, nous fûmes tout doucement à

KEISERSPERG[3]

qui est une des dix Villes Impériales; celle-cy est de peu

maire de la ville.

---

[1] Ammerschwihr. — [2] terme de pratique; ici, qu'il avait requis de boire — — [3] Kaysersberg.

d'étendue, située à l'entrée de la montagne, à une petite demie lieüe d'Amerschwir. Nous fûmes voir les Religieuses de Tusbach, qui y étoient réfugiées pour lors, depuis que leur Monastère a été brulé. Comme la nécessité n'a point de loy, et qu'elles étoient logées là comme en maison empruntée, elles n'y gardoient point de clotûre;[1] ainsi on nous fit entrer dans une salle, où Madame la Prieure vint avec cinq ou six Religieuses, pour nous recevoir et causer avec nous. Il s'en trouva une entr'autres, fort spirituelle, qui parloit si bien françois que j'avois peine à croire qu'elle fût allemande; ce fut donc elle qui servit d'interprète à ses compagnes et à la Dame qui amenoit sa fille pour la leur donner en pension. Nous parlâmes de diverses autres choses, et l'on n'oublia pas les nouvelles de la guerre dans un tems où ces pauvres dames voilées en souffroient de si cruels effets, et la même Religieuse interprète nous conta que Mr de Turenne[*] avoit passé le Rhin, et cherchoit les Impériaux, qui étoient campez près de Bade. Après une assez longue conversation, nous prîmes congé de ces Dames et nous fûmes en nous promenant à l'ombre de ces hautes montagnes à Kintzen,[2] qui est encore une autre petite ville située sur le même terroir, de sorte que l'on voit d'un coup d'œil avec bien du plaisir trois villes posées en triangle dans une plaine de demie lieüe d'étendüe, environnée du côté du Nord et de l'Occident par de beaux côteaux, plantez d'excellens vignobles bien exposez, qui sont au pied des Montagnes de Vauge, d'où l'on découvre une grande partie de l'Alsace, toute semée de villes et de vilages. On voit de là Schlestat, place forte, vers le Nord-Est; Colmar, du côté du levant d'hyver, et plus loin Brisac dans l'éloignement.

[*] ce grand capitaine fut tué dix jours après, c'est-à-dire le 27 juillet 1675.

---

[1] elles ne gardaient pas le cloître. — [2] Kientzheim.

Je n'auray peut-être pas ocasion cy après de parler des vignes d'Allemagne. C'est pourquoy je remarqueray icy qu'en ce païs là on fait monter les seps de vigne sur de si grands échalas qu'on y en trouve qui ont plus de 20 pieds de haut; ce sont en quelque facon des arbres entiers parce qu'ils ont des branches, mais elles sont depoüillées de leur écorce; quelques uns mêmes sont ornez des armoiries ou des chiffres du maître de la vigne, en sculpture, sans oublier l'année qu'ils ont été plantez, de sorte que par ce soin là on trouve de ces grands échalas qui ont 80 ou 100 ans. Les Impériaux ont arraché pendant les guerres grande quantité de ces vignes là, à cause que dans les divers combats que Monsr de Turenne leur a livrez en Alsace, l'infanterie françoise se retranchoit avantageusement sur les côteaux, où les vignes et les grands échalas lui servoient d'une palissade que la cavalerie allemande ne pouvoit forcer. Le soir, nous revînmes coucher à Amerschwir.

Pour continuer ma route, je diray que suivant la même côte des montagnes de Vauge, je passay le lendemain par Zellemberg, bourg bien situé sur une éminence, puis Dunenwhir[1] et beaucoup d'autres gros vilages, en allant à

RAPSCHWIR[2]

Ville enfoncée à l'entrée de la même montagne. J'aperçus auprès de la porte une chaise* à bras, pendüe à une potence au-dessus d'un quarré d'eau, comme une manière d'abreuvoir revêtu de pierre. Je ne manquay pas d'abord de demander à quoy servoit cette chaise ainsi atachée. On m'aprit qu'on y asseyoit ceux qu'on atrapoit dans les vignes, mangeans les raisins d'autruy et qu'on les décendoit un certain nombre de fois dans cette eau par puni-

* toute de bois.

---

[1] Hunawihr. — [2] Rappoltsweiler, Ribeauvillé.

tion. Cette ville n'est pas laide, elle me parut assez peuplée, les maisons d'assez bon air, à l'allemande; il n'y a rien cependant digne des remarques d'un voyageur, si ce n'est trois vieux chateaux bâtis sur des pointes de rochers si élevez que je les ay vus à plus de dix lieües de là. Je n'arêtay que deux ou trois heures à Rapschwir, car dès que j'eus fini une petite affaire que j'avois avec un officier, qui pour lors résidoit en cette ville, j'en partis pour m'en retourner à mon quartier.

Schlestat, ville de la basse Alsace, n'est qu'à une bonne lieüe de là. Elle fut démantelée en 1673, par ordre du Roy, mais depuis Sa Majesté l'a fait fortifier de la manière qu'elle paroit dans ce plan. A propos de Schlestat, il ne faut pas oublier de parler du camp que l'armée de France y tint pendant plus de trois mois, du tems de mon séjour en Alsace en 1675.

Après que Monsr le maréchal de Turenne eut été tué d'un coup de canon près de Saspach, entre Strasbourg et Bade, ce malheur pour la France releva tellement le courage des Impériaux que, malgré la valeur de nos troupes, ils les obligèrent de faire retraite et de repasser le Rhin à la hâte, après avoir perdu plus de 2000 hommes et le marquis de Vaubrun, Lieutenant général. On prétend que les Allemands perdirent beaucoup plus de monde que nous dans le combat qu'ils nous donnèrent; mais comme ils étoient en plus grand nombre que nos François, cette perte ne les afoiblit guères; leur armée passa par dessus le Pont de Strasbourg, en intention de détruire la nôtre qui se retiroit en bon ordre vers Schlestat. En cet endroit est une ligne fortifiée appelée *Landsgraben*,* qui est tirée depuis cette ville jusqu'à la montagne vers Châtenoy, et ce fut là que nôtre armée campa sous le commandement de Louis de Bourbon, Prince de Condé, qui quitta sa solitude de Chantilly, pour faire voir encore une fois aux

*fossé du païs.

Impériaux le vainqueur de Nordlingue et de Fribourg. La présence de ce héros les tint tellement dans le respect qu'ils n'osèrent jamais ataquer le camp de Châtenoy, quoique nos troupes y fussent en petit nombre et qu'elles diminuassent tous les jours par les maladies qui ataquoient les hommes et les chevaux, dont tous les chemins étoient couverts. Cependant nos François ne laissoient pas de se divertir dans leur camp à la vûe de l'ennemi ; nous entendions souvent parler de leurs fêtes, tantôt c'étoient des courses de chevaux, tantôt des gens de pied qui disputoient à qui remporteroit le prix proposé ; les officiers se régaloient entr'eux tour à tour ; les fantassins passoient le tems à planter le long de leurs barraques des sapins verts, qu'ils tiroient des montagnes voisines, de sorte qu'il sembloit qu'elles fussent alignées dans un bocage.

On m'a dit que, quand le ciel est clair et serein, on voit de Schlestat le grand clocher de Strasbourg, qui en est éloigné de huit bonnes lieües d'Allemagne ; la chose n'est pas incroyable, si ce clocher a, comme on dit, 574 pieds de hauteur : durant mon premier voyage, la guerre m'a empêché d'aller à Strasbourg, et dans le second, je ne ménageay pas bien le peu de tems que mes affaires me donnèrent, pour satisfaire ma curiosité sur ce point. Je ne laisseray pas d'en dire un mot par ocasion, à cause que c'est une des plus grandes et des plus belles villes d'Allemagne.

Cette ville est connue des anciens auteurs. Ptolémée l'apelle Argentoratum, César et Tacite Triboccum et tout le pays d'Alsace Tribocci, les Ecrivains plus nouveaux la nomment Strataburgum, qu'ils tirent aparament de *Strasʒburg,* nom qu'elle porte aujourd'hui et qui en françois signifie la Ville des chemins, à raison de sa situation qui se trouve entre l'Allemagne, la France et les Païs bas. Peutinger ne l'a pas oubliée dans ses tables itinéraires de l'Empire Romain. C'est la capitale de la Province d'Alsace et l'une des plus fortes villes de l'Europe, principalement depuis* qu'elle apartient à la France, car le Roy y a fait construire une citadelle et quantité d'ouvrages de fortification, qui occupent tout le terrain qui est entre cette ville et le Pont du Rhin, c'est à dire un quart de lieüe; on en peut juger par le plan cy raporté, qui nous montre de plus toutes les branches des rivières d'Ill et de Prusch, qui le traversent et qui l'environnent. Strasbourg étoit autrefois une ville Impérialle qui, ayant reçeu les erreurs de Luther en 1529, se gouvernoit en manière de République; mais aujourd'hui qu'elle est sous la domination d'un Roy Très-chrétien, la forme de son gouvernement est changée et l'exercice de la Religion catholique y est rétabli : l'Evèque est suffragant de Mayence, c'est le Prince cardinal Guillaume Egon de Furstemberg qui occupe le siége de cette illustre Eglise. Les chanoines qui en composent le chapitre sont au nombre de 24, dont il y en a 12 de Capitulaires et 12 de Domiciliaires, Les uns et les autres doivent être nez Princes ou Comtes souverains, nobles de 32 quartiers, 16 du côté paternel et autant du maternel, sans admettre aucune noblesse aquise par les charges de robe. Les capitulaires seuls ont droit d'entrer au chapitre, d'élire un d'entr'eux pour leur Evêque, jouissant des revenus et des autres prérogatives atachées à leur dignité. Les Domiciliaires n'ont aucun de ces droits, le seul avantage qu'ils ont est que le plus ancien remplit la place du Capitulaire qui vient à manquer. Ce noble chapitre a fait faire une oraison particulière pour rendre graces à Dieu de ce que le Roy y a rétabli le culte de la vraye Religion, et il l'a fait imprimer dans son Bréviaire. Les gens d'Eglise ne seront pas fachez de la trouver ici.

* 1681.

Deus qui in veteri Lege Templum per Judam Machaboeum vero cultui restituisti, et Templum hoc per Ludovicum, Regem

Christianissimum, magnifice ornatum, sacro cultui reddere dignatus es, præsta, quæsumus, ut ejusdem restitutionis diem annua devotione recolentes, quoties illud beneficia petituri ingredimur, cuncta nos impetrasse lætemur. Per Dominum nostrum Jesum Christum, etc.

Aussi Sa Majesté y a-t-elle signalé sa piété par de riches dons qu'Elle a faits à cette Eglise. Ils consistent en une croix d'argent de sept pieds de haut, et six chandeliers d'environ cinq pieds et demi chacun, le travail en est encore plus considérable que la matière. Ce présent est accompagné de trois ornemens d'Eglise, l'un de velours* cramoisi, l'autre de velours vert, le troisième de satin blanc, et tous enrichis de broderie et de galons d'or. Cette cathédrale est dédiée à N. Dame : c'est un batiment considérable pour sa grandeur et sa magnificence ; sa belle et haute Tour, dont j'ay parlé cy devant, est un ouvrage tout à jour d'un travail infini ; il ne faut pas oublier l'horloge, qui marque le cours des astres.

* Ces ornemens ont été bénis par l'archevêque de Dublin, grand vicaire de Strasbourg.

Finissons cette digression pour reprendre le fil de nôtre voyage, que j'ay quité à Rapschwir. De ce lieu je revins sur mes pas jusqu'à Englesheim,[1] gros bourg, d'où je fus à

COLMAR

belle Ville, grande à peu près comme Meaux. Les maisons en sont à la mode du païs, c'est à dire sans aucun ornement d'architecture, mais seulement enjolivées par le devant de quelques médiocres peintures; les rües m'en parurent serrées et tortueuses : c'est pourquoy je m'y égaray en la traversant la première fois. Elle est du nombre des dix villes Impériales d'Alsace. Le Duc de Weymar commandant les Troupes de France prit cette place en 1633. On m'a dit qu'elle avoit autrefois de belles

---

[1] Ingersheim.

fortifications, que le Roy fit raser en 1673, et dix ans après, il la refortifia et la réduisit au Diocèse de Basle pour le spirituel, dont elle s'étoit soustraite en embrassant l'hérésie de Luther. De là je fus à Heilige Creüts,[1] en françois Sainte Croix, petite ville que je trouvay à demi brulée et presque déserte depuis la guerre. J'en ay vû quantité d'autres en Alsace encore plus maltraitées que celle-cy. J'en ay passé quelques-unes sans y rencontrer une seule ame; un silence affreux régnoit partout, on y trouvoit des restes de meubles de bois dont on avoit fait du feu au milieu des rües, des chevaux morts et pourrissans, des carcasses de vaches toutes noires du feu qui avoit consumé leurs étables : ce sont là les tristes fruits de la guerre. Quand on est nouveau venu dans ces malheureux païs, on ne peut voir ces pitoyables spectacles sans être atendri de compassion, mais à force d'en voir, on s'y acoutume comme à autre chose et, au lieu d'être touché de cette désolation, on ne pouvoit s'empêcher de rire de voir des chats par bandes sortir de ces maisons abandonnées, et venir miaulant autour des passans. Sortant de cette ville infortunée, je pris tout court à gauche pour aller passer la Rivière d'Ill, puis je fis près de trois lieües sans trouver aucun vilage, mais j'aperçus de fort loin la ville de

BRISAC 𝔅𝔯𝔢𝔶𝔣𝔞𝔠𝔥

capitale du Brisgau et l'une des plus fortes places du Rhin. Pendant la guerre on n'y entroit pas sans cérémonie : la première fois que j'y fus, la sentinelle avancée m'arêta à la barrière, et le caporal ayant détaché du corps de garde un mousquetaire pour me conduire chez le gouverneur, nous fûmes, ce me semble, plus d'un quart

---

[1] Heilig-Kreuz, Sainte-Croix-en-Plaine.

d'heure à traverser tous les dehors de cette ville ; ce n'étoit que barrières, corps de garde, Ravelins, demi-lunes, et autres ouvrages de fortification, que l'eau du Rhin environne de toutes parts ; tous ces travaux là n'étoient pas pour lors entièrement achevez. Je considérois avec étonnement des milliers d'ouvriers qui fourmilloient de quelque côté que je jetasse la vûe, car outre les massons qui travailloient au revêtement des courtines, il y avoit beaucoup plus d'autres hommes qui étoient occupez à remuer la terre ; les uns l'ouvroient avec la pioche, les autres la portoient à la hotte ou l'enlevoient dans des broüetes et des tombereaux. Tous ces mouvemens là me donnèrent une idée de cette multitude de peuple qui bâtirent autrefois les piramides d'Egipte. Enfin, après avoir passé le grand pont du Rhin, ma sentinelle me fit monter en tournoyant par des pentes douces jusqu'à la haute ville, qui est située sur une montagne. Je rencontray Héritac,[1] le Directeur des fermes du Roy, qui se promenoit dans la grande rüe avec quelques officiers de la garnison. Il me fit mille caresses, et il me conduisit chez Monsr le lieutenant du Roy de Brisac, qui ne me questionna pas, voyant que j'avois une caution qu'il connaissoit si bien, et aussitôt mon soldat retourna à son corps de garde.

Comme en ce tems là j'étois un des quatre Receveurs généraux de l'Alsace, je travaillay d'abord avec le Directeur à nos affaires de la ferme, puis il me mena dîner à l'auberge, où il se trouva environ quinze officiers à table ; il y avoit des Commissaires des guerres, des Trésoriers de l'armée et des Capitaines de la garnison. Je fais mention de ce repas à cause du plaisir que j'y goûtay d'entendre si bien causer ces jeunes gens, qui pendant tout le dîner dirent à l'envy cent agréables choses, qui furent

---

[1] Sans doute encore un pseudonyme, peut-être un anagramme.

pour moi un meilleur régal que la bonne chère que nous y fîmes; car depuis quatre ou cinq mois que j'étois en Allemagne, je n'avois pas entendu deux mots de bon françois. Cela prouve la secrète inclination que l'on a sans y faire réflexion pour les gens de son païs.

Il y avoit pour lors à Brisac 5000 hommes de garnison, y comprenant 14 compagnies d'Infanterie Ecossoise du Régiment de Douglas, de sorte que ce grand nombre de soldats incomodoient fort les habitans et étoient eux-mêmes fort mal à l'aise dans une ville qui n'est pas d'une grande enceinte. La pluspart des ouvriers pour les fortifications étoient campez du côté de l'Alsace sous des barraques, dans un endroit près de la rivière que l'on apelloit la Ville de paille. On peut croire qu'on entendoit à Brisac un prodigieux tintamarre de tambours, lorsqu'il en passoit 60 ou 80, tous d'une compagnie, batans l'assemblée pour monter la garde à une heure après midi. Voilà l'etat où je trouvay cette ville de guerre durant mon séjour en Alsace en 1675. Mais dans ce dernier Voyage dont il est question présentement, j'y trouvay bien du changement, ce camp de barraques et de paille étoit devenu une Ville de pierre et de brique, fort agréable, ayant des rües tirées à la ligne, de jolies maisons et une assez belle Eglise, le tout bien fermé d'une bonne muraille flanquée de bastions et environnée d'un bras du Rhin; on l'apelle aujourd'hui Ville-neuve-Saint-Louis. Comme nous étions en tems de paix, les sentinelles ne m'arêtèrent point à la barriere. Je passay comme un homme qui connoissoit déjà le terrein, et je montay à la haute ville, où je me logeay au *lion d'or,* dont le maître est italien. C'est une hôtellerie nouvellement bâtie à la même place de celle qui, en 1675, sauta par le feu, qui prit malheureusement à quelques barils de poudre que l'on y gardoit.

Dès que j'eus diné, je fus voir le chirurgien Major de

la garnison, à qui je fis voir le certificat de mort de nôtre parent, qu'il nous avoit envoyé; il le reconnut comme étant de sa propre écriture et me montra sur son Registre l'endroit d'où il l'avoit extrait. Je voulus commencer mes procédures dès ce jour là même, mais tous les huissiers de la ville étoient en campagne. Pour ne pas perdre tout mon tems, je m'avisay d'aller saluer Monsʳ Hold,[1] un des conseillers du Conseil souverain d'Alsace, que j'avois connu durant mon séjour en cette Province; il eut peine d'abord à se remettre mon visage, mais dès que je lui eus dit mon nom et celui de l'emploi que j'exerçois dans le Zuntgau, il s'écria d'un air obligeant : « Ah! c'est donc vous, Monsieur, que nos habitans d'Altkirch appellent encore *der gutter Herr*.[*] Je suis bien aise de revoir une personne qui a eu le don de se faire aimer dans une commission odieuse. » Je me mis à rire de son compliment, et je lui appris ensuite quelle affaire m'avoit ramené à Brisac; il eut la bonté de m'offrir ses services pour tous les besoins que je pourrois avoir dans le païs; je l'en remerciay de mon mieux en prenant congé de lui. J'employay le reste de mon après dînée à visiter la ville de Brisac.

Le lendemain de mon arrivée, qui étoit un Vendredi 4 de Juillet, jour de l'assignation donnée à nos parties, je fus chercher un huissier qu'on m'avoit indiqué dès la veille, auquel je déclaray ce qu'il avoit à faire, en lui déployant toutes les pièces dont j'étois chargé. La vûe de ces grandes pancartes de parchemin, d'où pendoit le grand sceau de cire jaune,[2] le rendit tout interdit, au lieu que nos

* le bon monsieur.

---

[1] Valentin Holdt était en effet conseiller au Conseil souverain depuis 1663.
[2] En général la cire jaune était employée pour les lettres-royaux et les expéditions les plus ordinaires, tandis que la cire verte était réservée pour les ordonnances, les édits et les lettres patentes.

huissiers de France auroient été ravis de joye en voyant tout cela ; mais c'étoit pour cet allemand chose nouvelle. Enfin, après s'être un peu rassuré, il me pria comme en tremblant de lui confier mes papiers, afin qu'il pût prendre conseil de quelque habile homme sur ce qu'il avoit à faire en cette ocasion, ce que je lui acorday. La journée se passa sans que nos parties comparussent à l'assignation. Le jour suivant, dès six heures du matin, je fus trouver mon sergent,[1] qui me dit que Monsr Le Président du Conseil[2] avoit défendu à tous officiers de justice de faire aucune procédure extraordinaire sans la lui communiquer. Je crûs qu'il me disoit cela comme une défaite. « Eh bien ! allons trouver ensemble Monsr le Président », lui dis-je, « et je lui exposeray mon affaire. » Comme nous n'étions pas loin de sa maison, nous l'aperçûmes bientôt à travers les vitres du balcon de son poële.[3] Nous montâmes en haut ; je lui fis une profonde révérence, à ce magistrat ; il me reçut avec une gravité mêlée de douceur. Je lui contay mon fait en peu de mots, je lui présentay tous les actes nécessaires pour la forme entière du compulsoire[4] que je requerrois. Quand il les eut tous considérez, il me dit qu'il me falloit un procureur pour y travailler, et il eut même la bonté d'en envoyer chercher un. En atendant, il voulut bien causer avec moi ; je lui dis que j'avois l'honneur d'être fort connu de M^r le Conseiller Hold, ensuite je lui contay que j'avois été Receveur général du Zuntgau du tems de Macarion, l'un des Intéressez dans les fermes du Roy. Il me sembla qu'à ce récit il me traita avec plus de bienveillance; cela l'engagea de me demander si je connoissois Héritac, qui avoit été Directeur sous ce fermier

---

[1] On appelait ainsi les huissiers. — [2] M. Favier. — [3] Nom donné par synecdoque à la chambre où se trouvait le poêle. — [4] Acte obligeant un officier de justice à représenter des titres qu'il a en dépôt.

là. Je lui répondis que je ne l'avois connu en Alsace que par la qualité de sa commission, mais que, depuis 18 mois, je l'avois rencontré à Naples en Italie. « Il fait bien de se tenir en païs étranger », fit ce Président en m'interrompant, « car son procez est tout fait en cetuy-cy, et moi-même je l'ay condanné par contumace à être pendu pour les faussetez qu'il a faites à des marchands de Basle et de Brisac. » Je demeuray fort surpris de cette nouvelle, car je ne le croyois en fuite que pour un mauvais tour qu'il avoit joüé à Macarion. Comme le procureur tardoit trop à venir, M^r le Président me dit de revenir à dix heures et demie, parce qu'il alloit au Palais. Je sortis et je trouvay mon sergent, qui par respect s'étoit tenu dans l'antichambre.

A l'heure marquée, cet huissier fut quérir le Procureur que je lui nommay, et nous fûmes ensemble chez M^r le Président qui, se défiant de la capacité de ces bas officiers de justice, prit la peine de dicter lui même le stile du compulsoire et nous dit de revenir à deux heures après midi. Durant cet intervalle j'emmenay mon procureur et mon sergent diner avec moi; ensuite de quoy nous fûmes chez le chirurgien major compulser son Registre. Cela fait nous fûmes retrouver Monsieur le Président, qui me délivra un jugement de défaut contre nos parties, puis il légalisa le certificat de mort du chirurgien major, et scéla le procez verbal du compulsoire; tout cela, au bruit de 25 ou 30 tambours, qui batoient devant ses fenêtres pour monter la garde. Je trouvois Thémis bien mal logée au milieu de l'horreur des armes et du bruyssement des tambours de Mars. Je rendis de très humbles grâces à Monsr le Président de la prompte expédition qu'il m'avoit faite, en lui payant ce qu'il me demanda pour ses vacations; et je sortis avec mon procureur, qui me mena au fond de la cave d'un cabaret creusée dans le roc environ 50 marches, lieu fort commode pour boire frais au mois de Juillet;

aussi en prîmes nous tout le régal. C'est ainsi que se terminèrent toutes mes procédures. On m'avoit fait tant de récit de la Ville de Fribourg en Brisgau que je pris ocasion, en étant si proche, d'y aller faire un tour. Mais avant de partir de Brisac, disons un mot de son histoire et de ce qu'on y voit.

Sa situation avantageuse sur un rocher escarpé de toutes parts, sur le bord d'une fameuse rivière telle que le Rhin, inspira autrefois à l'ancien peuple des Latobriges le dessein d'y faire une forteresse sous le nom de Mons brisiacus, pour s'y retirer en tems de guerre et en faire la capitale de ce païs qu'on appelle présentement le Brisgau.* Dans la suite on en a fait une ville d'importance, à qui les uns ont donné le nom de Citadelle d'Alsace, d'autres de clef d'Allemagne, et quelques-uns celui d'oreiller de la maison d'Autriche; mais enfin Bernard de Saxe, Duc de Weymar, général de l'armée de Suède, assisté des troupes françoises commandées par le Maréchal de Guebriant, enleva à l'empereur cette place, qu'il consideroit comme l'oreiller sur lequel reposoit la sûreté de ses Etats. Elle lui fut prise au mois de décembre 1638, après une longue résistance. Durant mon séjour en Alsace, j'ay vû assez communément de la Monnoye qui fut frappée à Brisac par les assiégez; ce sont des pièces de plats et d'assiètes d'argent, sur le milieu desquelles espèces on lit ces mots enfermez dans un cercle *Moneta nova obsidionis Brisiacensis. 1638,* marquez aparament avec un poinçon, car sur le revers il n'y a ni caractères ni figures. Je n'entreprendray point la description des fortifications de Brisac, puisque le plan cy joint en donne une figure véritable. Il me suffira de raporter icy quelques remarques que j'y ay faites.

La haute ville n'a de beau qu'une rüe assez large, qui va du château, qui est au nord, à l'Eglise qui est située au midi; cette rüe a d'assez belles maisons peintes et vitrées

* Breisgaw.

à l'allemande. Le château est un vieux batiment extrêmement fort et massif, où l'on voit une haute Tour quarrée, dont les pierres sont taillées en pointe de diamant. L'Eglise, qui est située à l'autre bout de cette éminence, est de médiocre grandeur; le maître-autel a son retable de bois enrichi de colonnes et de quantité d'ornemens de sculpture fort délicatement travaillez; mais ce qu'il y a de remarquable et de plaisant, c'est que l'ouvrier a pris beaucoup de soin à tailler les cheveux et la barbe de toutes les figures qui y sont, en longues boucles frisées, et annellez; il a cru sans doute les rendre plus vénérables par cette petite façon là, car la statue du Pere Eternel, qui sort à demi-corps d'un nuage bien gaudronné[1] remplissant le timpan du fronton, a sa barbe et sa chevelure beaucoup plus amples, plus éparpillées et plus frisées que celles de St Gervais et de S. Prothais, Patrons de cette Eglise, qui sont posées dans deux niches de chaque côté de la décoration; on peut bien croire après cela que ce sculpteur n'a pas oublié de bien friser les chérubins et les anges qui accompagnent le P. Eternel dans la gloire.[2] Outre cette Eglise il y a encore à Brisac trois couvens de Religieux mendians, qui sont les Augustins, les Cordeliers et les Capucins, et une petite sinagogue de Juifs, où ils ont permission de faire les cérémonies de leur Loy, moyennant un tribut qu'ils payent par famille.

Au milieu de la grande rüe qui est dans la haute Ville, justement entre l'Eglise et le château, il y a une Tour quarrée, qui sert comme de couverture à un beau puits où les filles de joye sont condamnées par punition à tirer de l'eau pour le public. Brisac étant situé sur une hauteur,

---

[1] Godronné = plissé en rond comme un jabot.
[2] Gloire est pris ici dans l'acception de ciel ouvert et lumineux où sont représentés des personnages divins, des anges et des saints.

on juge bien que ce puits est extrêmement profond et que la peine est assez rude ; il se trouve néanmoins des soldats au cœur tendre et pitoyable, qui souvent les vont soulager dans ce travail.

Derrière l'Eglise il y a des terrasses d'où l'on découvre un horison de dix à douze lieües presqu'à la ronde, principalement vers le Nord, où rien n'empêche la vüe de suivre les flexions du Rhin, aussi bien que du côté du midi, où elle n'est bornée que par les hautes montagnes de la Suisse, dont la blancheur se fait distinguer au-dessus des bois de la Hart, qui bordent cette même rivière jusqu'à plus de huit lieües vers le canton de Basle. La forest noire, qui est au levant, présente des montagnes qui ont je ne sçay quoi d'affreux à cause de leur couleur tirant sur le verd brun, ce qui les fait paroître toutes proches de la ville, quoiqu'elles en soient éloignées de cinq à six lieües, On aperçoit aisément à leur pied Fribourg en Brisgau et son château, qui est élevé sur une éminence qui commande à la Ville ; comme les ouvrages de brique qui sont sur cette montagne et les terres qu'on y a remuées, la font paroître rougeatre, elle ressemble assez bien de loin au Mont Valérien, qui est proche Paris. La plus belle vüe de ces terrasses de Brisac est à mon gré du côté de l'occident, où l'on découvre du midi au septentrion cette longue chaîne de montagnes de la Vauge, qui terminent l'horison et qui laissent voir dans l'éloignement un terrain diversifié de prairies, de vignobles, et de terres à bled, et parsemé d'un nombre infini de châteaux, de villes et de vilages, dont toute l'Alsace est remplie, ce qui la rend sans contredit un des plus beaux et des meilleurs païs de l'Europe. Pour se délasser la vüe, il faut l'arêter un peu sur la ville basse et sur les fortifications de Brisac, que l'on voit de ce lieu comme à ses pieds, aussi bien que les Iles et les Ponts qui sont sur le Rhin. J'y remarquay au midi de l'Eglise une bute aussi élevée que la ville, sur laquelle est placé un moulin à vent enfermé d'un bon ouvrage fortifié. En considérant ainsi à loisir cette ville si forte par sa situation naturelle et par le secours de l'art, je le[1] pardonnois en moi-même aux Impériaux qui n'avaient pas eu le courage d'y mettre le siége, au lieu du blocus qu'ils y tinrent durant les deux derniers mois de 1674 et le commencement de janvier suivant, tems auquel il n'y avoit dans la Place ni assez de munitions, ni de bons canoniers, et même trop peu de garnison pour soutenir un long siége. L'avoir échapé si belle a été pour la France une belle leçon pour ne se pas laisser surprendre à l'avenir. Voilà ce que j'avois à dire de l'importante ville de Brisac; allons présentement faire un tour à Fribourg en Brisgau.

Je partis un peu trop tard de Brisac pour y aller coucher, je passay par Remsingen et Tiguer,[2] vilages; puis je trouvay un bois où le Roy a fait faire des routes de 3o toises de large, afin de les rendre plus sûres pour le passage de ses troupes, parce qu'auparavant c'étoit de véritables coupe-gorges. Je fus donc obligé de m'arêter dans un petit vilage en deçà de Fribourg nommé Sant-Jerg,[3] où je trouvai un fort mauvais giste, rien à manger, de la paille pour me coucher, et des hôtes fort grossiers; cela fut cause que je montay à cheval avant le soleil levé, et j'arrivay de bon matin à

FRIBOURG   Freyburg

Comme on en démolissoit les fauxbourgs, afin de mieux fortifier le corps de la Place, je m'égaray presque dans ces ruines de maisons, en cherchant le pont qu'il faut passer pour aller à la ville. La rüe par où j'y entray me parut

---

[1] construction vicieuse pour : je pardonnais aux Impériaux de n'avoir pas.
[2] Rimsingen et Thiengen. — [3] Sanct-Georgen.

large, belle, droite, fort nette surtout, parce qu'il y coule au milieu un ruisseau d'eau claire, qui sort des fontaines à bassin qui sont dans ses carrefours, Les maisons sont icy telles que je l'ay déjà remarqué ailleurs, c'est à dire toutes peintes par le devant et percées de grandes fenêtres vitrées. Je trouvay les soldats de la garnison sous les armes, rangez le long des rües, chaque compagnie vis à vis de son drapeau, en atendant la revüe du commissaire des guerres. Il y avoit d'ailleurs des Inspecteurs fort difficiles pour le choix des hommes, et fort exacts pour leur entretien d'armes, d'habits et de linge; je remarquay que chaque soldat avoit une seconde chemise pliée et pendue au bout de sa bandoulière. Je mis pied à terre *au Sauvage,* belle hôtellerie, où après avoir quité la botte,[1] je fus à la Messe à la grande Eglise, qui est située dans une belle place; on en peut voir le profil dans la figure cy jointe. Son clocher est un ouvrage merveilleux pour sa hauteur et la délicatesse de son travail. Quoique ie n'aime pas les batimens gotiques, je ne puis m'empêcher de loüer celui-cy : c'est une piramide de pierres rouges taillée tout à jour, de même que le clocher de Tanne, dont j'ay parlé cy devant à la page 37, mais celui de Fribourg est sans comparaison plus beau. J'ay déjà dit que ces deux clochers cy et celui de Strasbourg ont été construits par le même architecte;[2] mais il faut ajouter icy une tradition du païs qui porte que cet habile ouvrier voulant aller en France, pour en bâtir un autre qui surpassât par la beauté de son dessein les trois qu'il avoit faits en Allemagne, on lui fit crever les yeux pour l'en empêcher. L'Eglise de Fribourg est un assez beau vaisseau bâti de la même sorte de pierre rouge que le clocher. J'y entray par un vestibule bien embelly,

---

[1] après m'être débotté. — [2] Nous avons dit aussi que c'est une assertion erronée.

de même que le grand Portail, de diverses peintures et de quantité de statues de pierre, ce qui fait un objet tout à fait agréable à la vûe. L'intérieur de cette Eglise n'a rien d'extraordinaire, la nef et le chœur, qui est tout fermé d'un mur, sont environnez d'une allée en bas cotez. Le Tableau du Maître-autel est fort estimé en ce païs là; pour moi, je le trouve d'un goût un peu sec, je puis me tromper. On voit par toute l'Eglise quantité de tombeaux élevez à des personnes dè distinction, il y a encore plus de tombes que je n'apelleray pas plates, parce que la coutume d'Allemagne, aussi bien que de l'Italie, est d'y tailler des figures en relief, qui sont là fort mal en place, à ce qu'il me semble : car outre qu'on les gâte en marchant dessus, c'est qu'elles ne sont propres qu'à faire casser le cou de ceux qui ne regardent pas à leurs pieds. Je lûs quelques-unes des Epitaphes; je me souviens entr'autres d'une partie de celle qu'on a mise à un homme de grande naissance, qui possédoit la première dignité du chapitre de Basle; elle marque sa profonde humilité en des termes les plus vils et les plus abjets, et nous donne une instruction touchante du néant de l'homme. Je voudrois avoir retenu le nom et les qualitez de cet illustre défunt; il semble que l'on l'entend qui parle au lecteur passant : OLIM FUI IN SÆCULO COMES AB....., IN ECCLESIA BASILIENSI PRÆPOSITUS, NUNC IN TERRA SUM PULVIS, STERCUS, VERMIS, NIHIL.

Il ne faut pas oublier de dire icy que depuis l'apostasie de la ville de Basle, l'Evêque de ce siége se retira à Porrentru,[1] dont il est Prince temporel, et que ses chanoines choisirent, pour tenir leur chapitre, l'Eglise de Fribourg en Brisgau, dont ils occupoient le chœur moyennant une somme d'argent; mais depuis la réduction de cette ville au

---

[1] Porrentruy.

Roy, ces Messieurs prenant pour prétexte les mauvois traitemens qu'ils prétendoient avoir reçeus des François à sa prise, s'en sont retirez pour s'établir à Arlesheim dans le canton de Basle en Suisse, qui n'est pourtant qu'un vilage, où ils font bâtir une Eglise et des logemens pour eux.

Je fus ensuite promener par toute la ville, qui est tout à fait jolie et nette à cause de ses fontaines d'eau vive dont les ruisseaux, comme je l'ay dit, lavent continuellement le pavé. Il y a quantité de belles maisons, plusieurs Eglises et couvens dont je n'ay pas retenu les noms. En chemin faisant, je sortis par la Porte S. Christophe, où je trouvay que le beau fauxbourg de ce nom étoit démoli, de même que celui qui est du côté de Brisac; quelques bourgeois de qui je m'acostay[1] me dirent en soupirant du fond de leur cœur qu'il avoit été aussi grand et aussi peuplé que la ville. On y travailloit fort et ferme aux nouvelles fortifications. De cet endroit je considéray à mon aise les forts et les divers ouvrages dont on a couvert la montagne au pied de laquelle est situé Fribourg. Nôtre plan nous en donne tous les noms et ceux aussi des bastions de la ville; et la figure nous en représente fort bien le profil; l'un et l'autre nous montre que la Rivière de Treiss[2] coule le long du glacis méridional. Comme je n'ay passé qu'un Dimanche dans cette ville, je n'y vis point les boutiques de ces ouvriers si vantez pour tailler les pierres précieuses et particulièrement l'agate, dont ils font des vases, des manches de couteaux, des boutons et diverses autres sortes de gentillesses; cette pierre se trouve dans les montagnes des environs. Les orfèvres y excellent aussi pour le vermeil doré; mais leur argent y est d'un bas alloy.

Il faut voir le collége de l'université, qui est une des

---

[1] que j'abordai. — [2] Dreisam.

plus célèbres de l'Allemagne; aussi donne-t-on à son Recteur le titre de Magnifique.[1] Elle fut fondée vers l'an 1450, par Albert VI, dit le débonaire, Duc d'Autriche. Il acorda tant de priviléges et de libertez aux Etudians que, ceux-cy en abusans, on fut obligé d'en retrancher une partie, et même on observe, à ce que m'a conté un avocat qui y avoit pris ses grades, que lorsqu'on fait la lecture publique de ces priviléges, on sonne en grand branle toutes les cloches de la ville, non pas tant pour rendre cette action célèbre, que pour empêcher par ce bruit que les Ecoliers n'entendent ce que lit le héraut.

Les Princes d'Autriche sont devenus les maîtres de Fribourg vers l'an 1386, après que les bourgeois se furent mutinez contre la maison de Furstemberg, qui l'avoit acquis par le mariage d'Agnès de Zeringhen. C'est à une lieüe de cette ville, à l'entrée des montagnes de la forêt noire, que Louis, Prince de Condé, n'étant encore que Duc d'Anguien, força les barricades où les Troupes de Bavière s'étoient retranchées, après un combat opiniâtre durant trois jours, qui furent le 3, le 4 et le 5e du mois d'août 1644. Cette victoire couta plusieurs milliers d'hommes des plus braves de France; aussi les Allemans n'en parlent que comme d'une action avantageuse pour eux, et ils ont donné à ce champ de bataille le nom de cimetière des François. Ces Impériaux sont bien humiliez de voir présentement Fribourg en nôtre puissance. Ce fut le Duc de Créqui qui la prit le 17 novembre 1677, après un siége de sept jours.

Les anciens auteurs ne parlent point de cette ville là, mais ils connoissoient bien la Forest noire, qui est à son orient. Comme elle est plantée sur de hautes montagnes,

---

[1] Ce titre n'est nullement particulier aux recteurs de l'Université de Fribourg.

ils la nomment quelquefois Abnoba Mons, plus communément Martiana Sylva. Elle contient plus de 15 lieües d'Allemagne de longueur du septentrion au midi, sur six ou sept de largeur. Ce païs, tout affreux qu'il est, ne laisse pas d'être habité, mais c'est par des païsans grossiers et brutaux comme des bêtes sauvages, parmi lesquels j'ay ouï dire qu'il y a beaucoup de familles de Ladres.

Après m'être bien promené dans tous les quartiers de Fribourg jusqu'à m'en ennuyer, j'en partis sur les trois heures après midi pour repasser par Brisac, où j'arrivay par un plus court chemin que la veille, parce que je montay par dessus un côteau, au bas duquel j'avois tourné en venant. Avant que de rentrer dans la ville, il ne sera pas désagréable que je fasse icy mention de cette belle marche que Monseig^r Le Dauphin fit avec son armée au delà du Rhin, que l'on peut voir marquée dans nôtre carte d'Alsace. Il passa par Remsingen, vilage de ma route à une lieüe de Brisac, et son camp de Weill,[1] représenté dans cette figure, n'étoit qu'à 3 lieües de là. En arrivant à Brisac, je rencontray mon procureur, avec qui je fus souper au *petit Paris,* bonne auberge.

Le lendemain, je sortis de cette ville de guerre au soleil levant et, après en avoir passé tous les ponts, les forts et les corps de garde, je joignis en entrant dans la forest de la Hart un gentilhomme bien monté, accompagné d'un valet aussi à cheval. Comme nous n'allions qu'au pas, nous liâmes bientôt conversation, je connus que c'étoit Mr de Vignancourt, comte de Morsperg, capitaine de dragons dans le Régiment de la Ferté. Quoiqu'il ne me parût pas avoir plus de 35 ans, il avoit déjà fait un grand nombre de campagnes ; il s'étoit trouvé au siége de Fribourg, dont il me conta les circonstances en homme du métier. Tant

---

[1] Wihl.

que nous fûmes ensemble, ce Monsieur prit le soin de m'entretenir agréablement par le récit de ses avantures guerrières et de la cronique du païs qu'il savoit à merveilles. Nous ne nous quitâmes que sur le soir assez prés d'Altkirch, dont je ne parleray pas d'aujourd'hui; la route que je fais m'oblige de dire qu'après avoir passé Hirtzfeld,[1] gros vilage situé dans la forest de la Hart, je pris le chemin de la droite, pour aller à

ENSISEM   Ensisheim

Ville de la haute Alsace, que les François qui ne savent pas l'allemand, appellent *Anxé*.[2] Elle est située dans une plaine unie comme glace à perte de vûe; la Rivière d'Ill passe au pied de ses murailles du côté d'occident. Comme c'est un beau et tranquile séjour, le Conseil provincial d'Alsace y tenoit autrefois son siége, mais depuis 1673, le Roy l'a transporté à Brisac à cause de la guerre et qu'Ensisem n'est pas une place de résistance. Ses faibles murailles ne laissèrent pas d'arêter les Impériaux, six jours durant, en 1674. On y entre par trois portes. L'Eglise de Parroisse est passable; elle a un haut clocher terminé en lanterne, d'où l'on peut découvrir toute la haute Alsace et le Zuntgau. Je ne sçay quelle dévotion ils y ont pour S. Georges, mais j'en ay vu des figures dans la plupart des villes de ce païs là, et à Ensisem il y en a deux : l'un est peint à côté du portail de cette Eglise et l'autre, sur le mur intérieur de la porte de la Ville du côté d'occident, où il est représenté six fois au moins grand comme nature. A propos de cette Eglise de Parroisse, je diray que de mon tems le curé en fut chassé par lettre de cachet,[*] pour avoir eu

[*] en 1675.

---

[1] Hirtzfelden. — [2] Dans la langue du pays on prononce *Annsé* par contraction.

l'imprudence, durant environ deux mois que lesdits Impériaux ont tenu cette ville, de leur marquer trop obligeament dans ses prônes la joye qu'il sentoit de les revoir maîtres de la place. Le transport de son zêle pour l'aigle impériale le poussa à dire qu'enfin ses chères brebis étoient rentrées en possession de leurs anciens pâturages, et que Dieu qui est juste en avoit écarté les *boucs,* c'est ainsi qu'il lui plaisoit de qualifier les François, dont il faisoit des peintures odieuses, pour relever le mérite et les vertus de ces bons Allemands. On peut juger de là combien il faut de tems pour faire d'une nation conquise de fidèles sujets, puisqu'après avoir vécu 37 ans sous l'obéissance d'un prince, un eclésiastique qui devoit être plus soumis qu'un séculier aux ordres de la Providence qui donne la victoire à qui il lui plaît, un curé, dis-je, n'a pu oublier ses anciens maîtres.

Il y a outre cette église à Ensisheim un collége de Jésuites françois, que le duc Mazarin y a établi, et un couvent de religieuses. Les maisons y sont des plus jolies que j'aye vues en Allemagne, les ornemens de peinture et les colifichets[1] gotiques y abondent dedans et dehors. Celle entre autres de Macarion, notre fermier général, est une des plus considérables : aussi m'a-t-on dit que du tems des Impériaux l'archiduc d'Autriche y faisoit sa résidence. Elle avoit été un peu maltraitée par les gens de guerre ; ils en avoit arraché et brisé de fort beaux lambris de menuiserie, pour faire du feu sur les planchers mêmes, qui en étoient demeurés percés en quelques endroits.

Ce fut dans ce même hôtel, jadis archiducal, au mois de may 1675, que Macarion me donna ma patente de receveur général du département d'Altkirch, Ferrette et Lanzer, trois bailliages du Zuntgau, où j'avois sous moi trente-deux commis allemands pour les péages situés dans les bourgs et

---

[1] Ornements inutiles et par conséquent de mauvais goût.

villages du bord du Rhin, des frontières du canton de Basle et de Soleure en Suisse, et aux environs de Milouse, ville enclavée au milieu des terres du Roy, allié de leur République. Les trois autres départemens généraux étoient Haguenau, à l'extrémité de la Basse-Alsace; Amerschwir, dans la haute, dont j'ay parlé cy devant page 42, et Beffort, situé au bout occidental du Zuntgau romain,[1] joignant la principauté de Montbéliard. Tous les trois mois nous faisions compter les commis du péage de leur receptes et en même tems les cranneurs,[2] c'est-à-dire ceux qui avoient charge de marquer le vin que les cabaretiers distribuoient, et d'en lever le droit qu'on apelle en allemand *Masphening*.[*]

[*] denier de pot.

Quant aux greniers à sel, c'étoient les receveurs généraux qui en avoient la direction; nous le distribuions en gros par tonneaux d'environ six quintaux chacun, à raison de 10 l. 16 s. 8 d. de notre monoye le quintal, aux communautés des villes, villages ou autres particuliers, qui le revendoient à petites mesures en détail au public.[*] Mon magasin à sel étoit à Altkirch en Zuntgau, où je tenois mon bureau. Comme nous ne recevions guère que de l'argent d'Empire, qui n'a point de cours en France, on tiroit assez souvent sur nous des lettres de change des garnisons et des autres troupes que le Roy avoit pour lors en Alsace; et quand nous avions de grosses sommes en quaisse, on nous donnoit des sentinelles à nos portes en qualité de trésoriers des armées, ce qui nous atiroit le respect des habitans. J'ay trouvé à propos de parler une fois de cette matière maltôtière, puisque cette commission a été le motif de mon premier voïage d'Alsace.

[*] Ce sel d'Almagne ne vient pas de la mer; mais de certaines sources d'eau salée qu'on trouve en Bavière, en Tirol, en Lorraine, en Franche-Comté. Il est blanc comme nège; il ressemble assez bien à du sucre en poudre; il ne sale pas si bien que le sel de mer.

Tout d'un temps,[3] je suis bien aise de me ressouvenir icy que le jour même que je receus ma patente de receveur général, on me donna un ordre qui me fit honneur, puisqu'il

---

[1] de langue romane ou française. — [2] de *cran*, dans le sens d'entaille.
[3] En même temps.

s'agissoit du service du Roy pour son armée en Allemagne. Je fus donc chargé de la part de Monsr l'Intendant de porter un commandement aux trois baillifs de mon département de convoquer tous les charpentiers de leurs dépendances, pour aller travailler au Pont d'Aspach, proche Tanne, et de le rendre prest au plûtôt à y faire passer les troupes, les charois et l'artillerie de notre armée. Sans perdre de tems, je fus moi-même porter l'ordre à Lanzer et à Altkirch, d'où j'envoyay, tout en arrivant, un exprez au baillif de Ferrette. Ces magistrats furent ponctuels à faire partir un grand nombre d'ouvriers, de sorte qu'en moins de trois semaines le pont d'Aspach, qui a bien dix toises de longueur, fut entièrement achevé. Dans ce même tems là, Macarion s'en retourna à Paris; il ne demeuroit plus en Alsace depuis la guerre.

Pour continuer icy une route suivie [1] de toutes celles que mes affaires m'obligeoient de parcourir dans cette province, je diray que partant d'Ensisem, où je suis revenu plusieurs fois durant mon séjour, je fus à Battenheim, vilage dont l'église étoit brulée, et rentrant dans la forêt de la Hart, j'arrivay à Othmarsheim, un des plus beaux et des plus gros bourgs d'Alsace, qui est situé à un quart de lieüe du Rhin, presque vis-à-vis de la ville de Neubourg,[*] qui est sur l'autre rive dans le Brisgau. Pour donner une fois l'idée des meilleurs vilages de ce païs, il faut se figurer une longue et large rüe, dont la charpente des maisons qui est posée en croix, sautoirs, bandes et barres,[2] est peinte ordinairement en brun, et les intervales de ces pièces de bois sont remplis de briques ou du moins de terre enduite de blanc et tracée de rouge pour représenter de la brique. Ajoutez à cela que les maisons de distinction, telles que sont celles des habitans aisés et

[*] Newburg.

---

[1] dans un ordre déterminé. — [2] termes de blason: la *bande* traverse l'écu diagonalement de dextre à senestre; la *barre*, au contraire, de gauche à droite.

des hôtelleries, ont des balcons saillans en demi cercle vitrés, aussi bien que toute la face du mur de devant, et que d'ailleurs ces maisons ne se touchent point l'une l'autre, mais qu'elles sont toutes séparées par un passage rempli de hauts arbres verts, vis-à-vis desquels il y a d'espace en espace des puits publics, d'où l'on tire de l'eau avec une longue perche ferrée, qui est posée en balance sur un poteau assez élevé. On avoüera que ce papillotage de diverses couleurs et d'objets donne à la vue un spectacle champêtre fort agréable, et qui ne sent point la nécessité.[1] Il y a quelques autres rûes de traverse dans ces vilages, mais elles ne sont ni si larges ni si belles que celle du grand passage. Je fus descendre chez le commis d'Othmarsheim, qui me donna à souper dans un cabaret illustre, car on l'appeloit *die Pfaltz*, c'est-à-dire le Palatinat.[2]

Le jour suivant, j'emmenay avec moi ce commis, parce qu'il étoit aussi garde de la ferme, pour m'acompagner dans la visite que je voulois faire de quelques bureaux. Nous repassâmes le bois de la Hart et nous fûmes rendre[3] à Absheim,[4] gros vilage, où j'avois des gens de connoissance qui nous régallèrent à l'allemande; cela veut dire qu'il fallut y boire d'importance. Cependant, comme je commençois à parler la langue du païs, je m'excusoi en disant que j'étois encore trop nouveau venu pour en bien savoir les coutumes. Bien m'en prit d'avoir à faire à des gens qui voulurent bien me dispenser de faire raison de toutes les santés qu'on me porta; ces témoignages assassinans de leur amitié m'auroient fait crever. Lorsque je parleray des inclinations de nos Allemands, je n'oublieray pas de conter en détail les cérémonies qu'ils observent pour boire d'ordre.[5] De ce village il n'y a que cinq quarts de lieüe à

---

[1] l'indigence. — [2] ou plus exactement le palais, le mot venant de *palatium*. — [3] visite. — [4] Habsheim. — [5] Chez les anciens déjà, qui n'étaient cependant pas de forts buveurs, le roi du festin réglait le nombre de santés que les convives étaient tenus de boire.

MILOUSE[1]   𝔐ülhau𝔰en

qui étoit autrefois une ville impériale, quoiqu'elle soit luthérienne;[2] mais depuis 1615,[3] elle est alliée des cantons suisses. Cette alliance lui a été bien avantageuse durant les guerres dernières de 1674, où, pendant que les Impériaux et les François portoient tour à tour la désolation dans ce beau païs d'Alsace, elle se voyoit comblée des biens que ses voisins y réfugioient, profitoit de leur infortune et de la dépense que ces deux nations faisoient chez elle. Les bourgeois de cette ville ont pû voir de dessus leurs murailles, comme d'un amphithéâtre, le combat et la victoire que remporta Monsr de Turenne sur les Impériaux commandés par le général Caprara. Comme cette action se passa du tems de mon premier voïage, et que nous nous trouvons présentement sur ce champ de bataille, je suis bien aise d'en raporter icy quelques particularités, que je tiens de Monsr le comte de Beaumont, le second commandant des gendarmes écossois de la garde du Roy, qui y fut blessé.

Monsr le maréchal de Turenne, trouvant son armée fatiguée et très affaiblie de la longue campagne de 1674, se retira d'Alsace durant les derniers mois de cette année, pour lui donner des quartiers de rafraîchissement en Lorraine, à l'entrée de la montagne de Vauge; ce qui se fit avec tant de prudence et si peu de bruit que les Impériaux, croyant que l'armée de France étoit dissipée, inondèrent toute l'Alsace, sans trouver de résistance et se rendirent entièrement

---

[1] Certaines personnes usent encore de cette prononciation, mais à tort. Sans doute dans le dialecte du pays on dit *Milhüsa*, parce que deux *ü* dans deux syllabes consécutives sont d'une articulation difficile et d'un effet désagréable pour l'oreille: le premier *ü* a donc dû céder devant l'autre, qui, portant l'accent tonique, était plus résistant. Mais cette raison n'existe plus du moment que la seconde syllabe s'adoucit en *ou*. — [2] ou plutôt réformée.
[3] Lisez 1515; le grand pacte fédéral conclu entre les treize cantons et Mulhouse est daté de Zurich, 19 janvier 1515.

maîtres de tout le plat païs, se flatant de réduire bientôt de même Brisac, Beffort et le château de Landscron. Ils bloquèrent d'abord cette première place, comme j'ay dit ci devant;* ils se préparoient à assiéger les autres, qu'ils insultoient¹ déjà jusqu'au pied de leurs palissades, lorsque le sage Monsr de Turenne, au bout de deux mois de repos en quartier d'hyver, fit repasser la montagne à son armée, qui étoit un peu rétablie de ses fatigues et augmentée de nouvelles troupes, et parut tout à coup vers Beffort, comme s'il fût sorti de terre. Sans perdre de tems, ce grand capitaine se mit à chercher les ennemis, qui, ayant eu avis de sa marche, commencèrent à se rassembler pour lui tenir tête; et ce fut dans la plaine au dessous de Milouse² que se donna le premier choc. Il s'y trouva un corps de plusieurs gros escadrons de cavalerie de l'élite de l'Empire, qui atendoient nos troupes en fort bonne contenance. Caprara, leur général, marchoit fièrement à nous en maniant son cheval avec beaucoup de grâce. A cette vue Mr de Turenne commanda qu'on allât à eux. Les gendarmes écossois, en qualité de premier corps de cette armée, eurent l'honneur de donner l'ataque, après avoir cependant essuyé la décharge du feu des ennemis. Pendant que nos braves les poussoient à grands coups de sabre, Mr le comte de Beaumont se trouva à tête à tête avec un officier de distinction des Impériaux, qui d'abord lui tira son coup de pistolet dans l'aîne. Quoique ce comte en fût dangereusement blessé, il eut néanmoins assez de force pour lui rendre le change, de sorte qu'il renversa l'Allemand mort aux pieds de son cheval, d'un pareil coup. Le Sr Desépinets, ami de ce seigneur blessé, s'étant trouvé heureusement proche de lui dans ce moment, vint à propos pour le soutenir, de peur qu'il ne tombât de cheval, et l'emmena derrière deux escadrons de cavalerie légère, qui

*page 58.

---

¹ attaquaient. — ² du côté de Brunstatt.

n'avoient pas encore combattu. Là, après avoir ataché leurs chevaux à un arbre, il prit le comte par le milieu du corps, le coucha par terre, le déboutonna, lui fit à la hâte un bandage d'une partie de sa chemise qu'il coupa, et arêta le sang de sa blessure le mieux qu'il put. A peine ce premier apareil fut-il mis que, Desépinets se relevant, il ne trouva plus les escadrons de cavalerie qui les couvroient ; mais au contraire il en vit un des ennemis qui venoit fondre de leur côté, ce qui le fit crier : « Courage, Monsieur, sauvons nous, ou nous sommes pris ! » A ce cry, Mr de Beaumont, tout blessé qu'il fût, se releva sur pied malgré sa playe et pendant que son ami lui détachoit son cheval de l'arbre, le danger présent lui donna le courage de monter en selle et de s'enfüir. Desépinets monta en même tems à cheval, mais dans le trouble où il étoit, il oublia d'en détacher les resnes. Sans délibérer davantage, il les coupa d'un coup de sabre au plus vite et se mit au galop fort à tems pour échaper à un Allemand, qui venoit l'épée à la main le percer par derrière. Il rejoignit bientôt son officier blessé, et continuant de le soutenir à cheval, ils passèrent devant Mr de Turenne, qui étoit posté sur une hauteur, d'où il donnoit ses ordres pour le combat. Ce général lui marqua du déplaisir de le voir si maltraité. Pour remerciement le comte lui répondit que son plus grand chagrin étoit de ne pouvoir demeurer jusqu'à la fin de la bataille. Ils prirent le chemin du plus prochain vilage, d'où le lendemain on transporta le blessé dans un brancard à Beffort et ensuite à Paris.

Cependant les Impériaux se batoient vigoureusement ; ils avoient matté et rebuté nôtre cavalerie légère ; elle ne vouloit plus retourner à la charge, les aides de camp avoient beau courir et aporter les ordres de Mr de Turenne, on n'o. béissoit point. Alors un haut officier, au désespoir de voir cette lâcheté, se mit à crier en s'adressant aux gendarmes écossois qui avoient déjà été à la charge par deux fois : « Eh !

Messieurs, où est l'honneur de la France?» — «Le voicy, répondirent aussitôt ces vaillans hommes, le voicy,» en donnant des éperons, le sabre à la main, et s'élançant comme des lions dans les escadrons ennemis, sans se soucier de leurs décharges. Cette action de valeur donna si bon exemple à nos cavaliers intimidés, qu'ils reprirent courage, retournèrent avec ardeur au combat, et mirent les Impériaux en déroute. Ils perdirent 7 étendarts, 2 timbales, laissèrent plus de 700 hommes sur la place et environ 500 prisonniers. Les deux nations firent entrer une partie de leurs blessez à Milouse; on y receut également les Francois et les Allemands pour leur argent, et ils vivoient sans bruit dans cette ville neutre.

Le gros des troupes impériales se rassembla peu de jours après vers Turckheim, où elles furent encore défaites et même forcées dans leurs retranchemens; de sorte qu'enfin leur armée se trouvant considérablement diminuée par ces pertes et plus encore par la misère, la famine et les maladies, elle repassa le Rhin à Strasbourg; et M. de Turenne les poursuivant toujours, passa aussi cette rivière sur un pont de bateaux, batit les Allemands pour la troisième fois, et ce fut le dernier exploit de ce grand maréchal, qui fut emporté d'un coup de canon six mois après.

Revenons à Milhouse. J'ay passé dix fois au moins dans cette ville, sans y avoir remarqué rien de bien considérable. Tout ce que j'en puis dire, c'est une jolie petite place, située à l'entrée d'une plaine bordée, à un quart de lieüe du côté du midi, de coteaux chargés de bons vignobles. Elle a quatre portes, mais pendant les guerres on n'en laissoit que deux ouvertes. Cette église, marquée d'un 1 dans notre plan,[1] étoit autrefois une parroisse de S. Etienne; présentement ces

---

[1] C'est celui de Merian, dont la planche originale est conservée aux archives de la ville.

hérétiques en ont fait un prêche[1] qu'ils apellent *der Münster*.[2] Il ne faut pas oublier de dire qu'auprès du chiffre 4 du même plan, on voit un tilleul si bien taillé et si bien ménagé qu'on y a pratiqué dans ses branches trois[3] chambres vertes l'une sur l'autre. La rivière d'Ill environne les foibles remparts de cette ville. Elle ne tire sa sûreté et sa force que de sa neutralité et de son alliance avec la République des Suisses ; car sa puissance est si bornée aussi bien que les terres de sa dépendance, qu'elles s'étendent à peine à un quart de lieue de ses murailles, si ce n'est du côté d'*Ilzach,*[4] le seul vilage de sa domination,[5] qui en est éloigné de trois quarts de lieüe vers le nord. La ville est toute environnée de jardins, où il y a des pavillons et des maisonnetes bâties à la légère, fort agréables dans la belle saison. A l'égard de la qualité des habitans de Milouse, ce sont tous gens de commerce et de métiers, tels qu'ils sont dans les républiques démocratiques, et comme ils sont luthériens de religion, ils ont grande liaison avec ceux de Montbéliard ; ils s'envoyent réciproquement leurs enfans en échange durant trois ans, afin que les uns aprennent à parler allemand, et les autres françois. C'est, à mon gré, une coutume bien utile pour des nations différentes qui habitent leurs frontières. On m'a fait faire une plaisante remarque à Milouse touchant les Juifs, c'est qu'ils y sont tellement rançonnés qu'on leur fait payer cinq sols par heure tant qu'ils arêtent

---

[1] *Prêche* se disait aussi du lieu où prêchaient les ministres protestants.

[2] Si lesdits hérétiques s'étaient servis communément de cette appellation, très catholique d'ailleurs, ils auraient dit *das Münster;* mais ils se contentaient de dire *die Kirche,* ou encore *die Stephanskirche,* l'antique patron de leur ville ne leur étant pas le moins du monde devenu odieux.

[3] et même quatre ; ce tilleul phénoménal, qui faisait le plus bel ornement de la place dite aujourd'hui de la Concorde, fut abattu en 1743, après avoir été frappé de la foudre.

[4] Illzach. — [5] avec Modenheim.

dans la ville, et qu'ils n'y peuvent entrer qu'à l'horloge sonnante.[1]

De là nous fûmes à Landzer,[2] gros bourg, chef[3] d'un bailliage de même nom, qui est un des meilleurs et des plus beaux païs que j'aye vûs. Nous y rendîmes visite à M[r] le doyen, grand vieillard bien fait, savant et pieux eclésiastique, fort estimé dans le païs, en qui Monsr l'Evêque de Basle a toute la confiance possible. Il présentoit de bonne grâce la colation à ses hôtes, mais il avoit apris autrefois à Paris à les laisser joüir de toute leur liberté, de sorte que chacun n'y buvoit qu'à sa volonté. On n'avoit pas tout à fait si bon quartier chez M[r] le baillif, qui étoit aussi un parfaitement honête homme. Mais un certain riche cabaretier de ce bourg chez qui j'avois affaire, à cause qu'il tenoit le bureau du sel en détail, me pensa faire désespérer par le grand apareil de ses diverses sortes de vins. Si je ne me fusse bien deffendu, nous serions demeurez là trois jours à boire, car mon compagnon, le commis d'Othmarsheim, étoit assez d'humeur à accepter le parti.[4] Il fallut presque me mettre en colère pour m'en délivrer.

Nous continuâmes nôtre visite par Zierentz[5] et Bartenheim, où j'avois un commis aussi bien qu'à Blodzheim;[6] puis nous découvrîmes la belle ville de Basle en Suisse, avant que d'arriver à

HUNINGUE 𝔅úninghen[7]

qui est présentement une petite ville bien forte, que le Roy a fait bâtir à la place d'un beau vilage, brûlé par un parti de 600 hommes qui y vint en bateau, au mois de Mars de

---

[1] Ce qu'il y a de fondé dans cette observation que notre auteur trouve plaisante, c'est qu'à l'époque où il écrivait, les Juifs n'étaient admis en ville que le mardi, et qu'ils avaient à payer un petit droit d'entrée, dit *Judenzoll*.

[2] Landser. — [3] chef-lieu. — [4] la proposition, on dirait aujourd'hui la partie. — [5] Sierentz. — [6] Blotzheim. — [7] Hüningen.

1675. Allant à Basle dans ce même tems, je vis, en passant, les restes encore fumans d'Huningue. Les Allemands n'en épargnèrent que l'église, qu'ils laissèrent en son entier, et une petite redoute couverte, que les incendiaires n'osèrent ataquer, quoiqu'il n'y eût que 30 hommes dedans, commandés par un seul sergent. Ce fut après la paix de Nimègue que la France fit fortifier ce poste; et dans le temps de mon second voïage, au mois de juillet 1681, je trouvay la redoute dont je parle accompagnée de plus de 400 cabanes de bois et de terre pour loger les ouvriers; et un peu plus bas on commençoit l'enceinte de la nouvelle ville, qui en étoit déjà au cordon,[1] sans conter[2] les magazins et les autres logemens auxquels on travailloit en même tems. Cette forte place est un pentagone tel qu'il est figuré dans son plan ci-joint, qui nous montre de plus tous les autres ouvrages dans leur perfection,[3] c'est-à-dire le pont sur le Rhin, qui passe par le milieu d'une isle fortifiée et qui va rendre[4] à un grand ouvrage à cornes, qui est sur l'autre rivage dans le païs de Dourlac. Il faut remarquer que les bastions de cette place sont doublés d'un second bastion en manière de cavalier,[5] ce qui fait que le canon en a plus de portée. On dit même que, pour l'éprouver, on en fit tirer un du côté de Basle, dont le boulet porta jusque dans le milieu de la ville, quoiqu'il y ait trois bons quarts de lieüe de distance. Il fallut, comme on juge bien, faire satisfaction de cet[6] insulte aux Suisses; toute la cérémonie se réduisit à leur faire entendre qu'un soldat étourdi avoit fait le coup sans aucun ordre, que l'on l'avoit mis aussitôt en arrêt et qu'il étoit condamné d'être pendu. Quoiqu'il en soit, il n'est pas possible que les

---

[1] Revêtements de pierres en forme de cordon, qui ceignent les murailles des places fortes. — [2] pour *compter;* les deux mots, qui d'ailleurs ont la même étymologie, sont souvent confondus dans les textes antérieurs au xviiie siècle. — [3] après leur achèvement. — [4] aboutir. — [5] amas de terre ayant une plate-forme sur laquelle sont dressées des batteries de canons.— [6] Insulte était alors encore du masculin, suivant l'origine latine du mot.

Baslois ne ressentent bien du chagrin de voir une telle forteresse dans leur voisinage. Pour finir l'article d'Huningue, je diray que c'est où vont à la messe les catholiques-romains qui se trouvent à Basle aux jours de fêtes, parce que les magistrats ne veulent point souffrir qu'on la célèbre dans leur ville. A peine est-on sorti d'Huningue qu'on trouve la borne qui sépare les terres de France d'avec celles de la

RÉPUBLIQUE DES SUISSES

vers le canton de Basle. On arrive à la ville de ce nom en une demie heure de tems, en suivant le rivage du Rhin, qui est haut et escarpé. Ce qui me fait souvenir du danger que j'y ai couru sur un cheval ombrageux que je montois dans ce chemin: il lui prit une terreur subite à la vüe de quelque objet qui lui déplaisoit, et il se mit à reculer d'une telle opiniatreté que, si je ne lui eusse au plus vite détourné la tête en décendant de dessus, nous serions tous deux tombés dans la rivière de plus de 20 pieds de haut. On arrive à

BASLE   Basel

par de larges avenües, bordées de jardins de plaisance et de jolies maisons bourgeoises en pavillon, qui en rendent l'abord riant et fort agréable. Nous entrâmes par la porte de S. Jean dans le fauxbourg du même nom ; elle le prend d'une église qu'on trouve sur la gauche à l'entrée d'une grande rüe droite et large, ainsi qu'il paroit dans le plan de cette ville. Nous décendîmes dans une auberge qui est dans cette même rüe, où j'ay logé plusieurs fois à cause de la propreté, de la tranquilité et de la belle compagnie dont on y joüissoit, et dès manières honêtes du maître et de sa femme. L'employ que j'exerçois en Alsace m'obligeoit de faire assez souvent des voyages à Basle, à cause que la guerre nous empêchant d'aller nous-mêmes dans les terres de l'Empire y faire les achapts du sel pour la fourniture des magazins du Roy, nous étions contrains de l'achepter plus chèrement des Baslois. Mais en récompence ce commerce me procuroit la connoissance des premiers de la ville; je vais donc rassembler icy tout ce que j'en ai pu remarquer en dix ou douze fois que j'y ay été.

Basle, capitale d'un des treize cantons des Suisses, est située à 47 degrez 40 minutes de latitude et environ 28 degrez[1] de longitude, dans un endroit charmant sur les bords du Rhin, qui y fait un coude et qui coupe la ville en deux parties inégales, comme il paroit dans notre plan.[2] La plus grande partie est sur la rive gauche ou occidentale sur un terrain haut et bas, et la moindre partie, que l'on apelle pour cette raison le petit Basle, est à l'orient dans un païs plat. Elles sont jointes par un pont de bois, que l'on pourroit apeller le pont qui tremble, à cause que l'extrême rapidité du fleuve, dont le cours est resserré dans les montagnes d'où il vient, l'ébranle de telle manière, particulièrement durant les grandes eaux, que les Bâlois sont contrains de le charger de quantité de grosses pierres de taille, pour le rendre plus ferme et plus propre à résister à l'impétuosité de ce superbe courant. La petite rivière de Birss, qui vient de vers l'occident entre dans cette ville à côté de la Porte de Stein,[3] et après avoir servy à faire tourner plusieurs moulins tant à bled qu'à d'autres usages, elle se jette dans le Rhin auprès de la Porte S. Alban. La petite ville de Basle est de même traversée par la Wiessen,[4] autre petite rivière, qui sort des montagnes de la Forêt noire. Basle est, à mon avis, grande à peu près comme Orléans, ou le fauxbourg S. Germain de Paris. On tient que c'est la plus belle, la plus riche et même la plus grande ville de tous les cantons. Elle est enfermée d'une double muraille, mais l'intérieure est toute simple,

---

[1] Plus exactement: 47° 33′ de latitude et 5° 5′ de longitude.
[2] C'est celui de Mérian. — [3] Steinenthor. — [4] Wiese.

incapable d'aucune résistance; son fossé est partagé en jardinets ornés la plûpart de grands vases de fayence, de quaisses peintes remplies d'orangers, lauriers-fleurs, mirtes et autres arbustes toujours verds, qui sont placés avec symétrie dans les divers compartimens de leurs parterres émaillés de toutes les fleurs de la saison. S'atendroit-on à tant de politesse parmi des Suisses! Les fauxbourgs enferment toute cette première enceinte, et ils sont couverts aussi bien que le petit Basle d'un second mur à l'ancienne manière, apuyé de tours rondes et quarrées, terrassé néanmoins et flanqué de quelques bastions, sur lesquels on voit des canons en baterie avec leurs gabions. Il y a au bas de ce mur extérieur un fossé assez large, mais il est sec, et seroit plus propre à la promenade qu'à deffendre cette place; aussi ces fortifications-là recréent-elles plus la vüe qu'elles ne l'épouvantent. Car d'ailleurs Basle est un des beaux profils de ville qui se voyent: le Rhin qui la traverse, les hautes montagnes de la Suisse qui en sont éloignées de deux ou trois lieües, lui forment un horizon et un fonds[1] de païsage des plus agréables du monde. Ses fauxbourgs, qui portent les mêmes noms que ses portes, sont au nombre de cinq dans le grand Basle. Au chifre 2 de notre plan est la porte S. Alban; au 8 celle qu'on apelle Aschemée;[2] au 13 la porte de Stein,[3] ou de pierre; au 23 la porte de la Spalle,[4] qui est haute et belle, on y voit encore les statues de la Ste Vierge et d'autres Saints, quoique cette ville soit calviniste.[5] La dernière porte est celle de S. Jean, qui termine la muraille auprès du Rhin. Il n'y a que deux portes dans le petit Basle, savoir celle de Richemé[6] et de S. Blaise. Il n'apartient qu'aux seuls bourgeois de faire la garde de leur ville, ils la montent régulièrement tous les jours comme dans une ville de guerre.

---

[1] Fond, la distinction subtile entre deux mots, qui étymologiquement n'en font qu'un, n'était pas encore consacrée. — [2] Aeschenthor. — [3] Steinenthor. — [4] Spalenthor. — [5] plus exactement: réformée. — [6] Riehenthor.

— 79 —

Le dedans de la ville n'est pas moins beau que les dehors, toutes les maisons en sont ornées de diverses peintures d'histoire et d'ornemens, de sorte qu'il semble que les rües soient tapissées depuis le haut jusqu'en bas; mais leur pavé n'a point de raport à cette beauté, il n'est composé que de cailloux ronds et un peu plats de la figure d'un pain de demie livre, ils sont posés sur leur côté étroit, de sorte qu'on ne marche que sur des bosses, ce qui incomode fort les étrangers, qui n'y sont pas accoutumés.

Le Münster ou l'Eglise principale étoit autrefois une cathédrale dédiée à N. Dame, dont l'Evèque, qui en retient toujours[*] le titre, est suffragant de Besançon; il fait présentement sa résidence à Porrentruy, où l'on le traite d'Altesse, parce qu'il est prince de l'Empire. Son chapitre s'étoit établi à Fribourg en Brisgau, comme nous avons vu cy devant, mais en 1677 les chanoines s'en sont retirés, préférant la solitude d'un vilage de Suisse, où ils trouvent du repos, au tumulte d'une ville de guerre. Le siége de l'officialité de Basle est pendant la paix à Altkirch en Alsace, et durant le tems des armes on le transfère à Delsperg[1] dans le canton de Soleure. Ce temple de Basle est un bel édifice en forme de croix à trois nefs. Il a été bâti par S. Henri[2] Empereur, vers l'an 1004. Le portail est accompagné de deux hautes tours ou clochers pointus, qui lui donnent beaucoup d'ornement; sur celle qui est à gauche on voit une figure de S. Georges combatant contre le dragon. L'intérieur de cette église m'a paru, sans le mesurer, avoir quelques[3] cent pas de longueur. Le plan du côté du chevet en est plus élevé de sept ou huit marches que celui devers la grande porte, de sorte qu'il reste entre la cloison du chœur et cette décente un espace

[*] Un de ses officiers m'a assuré que ce prélat conserve encore sur l'église de Basle le droit de faire sonner tous les jours à l'heure de matines, à condition d'entretenir les cordes des cloches et les vitres de l'église, et que les magistrats de la ville lui ont offert 50,000 écus pour se rachepter de cette servitude, ce qu'il ne veut point leur acorder. Je voudrois m'être éclairci de cette particularité des Baslois mêmes.

---

[1] Delémont. — [2] L'église, bâtie par Henri II de 1010 à 1019, fut détruite par un incendie dès l'année 1185, l'église actuelle a été consacrée en 1363, certaines parties cependant passent pour être du xiie siècle.

[3] quelque; la longueur totale est de 222 pieds suisses.

d'environ 20 pieds, où se place la musique tant des voix que
de la simphonie, pour être plus proche de l'orgue, qui est
élevé sur le flanc gauche de la nef, presque vis-à-vis de la
chaire du prédicant, que l'on voit de l'autre côté. Les instrumens
acompagnent d'ordinaire la voix du peuple chantant
les pseaumes. J'ay remarqué qu'un de ces concertans joüoit
d'une espèce de trompette composée de deux tuyaux assemblés
l'un dans l'autre par le milieu, qu'il faisoit monter ou
décendre avec la main selon les différens tons qu'il y cherchoit.
On pourroit apeller cet instrument *Tuba ductilis*.[1]
Les Protestans n'ont rien ôté de cette église que les autels,
ils ont mis les fonts de batême à la place où étoit celui du
chœur. Ils y ont même laissé les chaises ou stales des chanoines,
aussi bien que les bancs des bourgeois dans la nef.
Il y a le long de la corniche une suitte d'armoiries en relief
et blasonnées de leurs émaux, et plusieurs belles épitaphes
atachées sur les murailles; celle d'Erasme de Roterdam est
à gauche en entrant, justement sous les orgues, elle est en
latin, gravée en lettres d'or sur un marbre blanc tacheté de
rouge. Quoique j'aye oublier de la copier, je ne laisseray pas
de raporter ce qu'elle contient en substance.[2] Après ces mots
Christo servatori S. qui sont en titre, on lit que « Boniface

---

[1] proprement trompette ductile, trombone à coulisses.

[2] Voici d'après le *Basilea sepulta* de Grossius et Tonjola le texte même de l'épitaphe. On verra que notre auteur, s'il est vrai qu'il n'en ait pas levé copie, avait une excellente mémoire: *DES. ERASMO ROTERODAMO, viro omnibus modis maximo, cuius incomparabilem in omni disciplinarum genere eruditionem pari coniunctam prudentia posteri et admirabuntur et prædicabunt, Bonifacius Amerbachius, Hier. Frobenius, Nic. Episcopius, Hæredes, et nuncupati supremæ suæ voluntatis vindices, patróno optimo, non memoriæ, quam immortalem sibi editis lucubrationibus comparavit, iis tantisper, dum orbis terrarum stabit, superfuturo ac eruditis ubique gentium colloquuturo, sed corporis mortalis, quo reconditum sit, ergo, hoc saxum posuere. Mortuus est IV. eidus Jul. iam septuagenarius an. a Christo nato M.D.XXXVI.* Et sur la pierre tombale même se trouvent ces mots: *DES. ERAS. ROTERODAMUM amici sub hoc saxo condebant.*

« Amersbach,[1] Jérome Froben[2] et autres nommés pour exé-
« cuter sa dernière volonté, ont fait poser ce marbre non pas
« à la mémoire de Didier Erasme de Roterdam, qui étoit un
« homme incomparable en toutes sortes de sciences, et que
« les doctes ouvrages qu'il a produits rendront immortel à la
« postérité de tous les savans du monde, qui ne cesseront de
« les admirer et de les loüer, mais seulement pour faire con-
« noître où est enterré son corps. Il mourut le 4ᵉ des ides de
« Juillet, âgé de 70 ans, l'an de grace 1536. » On trouve encore
d'autres riches épitaphes dans un petit cloitre, où l'on entre
par le côté droit du chevet de ce temple. Oecolampade, cet
hérétique qui a publié les erreurs de Zuingle à Basle, y a
son tombeau. On ne peut lire sans indignation les titres
honorables que ces Suisses ont employés dans son épitaphe.
D. JOAN. OECOLAMPADIUS, PROFESSIONE THEOLOGUS, AUTHOR
EVANGELICAE DOCTINAE, IN HAC VRBE PRIMUS ET TEMPLI HUJUS
VERUS FPISCOPUS. Quelle impudence! Cet Oecolampade[3]
étoit allemand. Dès son jeune âge il prit l'habit de religieux,
ensuite la prêtrise dans l'ordre de Sᵗᵉ Brigite, d'où il aposta-
sia quelques années après, pour être ministre à Basle. En
1525 il y publia des ouvrages hérétiques. Enfin on le trouva
mort dans son lit le premier décembre 1531, âgé de 49 ans,
laissant une fort mauvaise réputation de ses mœurs.[4] Laissons là ce cadavre maudit, et allons prendre l'air sur une

---

[1] Boniface Amerbach (et non Amersbach), fils de l'imprimeur Jean Amerbach, chez qui habitait Erasme, fut un jurisconsulte renommé, plusieurs
fois recteur de l'université de Bâle. Né en 1495, il mourut en 1562.

[2] Jérôme Froben était un des fils du grand typographe Jean Froben; élevé
à une telle école, il fut lui aussi un très bon imprimeur.

[3] Jean Oecolampade, que notre auteur traite si durement, naquit à Weins-
berg, en Souabe, l'an 1482. Il ne nous appartient pas de réfuter ces allégations, ni d'autres du même genre; elles peuvent s'expliquer seulement par
l'épiphonème bien connu : *Tant de fiel entre-t-il dans l'âme des dévots!*

[4] Ce n'est pas ce que dit son épitaphe, que notre trop ardent auteur a jugé à
propos de tronquer des mots suivants: *ut doctrina, sic VITAE SANCTI-
MONIA pollentis. Obiit anno Sal. 1531. 21 NOV.* (vieux style).

belle terrasse qui est derrière le chevet de l'église. Elle a une vûe admirable sur le Rhin et l'on découvre de là un païsage charmant. Il faut remarquer aussi sur cette même plateforme un beau tilleul, où l'on a pratiqué une chambre dans ses branches et dans son feüillage, capable de tenir vingt personnes; on dit que cet arbre a plus de 200 ans, aussi a-t-il bien 15 pieds de tour.

Ce temple est situé dans une grande place plantée de quelques allées d'arbres, qui rendent la promenade fort agréable, parce que ce quartier là est solitaire. Il n'en est que plus favorable aux muses, c'est-à-dire à l'Université, qui est proche de là. On sçait en quelle estime elle est dans le monde savant, car pour ceux qui n'ont jamais vu d'autres Suisses que ceux du régiment des gardes ou ceux qui servent de portiers aux grands seigneurs, ils ne pourroient jamais se figurer que les Baslois fussent de beaux esprits, amateurs des sciences, de subtils théologiens, habiles dans la connoissance de l'antiquité, versés dans les langues orientales, bons médecins, profonds jurisconsultes. Cette Université de Basle fut fondée en 1459.[1] Elle a eu d'excellens hommes dans le siècle passé, entre lesquels on compte Erasme et Amerbach;[2] dans celui-cy les Buxtorfs, Westein, Bauhin et Battier[3] ne lui font pas moins d'honneur. Les professeurs y sont fort distingués; ils marchent en robes par la ville, et ils ont la tête couverte d'une toque plate et large par le haut de la

---

[1] Par une bulle du pape Pie II, datée de Mantoue le 2 novembre 1459.

[2] Erasme n'a jamais professé à l'Université de Bâle; mais deux Amerbach, Boniface et Basile, en ont occupé le rectorat.

[3] On était professeur de père en fils dans ces savantes familles; nous n'avons à mentionner ici que ceux de leurs membres qui ont professé au xviie siècle, ce sont: les hébraïsants BUXTORF Jean (1564-1629), son fils Jean (1599-1664) et son petit-fils Jean-Jacques (1645-1705; les théologiens WETTSTEIN Jean-Rodolphe (1614-1684), son fils Jean-Rodolphe (1647-1711) et son neveu Jean (1660-1731); les médecins BAUHIN Gaspard (1560-1624), son fils Jean-Gaspard (1606-1685) et son petit-fils Jérôme (1637-1667); le jurisconsulte BATTIER Simon (1629-1681).

forme. Mr Fesch, qui est d'une des premières familles de la République, possède un des plus beaux cabinets[1] de toute l'Allemagne; il est orné de ce que la peinture a de plus fini, de ce que la sculpture a produit de mieux exécuté en marbre et en bronze, et de ce qu'il y a de plus curieux dans les rares productions de la nature; surtout il a une collection de médailles, des plus entières[2] au raport des connoisseurs. D'ailleurs ce Mr Fesch est logé comme un prince, sa maison est un palais. Son cabinet est dans le premier étage, et sa bibliothèque qui est remplie de livres bien choisis est dans l'apartement d'embas. Il est avec cela un des plus honêtes et des plus civils hommes du monde. Outre ce cabinet il ne faut pas oublier celui d'Erasme et d'Amerbach, personnages qui sont révérés en ce païs là comme les restaurateurs des sciences. Le Magistrat de Basle l'achepta neuf mille écus en 1661 des héritiers d'Amerbach et en fit une donation à l'Université. Les curieux de peinture y trouveront une vingtaine d'originaux d'Holbein, parmi lesquels est un Christ mort, dont on a refusé 2000 ducats.

A propos de peinture, je voulois passer à l'hôtel de ville pour parler de celles qui y sont; mais il ne faut pas sortir de l'Université sans faire mention de la Bibliothèque publique. Outre les livres imprimés, dont elle est amplement pourvüe, on y conserve une très grande quantité de manuscrits tant grecs que latins. Un des plus dignes est celui des quatre Evangiles en lettres quarrées grecques, avec les accens, les esprits, les points, et au bas des pages la concordance avec les autres Evangiles — il a plus de mille ans d'anti-

---

[1] Le précédent propriétaire, Remi Fæsch (1595-1666) était un collectionneur aussi savant que passionné, un *curieux*, comme son contemporain Michel de Marolles, le bon abbé de Villeloin. Il légua les trésors qu'il avait réunis à des collatéraux de son nom, à la condition qu'ils fussent, comme lui-même, docteurs en droit civil et canonique. A défaut, ils devaient échoir à l'Université de Bâle, qui l'avait compté au nombre de ses professeurs, et qui recueillit en effet cette précieuse succession en 1823. — [2] complètes.

quité[1] — les œuvres de St Grégoire de Nazianze écrites en caractères rouges, et les commentaires d'Elias Cretensis en caractères noirs. Ce manuscrit est enrichi à chaque chapitre d'excellentes mignatures, qui représentent les anciens ornemens des évêques, des prêtres et des séculiers de ce temps là.[2] Je ne feray pas un plus long raport des manuscrits de cette bibliothèque; il me suffira de dire qu'il y en a quatre armoires pleines. On ne sera pas surpris d'une telle abondance, si on se souvient que ce lieu renferme la dépoüille de tous les livres qui apartenoient autrefois aux Chartreux et aux autres communautés religieuses, qui furent chassés de Basle, lorsqu'elle receut les erreurs de Zuingle en 1525.

L'hôtel de ville, dont il est tems de parler, est situé au chifre 18 de notre plan, sur une belle place quarrée. La structure de ce bâtiment est assez médiocre, mais les murs qui en sont tout peints tant dedans que dehors lui aportent un grand ornement. On entre d'abord sous le vestibule de la façade, qui conduit dans une cour quarrée qui n'a gueres que 30 pas de largeur. L'on aperçoit près le mur du fond une statue vêtüe à la Romaine tenant un bâton de commandement; elle est posée debout sur un haut piédestal gravé d'une inscription latine, que j'ay négligé de copier.[3] Je me

---

[1] Désigné habituellement sous le nom de Codex E, ce précieux manuscrit remonte, dit-on, au vm[e] siècle; il provient du cardinal de Raguse, un des pères du Concile de Bâle, qui le légua, en 1443, avec sa bibliothèque au couvent des Dominicains.

[2] Elie de Crète, théologien grec, vivait au xiie siècle, c'est du moins l'opinion qui a prévalu.

[3] Elle est donnée comme suit dans le *Basilea sepulta*: *L MUNATIO PLANCO, civi Romano, viro Consulari et Prætorio, oratorique ac M. Ciceronis discipulo: qui post devictos Rhætos, æde Saturni de manubiis exstructa, non modo Lugdunum, sed et Rauricam coloniam deduxit, quæ Augusta fuit appellata, ab Octavio Augusto tum rerum potiente; S.P.Q. BASILIENSIS, tametsi Alemannorum transducti Coloni subactis ac depulsis Rauricis, amore tamen virtutis, quæ etiam in hoste venerationem meretur, vetustissimo Tractus hujus illustratori, culpa temporum prorsus abolitam memoriam postliminio renovârunt.*

souviens néanmoins qu'elle est écrite à la mémoire de Lucius* Munatius Plancus, qui fut consul l'an 711 de Rome, et qui conduisit dans les Gaules deux colonies romaines, l'une à Lyon et l'autre dans le territoire de Basle, dont le peuple s'apelloit en ce tems là Rauraci, et leur capitale Augusta Rauracorum. Il est aisé de voir que cette statue de Munatius** n'est pas antique.[1] Elle est étoffée, c'est-à-dire que les chairs en sont peintes en couleur de carnation et les habits en couleur d'étoffe.

Les peintures que l'on voit sur les murailles de l'hôtel de ville représentent divers actes de justice tirés tant de l'histoire sainte que de la prophane, tels que le Jugement de Salomon, la condamnation des vieillards de Susanne, le suplice des Graques, et plusieurs autres dont il seroit trop long de faire icy le détail. La représentation du jugement dernier s'y voit au bas du grand escalier, c'est un sujet des plus sérieux, ce me semble. Cependant le peintre huguenot a cru qu'il lui seroit permis d'y bouffonner, pourvu que ce fût aux dépens des catholiques romains ; il a donc peint sur le devant un diable qui tient un religieux Dominicain sur son épaule, qui se débat fort pour ne pas se laisser emporter dans l'enfer, où cet ouvrier s'est diverti à placer non seulement des moines de tout ordre et des religieuses, mais aussi des papes, des cardinaux, des évêques, sans en excepter des rois et empereurs, que l'on reconnoît à leurs couronnes ou aux autres marques de leur dignité. De l'autre côté, qui est celui de la droite du tableau, on voit un autre diable qui court à toutes jambes après un huissier de Basle, que l'on connoit à son habit moitié noir et moitié blanc, qui se sauve dans le quartier des élus. Si les peintres et les poëtes ont

* Le Mausolée de ce grand capitaine se voit sur la montagne de Cayete en Italie ; on le nomme communément la Tour de Roland, parce qu'effectivement il est fait en forme de tour. On y lit cette inscription. *L. Munatius L. F. L. N. L. Fron. Plancus cos. cens. Imp. iter. VII vir Epulon. triump. ex Rotis. ædem saturn. fecit de Manibis. Agros divisit in Italia Beneventi. In Gallia colonias deduxit Lugdunum et Rauricam.*

** Ce fut ce Munatius Plancus par l'avis duquel au raport de Suetone, Octavius César préféra le surnom d'Auguste à celui de Romulus que quelques-uns lui vouloient donner, comme au restaurateur de la ville de Rome.

---

[1] Elle ne remonte en effet, dit-on, qu'à l'an 1580 ; elle est l'œuvre d'un sculpteur nommé Jean Michel.

droit de tout oser dans leurs ouvrages, l'ancien proverbe ne peut s'apliquer plus à propos qu'en cet endroit cy :

> *Pictoribus atque poetis*
> *Quidlibet audendi semper fuit æqua potestas.*[1]

Cela me fait souvenir d'un autre tableau que j'ay vu à un encan dans la même ville de Basle. Il représentoit la parabole des Vierges sages et des folles, où le peintre zelé pour les modes de sa nation avoit habillé les cinq Vierges sages à la suisse et les folles à la françaises.

On conserve dans ce même hôtel de ville un rare tableau[2] d'Holbein, qui a servy, à ce qu'on m'a dit, de retable à un autel. Ce sont huit pièces de la passion de N. Seigneur, rangées sur le même fonds, dont le défunt Electeur de Bavière, père de Madame la Dauphine, a voulu donner à la ville pour vingt mille écus de sel. C'est dans ce même lieu que les sénateurs tiennent leurs assemblées pour les affaires de la République.

Dans la place qui est devant cet hôtel de ville, il faut remarquer une table ronde de pierre, haute de quelques[3] six pieds, du milieu de laquelle s'élève une colonne où sont atachés trois carquans de fer, qui servent de colier aux filles qui n'ont pas eu soin de leur honneur. On les y expose durant trois jours consécutifs, après avoir été promenées dans les principales rües de la ville, conduites par les archers et suivies de la populace et principalement des enfans, qui crient à pleine tête après ces malheureuses *Hur, Hur!* Au bout des trois jours de la cérémonie, on les enferme pour trois ans dans un lieu qui est bien nommé *die Buss*, c'est-à-dire la Pénitence; car elles n'y sont nourries qu'au pain et à l'eau, quoiqu'on les occupe à netoyer les égouts de la ville. Si ce qu'on m'a dit est vray, il n'y a cependant que

---

[1] Horace, *Art poétique*, v. 9 et 10. Les peintres et les poètes de tout oser ont toujours eu le juste pouvoir.

[2] Il est aujourd'hui au Musée. — [3] Quelque = environ.

les gueuses qui se trouvent réduites à cette peine, puisque celles qui ont de quoi payer s'en peuvent rachepter en payant une amende de 300 livres* baslois. Cela fait voir qu'en tout païs monoye fait tout: *Pecuniæ obediunt omnia.*[1] Les hommes subissent le même châtiment, lorsqu'ils sont convaincus du fait, ou plutôt lorsqu'on les peut atraper.

<small>*400 liv., monoye de France.</small>

Dans la rüe qui est à droite au bas de cette place de l'hôtel de ville on trouve la [2] *Kauffhaus,* qui est la Doüanne, où l'on visite toutes les marchandises étrangères qui doivent le droit d'entrée.

L'arcenal est situé dans le fauxbourg de la Spalle, au chifre 22 de notre plan. On y voit les riches dépoüilles de Charles, duc de Bourgogne, que les Suisses batirent deux fois en 1476, la première à Granson près de Neufchâtel, le 4 Mars, la seconde le 22 Juin au siége de Morat, dans le canton de Fribourg, où il perdit 18000 hommes. En mémoire de quoi on a renfermé les os[3] de ces pauvres Bourguignons dans une chapelle, qui est sur le bord du lac de Morat; une inscription qu'on a mise sur ses murailles, instruit les passans de cette grande victoire.

A côté de l'arcenal, vis-à-vis du fossé intérieur de la ville, est la place** de S. Pierre, qui est toute plantée d'arbres et une fort agréable promenade. C'est en ce lieu où l'on s'exerce à tirer de l'arc et de l'arquebuse. Outre les places dont j'ay fait mention, il y a encore à Basle celle du marché aux poissons, la place des Cordeliers et le marché aux chevaux, qui se tient le vendredi, de même que pour les autres marchandises et denrées. Il y a dans ces places et dans plusieurs quartiers de la ville de belles fontaines pour la commodité du public; elles sont toutes en bassin, l'eau en tombe d'un pilier de pierre orné de sculpture, qui la rend par quatre jets

<small>** au chifre 29.</small>

---

[1] L'apophthegme de Cicéron: *Pecuniosus damnari non potest* (qui a beaucoup d'argent ne sauroit être condamné) eût été ici encore mieux de mise.

[2] le. — [3] Cette lugubre pyramide a été détruite par les Français en 1798.

continuels; celles qui ont encore des anciennes statues de Saints reçoivent toujours quelque insulte de la canaille, il y en a une dans la rüe où je logeois qui est ornée d'une figure d'un saint pape, à qui ces hérétiques avoient pendu une bouteille au cou et barbouillé le visage de rouge.

En décendant le long du même fossé, nous trouverons au coin de la rüe de Sᵗ Jean, au chifre 26, un couvent qui apartenoit autrefois aux Dominicains; leur église sert présentement à faire le prêche en françois. Il y a sur le mur de la cour ou du cimetière une galerie, fermée de barreaux de bois à travers lesquels on voit un excellent ouvrage de peinture du fameux Holbein,[1] dont j'ay déjà parlé; cela s'apelle communément la *Dance des morts,* quoique bien improprement, puisque rien n'est si triste que cette démarche.[2] La Mort y paroit emmenant les hommes de toutes les conditions et de tous les âges de la vie, depuis le pape, l'empereur, jusqu'au plus malheureux des humains; on y lit deux quatrins allemands, écrits au bas de chaque sujet; le premier est le commandement que la Mort fait à chacun d'eux de la suivre, et dans le second est la réponse de celui à qui elle s'adresse. La plupart cherchent des excuses et tâchent de différer à partir, en se plaignant d'elle. Le peintre a merveilleusement bien réussi dans les diverses expressions de douleur qui paroissent sur le visage de ces différens personnages. Je n'en ay remarqué qu'un de toute la bande qui paroisse content du voïage, c'est un vieil ermite, qui répond à la sommation que lui fait la Mort, qu'elle est la bienvenüe; qu'il y a longtems qu'il s'y prépare, et qu'il pensoit à elle

---

[1] L'auteur parle d'après une tradition autrefois répandue, et qui s'explique par le fait que Holbein a très probablement été l'inventeur de la suite de figures contenue dans le recueil célèbre: « Les Simulachres et historiées faces de la mort, autant élégamment pourtraictes que artificiellement imaginées. *A Lyon*, soubz lescu de Cologne, M.D.XXXVIII. » Les peintures en question sont antérieures et remontent à la seconde moitié du xvᵉ siècle.

[2] Marche, procession, la *théorie* des anciens Grecs.

dans le moment où elle est arrivée ; que cependant il ne la croyait pas si proche. Partout la mort y est figurée en squelete, comme on la peint d'ordinaire, mais en diverses attitudes selon la qualité des personnes à qui elle s'adresse. Elle paroit sérieuse et raisonnable avec les souverains ; elle semble user de violence contre les gendarmes et contre les libertins, et quelques fois elle prend des postures bouffonnes, comme avec le menétrier, dont elle tient le violon d'une main, et de l'autre elle le prend par la sienne en gambadant. J'avois vu plusieurs fois avec plaisir cet ouvrage de peinture durant mon premier séjour en Alsace ; mais dans le voïage que je fis à Basle, en 1681, un an après mon retour d'Italie, je considérai cette dance des morts avec beaucoup de soin durant plus d'une grande heure ; et comme je puis avoir aquis un peu de goût pour la peinture à Rome et à Venise, où mon inclination me portoit à visiter les plus beaux tableaux qui s'y voient, et à converser avec les habiles de la profession, je trouvay, ce me semble, la manière d'Holbein un peu sèche et peinée. Cela pourroit bien être vrai, car j'ay apris depuis mon retour que ce peintre, qui étoit né à Basle sur la fin du quinzième siècle, tems auquel la peinture n'étoit pas encore sur un grand pied, avoit tout apris de lui-même, ce qui est prodigieux, étant si pauvre qu'il ne travailloit que pour vivre, ainsi il n'avoit pas le moyen de bien finir ses ouvrages. Je voudrois qu'on m'eût montré à Basle une maison que cet excellent homme a peinte depuis le haut jusqu'en bas, en payement de quelques repas qu'il y avoit pris, car ce n'étoit qu'une auberge et même des plus médiocres. Enfin le mérite d'Holbein le sortit de la misère. Un comte d'Arondel, seigneur anglais, amateur des beaux arts, passant par Basle pour aller en ambassade à Vienne, lui conseilla d'aller en Angleterre où il feroit mieux ses affaires que parmi les Suisses. Erasme qui aimoit Holbein lui donna des lettres de recommandation auprès de Thomas

Morus, ce qui le fit recevoir avec caresses de cet illustre Chancelier. Lui et le comte d'Arondel lui firent faire divers ouvrages et le présentèrent ensuite à Henri VIII, qui l'honora de son estime et de son amitié; de sorte que ce pauvre peintre parvint à une si heureuse fortune qu'il s'étonnoit d'avoir été réduit à peindre par nécessité et pour gagner du pain. Il passa le reste de ses jours en Angleterre, et il mourut de peste à Londres, l'an 1554, âgé de 56 ans. Voilà une partie de l'histoire d'Holbein.

Je ne parlerai point ici des autres églises de Basle, parce qu'elles sont présentement employées à des usages profanes. Il y avoit du tems de la religion romaine la belle abaye de St Léonard, marquée 14 dans notre plan; le couvent des Cordeliers, au chifre 11; les Augustins, au 15; un beau monastère de Chartreux, dans le petit Basle, au chifre 2; plusieurs couvens de filles; des églises paroissiales et grand nombre d'autres qui sont maintenant pollües[1] par ces calvinistes: par exemple, l'église de S. Nicolas, qui est au chifre 5 de la petite ville, sert d'un magasin à sel, où j'en ay été faire charger quantité de voitures pour mon bureau.

Il faut remarquer l'horloge qui est sur une tour quarrée à l'entrée du pont, à cause d'une tête à longue barbe qui remüe les yeux et tire la langue à chaque mouvement du balancier.[2] On m'a conté que c'étoit le portrait d'un magistrat de Basle, chef d'une conspiration qui devoit s'exécuter un certain jour à midi sonnant, mais qu'un des complices s'étant repenti et ayant révélé le secret au sénat le jour même destiné à cette exécution, l'assemblée ordonna qu'on avancerait l'horloge et qu'on lui feroit sonner une heure au lieu

---

[1] souillées. — [2] d'où son nom de *Lällenkönig*. On a conjecturé aussi que cette figure grotesque avait été placée là en dérision de la noblesse qui, en 1376, alors que le petit Bâle se trouvait engagé au duc d'Autriche Léopold, avait commis dans le grand Bâle des excès que les bourgeois avaient dû réprimer par la force des armes. Elle a été enlevée en 1839.

de douze, tandis qu'on arêtoit les traîtres à l'Etat; et qu'en mémoire de la découverte de cette conjuration, on a depuis toujours continué à Basle de faire aller les horloges d'une heure plûtot qu'il n'est réellement.[1] On juge bien que les cadrans solaires sont ajustés suivant cette méthode. A propos de cette remarque je dirai qu'un bourgeois de Basle demandant un jour à un François quelle heure il étoit, celui-ci lui répondit en riant qu'il étoit une telle heure dans la chrétienté; sur quoi le Suisse prenant feu aussitôt: « Je suis plus chrétien que toi, » lui dit-il en frémissant de colère.

A l'autre bout du pont, auprès du chifre 6 du petit Basle, il y a une cage ou chambre grillée, où l'on enferme, à ce qu'on m'a dit, les femmes débauchées; j'en ay vu de semblables en quelques autres villes d'Allemagne.

Puisque nous voici sur le Rhin, il ne faut pas remetre à dire que les saumons y remontent de la mer jusqu'à Basle, quoiqu'elle en soit éloignée de plus de 200 lieües; les pêcheurs savent précisément la saison de leur arrivée et font leur compte là-dessus.

Voilà ce que j'ay pû remarquer de la ville de Basle, du tems que j'y étois. Je ne fais point de description des belles maisons particulières que l'on y voit au dedans et à ses environs; elles ne sont pas d'une architecture régulière, c'est toujours à la manière du païs, et elles ne diffèrent entr'elles que par la commodité et la propreté des appartemens. Les meubles n'en sont pas somptueux, quoique cette ville étant fameuse pour le commerce, elle soit habitée par quantité de riches négotians.

Avant que de parler des mœurs de la nation suisse, je crois qu'il sera mieux de toucher d'abord un mot de l'ancienne histoire du païs, parce que le récit des principaux change-

---

[1] C'est là une pure supposition, qui n'est rien moins que prouvée. Quelle que soit l'origine de cette bizarrerie, telle est la force de certaines habitudes que, malgré tous ses inconvénients, elle s'est maintenue jusqu'en 1798.

mens et des révolutions arrivées dans cet Etat nous conduira
naturellement dans le discours des coutumes de ses peuples
d'aujourd'hui.

Nous avons déjà dit que les habitans du canton de Basle
portoient anciennement le nom de Rauraci; mais pour
comprendre la situation précise de leur païs, il faut dire
maintenant qu'il faisoit partie de l'ancienne Gaule, que les
Romains, après l'avoir conquetée, divisèrent en Gaule-
Comate ou chevelüe et en Gaule Braccate;* que les Rauraci
dont il est icy question, avec leurs voisins, les Helvetii et
les Sequani, composoient la cinquième Lionoise, province
des Celtes qui étoit la plus orientale de la Gaule chevelüe;
en effet, celle-cy confine au Levant avec la Germanie, dont
elle devint une province après la décadence de l'Empire
romain du tems d'Honorius. Nous allons voir comment
le païs des Helvétiens et de nos Rauraciens fut appelé
Schweitzerland ou Suisse, qui n'est que le nom d'un bourg
nommé Schwitz, situé presqu'au centre de leur Etat; mais
auparavant il faut dire qu'après qu'il eut été possédé par les
empereurs d'Allemagne, il passa aux ducs de Zeringen:
qu'ensuite tout ce même païs fut partagé entre plusieurs
seigneurs, dont ceux de la maison d'Hapsbourg parvenüe à
l'Empire tâchèrent de se rendre les plus absolus. Les gouverneurs qu'ils y mirent, abusans de l'autorité de l'Empereur,
traitoient les peuples avec une rigueur insuportable, jusques
là qu'un de ces gouverneurs, nommé Grisler,[1] commanda
à Guillaume Tell, bourgeois du bourg de Schwitz, d'abatre
d'un coup de flèche une pomme sur la tête de son propre
enfant, ce qu'il exécuta heureusement. Mais cette cruelle
fantaisie, jointe à quantité d'autres vexations aussi dures,
engagea ce père de solliciter trois habitans, l'un d'Uri,
l'autre de Suitz et le troisième d'Ondervall, qui trouvèrent

* à brayes.

---

[1] Gessler.

moïen de faire soulever ces trois cantons vers l'an 1307. — L'empereur Albert, les traitant de révoltés, les voulut châtier par les armes ; mais ceux-ci furent si heureux qu'ils gagnèrent la bataille qu'il leur donna, où il fut tué.[1] Les autres cantons, animés par ce bon succès, s'allièrent ensemble à leur exemple, quoiqu'en divers tems. Ceux de Lucerne se joignirent aux trois premiers en 1332, Zurich en 1351, Zug et Glaritz l'année d'après, Berne en 1553, Fribourg et Soleure en 1481, Basle et Schafhause en 1501, et Appenzel en 1513 ; de sorte que ces treize cantons formèrent cet Etat appellé la Suisse, nom qu'ils préférèrent à tous les autres, à cause que le premier auteur de cette union, Guillaüme Tell, étoit habitant du bourg de Suitz, comme nous venons de voir.

Ils se gouvernent tous en forme de République, sans dépendre les uns des autres, car ils ont chacun leurs lois différentes dans leur gouvernement populaire ou démocratique qu'ils ont choisi. Chacun fait batre de la monoye à son coin particulier ; la Religion même n'y est pas unique, les cantons qui ont retenu la catholique-romaine sont Uri, Suitz, Zug, Undervall, Lucerne, Fribourg et Soleure ; pour Berne, Zurich, Basle et Schafhause, ils ont receu les erreurs de Calvin ; mais il y a liberté de conscience pour les deux religions à Glaritz et à Appenzell. Ces cantons, qui sont, comme je l'ay dit, indépendans les uns des autres, ont des sujets, quelques-uns en particulier, ou soumis à plusieurs cantons à la fois. Ils ont de plus pour alliés des nations entières, comme les Grisons divisés en trois ligues, les évêques de Basle, Constance en Svabe, Coire et Sion en Valais, l'abbé de S. Gall, et encore quelques villes particulières

---

[1] Personne n'ignore qu'Albert I périt non dans une bataille, mais assassiné, au passage de la Reuss, par son propre neveu, Jean de Souabe, dit *le Parricide*. Nous nous abstenons de relever dans ce petit hors-d'œuvre historique certaines allégations hasardées.

comme Genève, Milouse, Porentrui et beaucoup d'autres, dont je ne ferai pas ici le détail. Toutes ces forces ensemble rendent ce corps helvétique si puissant que les Empereurs et les Rois ne dédaignent pas leur alliance, témoin la célèbre ambassade que les treize Cantons envoyèrent au Roy très chrétien en 1663, pour en renouveller le traité. D'ailleurs cette nation est dans une si ancienne* réputation de valeur et de fidélité, que tous les souverains presque de l'Europe en veulent avoir dans leurs armées et leur confient la garde de leurs personnes; mais c'est en bien payant, selon le proverbe qui court : *point d'argent, point de Suisses.*

* *Gens quum foret totius Celticæ bellicosissima, reliquos Gallos virtute præcedebant, quod fere quotidianis præliis cum finitimis Germanis contenderent.*

Pour parler de la situation du païs, il est compris entre le 46ᵉ et le 48ᵉ degré de latitude, et entre le 26ᵉ degré 30 minutes et le 29ᵉ degré 20 minutes de longitude. Il a l'Alsace et la Suabe au Nord, les Grisons et le comté de Tirol à l'orient, le Vallais et la Savoye au midi, et le comté de Bourgogne à l'occident. Quant à la qualité du terroir de la Suisse il est presque partout borné et rempli de montagnes, de rivières et de grands lacs. Il a d'assez bons pâturages. C'est ce qui fait que le plus grand raport du païs consiste en beure et en fromage; aussi les railleurs leur donnent-ils le nom de *Kühemelcker;* mais on ne seroit pas bienvenu de les apeller ainsi, étant sur leur païller;[1] car les païsans de ces déserts de la Suisse qui sont dans les montagnes, n'entendent pas raillerie, ils sont rustiques, fiers et grossiers à l'extrême. Comment pouroient-ils se polir, ne voyant pour l'ordinaire que leurs compatriotes, les troupeaux et les autres bestiaux qu'ils nourrissent ! Des gens civilisés contracteroient de la brutalité à mener une telle vie. Leur nourriture n'est que du fromage et une espèce de biscuit ou de pain plat en façon de galete, dont ils cuisent pour sept ou huit mois à la fois, et qu'ils gardent enfilé de suite dans des perches qu'ils ata-

---

[1] palier ou paillier; être sur son palier, c'est être chez soi.

chent le long de leurs planchers. Leur brûvage[1] est de l'eau, ou tout au plus du lait clair ou baraté. Cependant avec une nourriture si simple on ne trouve gueres de gens d'une plus forte constitution. Ils ne sont ni vifs ni prompts, mais ils suportent aisément la fatigue, et ils travaillent d'un pas égal depuis la pointe du jour jusqu'au soir. C'est ce que j'ay vu en Alsace, où ils viennent par grosses troupes en été, pour y faucher les foins et pour y batre les bleds après la moisson. C'étoit un régal pour moi, après souper, de voir ensemble à une table longue une douzaine d'hommes de différent âge, larges d'épaule et de rable, la plûpart de haute taille, la tête rasée couverte d'un vieux chapeau pointu, la barbe longue et négligée, qui, sans dire un mot, ouvrans de grands yeux et une plus grande bouche, mangeoient de pleines terrines de pain bis trempé dans du lait aigre, dont chacun avaloit bien pour sa part un volume de trois ou quatre pintes; en suite de quoi, ils s'alloient coucher dans des granges ou des greniers, où ils dormoient tranquilement, sans penser aux peines du lendemain. Lorsque tous les bleds sont batus, on les paye; mais leur génie ne s'étend pas jusqu'à savoir leur compte, ni à connoitre l'argent qu'on leur donne. Celui d'entr'eux qui est sorti plusieurs fois de son païs, et qui est parvenu à l'intelligence de suputer combien il a travaillé de journées et de distinguer la monoye de Suisse d'avec celle des autres païs, passe pour un docteur et sert pour ainsi dire de truchement à ses compagnons. Il m'est arrivé quelquefois de leur changer de l'argent d'Empire contre de la monoye de leur païs, parce que ma recepte générale m'en aportoit de toutes espèces, mais il m'étoit impossible de rien comprendre à leur étrange patois, non plus que s'ils m'avoient parlé arabe.

---

[1] Forme ancienne de breuvage, on disait aussi buvrage, qui rappelle mieux l'étymologie du mot.

Voilà la peinture véritable des païsans suisses; cette stupidité et cette pesanteur d'esprit est cause de la mauvaise opinion que les François et les Italiens ont de cette nation; car ils disent en commun proverbe qu'il n'est point d'animal qui ressemble mieux à l'homme que le Suisse. C'est cependant de ces gens là, grossiers et brutaux comme ils sont, qu'on forme ces troupes intrépides qui servent dans les armées de divers Souverains. Il est aisé de se persuader qu'une nation si robuste est propre à suporter les travaux de la guerre. Pour les officiers qui les commandent, ce sont des enfans de famille et de bons bourgeois des villes, qui sont bien éloignés de cette rusticité, comme on en peut juger par ceux de Basle dont j'ay parlé cy devant.

Outre cette belle ville, la Suisse en a encore d'autres fort considérables, telles que Zurich, la première de tous les cantons, Berne, Lucerne, Fribourg, Soleure, la plus ancienne ville de la Gaule celtique; c'est où l'ambassadeur de France fait sa résidence. Il y a encore quelques autres bonnes places du second ordre, or c'est dans ces villes qu'on trouve ces bonnes têtes de Suisse, ces habiles politiques, ces zélés républicains, ces deffenseurs de la liberté commune qui président dans le conseil de leur canton en particulier et dans les assemblées générales de la nation, qui se convoquent à Bade, à quatre lieües au nord-ouest de Zurich.

L'article des pâturages m'a mené insensiblement hors de mon dessein, qui étoit de parler d'abord des productions du païs. J'ay dit qu'il étoit fort montueux, il faut ajouter que ses montagnes portent quantité de bois de sapin, qu'elles nourissent une infinité de boucs sauvages, de chamois, de chevreuils et d'autres bêtes fauves, dont les cuirs sont fort estimés. On y trouve aussi communément de très belles martres et d'autres fourures, qui ne valent pas moins que celles qui viennent des terres septentrionales. Ses lacs et ses rivières sont abondamment fournis de poisson pour la nourriture de ses habitans. J'ay cru qu'il étoit bon de donner cette légère idée de l'histoire des Suisses et de la situation de leur païs, avant que de parler de l'antiquité de Basle, qui est la seule ville que j'aye vüe en Suisse, et à l'ocasion de laquelle je viens de faire cette digression.

Basle est connue des anciens auteurs par le nom de Basilea.[1] Cependant les Tables d'Antonin et de Peutinger marquent à sa place[2] un Arialbinum. Il ne faut pas confondre Bâle avec l'Augusta Rauracorum que j'ay déjà nommée à l'ocasion de la statue de Munatius Plancus, et qui étoit à deux lieües de là en remontant le Rhin. L'on y trouve souvent en foüillant dans ses ruines des fragmens d'inscriptions en marbre, des médailles qui sont des monumens de sa grandeur passée, et que les païsans recherchent pour les vendre aux curieux antiquaires. Faute de compagnie, je n'ay pas été voir les mazures de cette ancienne ville. Elle doit avoir été fort considérable, puisqu'elle portoit le nom d'Augusta; le vilage qui est aujourd'hui au même endroit en a pris celui d'*Augst* et le pont par où l'on y va s'apelle aussi *Augst-bruck* ou Pont d'Augusta. C'est à la destruction de cette première ville des Rauraciens que Basle doit son acroissement. Elle s'est formée aux environs de la tour[*] du sel que l'on voit auprès du pont; c'est un ancien batiment que les savans critiques conjecturent être un ouvrage des Romains, qui leur servoit de fort du côté du plat païs et comme d'un beffroy, d'où ils pouvoient découvrir de l'autre côté du Rhin les mouvemens des Allemands, leurs ennemis. Quant à son nom de Basilea je n'oserois dire icy avec la tradition du païs qu'il lui a été donné à cause d'un basilic qui se trouva dans ses premiers fondemens; cela sent trop la fable, et je n'ay point vu d'auteur qui raporte cette étimo-

[*] *Saltzthurn*, au chifre 24 du plan de Basle.

---

[1] *Basilia*, d'après Ammien Marcellin, c'est-à-dire étymologiquement résidence royale; *Baçela*, d'après le géographe de Ravenne.

[2] ou plutôt: à peu près dans cette direction.

logie, quoique cet animal soit employé pour suports aux armoiries de la ville de Basle, comme il paroit dans un des coins de notre plan ; j'aimerois mieux croire ceux qui tiennent qu'elle a reçeu ce nom illustre de Basilea, qui signifie la Royale, du séjour qu'y ont fait dans le dixième et l'onzième siècle les empereurs Henri I et II, qui s'y plaisoient beaucoup et qui ont contribué à son embellissement.[1]

Cette ville a vu un célèbre concile, assemblé pour la réformation de la discipline eclésiastique. Il commença au mois de Juillet de l'an 1431, sous le pontificat de Martin V, et il dura 18 ans, tant à Basle qu'à Lausane; mais Eugène IV, successeur de Martin, et les Pères de cette assemblée ne purent jamais s'accorder ensemble. Ceux-cy soutenant toujours que le concile est au-dessus du pape, ils se broüillèrent enfin de telle sorte qu'Eugène, voïant que sous prétexte de réformer les mœurs on ataquoit les priviléges de l'Eglise, rapella le légat du S. Siége, déclara le concile dissous et en convoqua un autre à Ferrare en 1437, où les Grecs se devoient rendre pour traiter de la Religion. Il le transféra depuis, en 1439, à Florence, de là à Rome en 1442. Cependant les Pères de Basle continuoient leurs assemblées, et quoiqu'ils fussent en petit nombre, et même peu d'accord entr'eux, néanmoins dans la 34e session, ils déposèrent Eugène du pontificat et, le 5 Novembre de l'an 1439, ils élurent Amédée VIII, duc de Savoye, qui vivoit dans la solitude de Ripaille. Cet antipape prit le nom de Félix V, mais il céda ensuite à Nicolas V, le 19 Juin de l'an 1449. Dans la session qui se tint le 1er Juillet 1441, on ordonna que le jour suivant seroit destiné pour la fête de la Visitation de la Ste Vierge. Enfin la 45e et dernière assemblée de ce concile se tint le 16 Mai 1443.

---

[1] Cette explication n'est pas plus fondée que celle du basilic. Ammien Marcellin, qui mentionne déjà *Basilia*, vivait au ive siècle; ajoutons qu'il en parle à l'occasion d'un séjour qu'y fit en 374 l'empereur Valentinien I.

J'ay dit cy-devant que Basle secoüa le joug de l'Empereur, pour se liguer avec les autres Cantons suisses en 1501. Mais elle fit bien pis par la suite, car 24 ans après ou environ, cette ville se révolta aussi contre l'Eglise Romaine, chassa son Evêque et se déclara pour les erreurs de Calvin,[1] et depuis ce tems là, elle conserve encore[2] l'ancien calendrier Julien, qui retarde de dix jours après notre stile grégorien, de sorte que le premier jour de leur année n'arrive que le onzième de notre mois de Janvier;[3] c'est pourquoi, lorsque les marchands de Basle écrivent à leurs correspondans dans les païs catoliques, ils mettent toujours dans leurs lettres l'ancienne et la nouvelle date l'une sur l'autre; et les almanachs de Suisse ont aussi les deux calendriers en deux colonnes, pour montrer le raport qu'ils ont ensemble.

Les Baslois vont au prêche le dimanche, mardi et vendredi, et pendant que dure leur office d'église les portes de la ville demeurent inviolablement fermées, coutume fort incommode pour les catoliques, qui n'en peuvent sortir qu'à midi pour aller à la messe à Huningue, à une grande demie de là. Cet inconvénient m'est arrivé un dimanche que j'étois à Basle. C'est bien pis pour un voïageur, lorsqu'il s'y trouve un jour de jeûne à la Calviniste, qui dure jusqu'au soir; car à moins de partir de la ville à la pointe du jour avec les bestiaux qui vont paître aux champs, il ne faut pas espérer d'en pouvoir sortir que quand on les fait rentrer à soleil couchant. Mais les hôteliers ont soin d'avertir les étrangers qui logent chez eux de cette rubrique; ils n'osent même leur donner à manger que comme en cachete dans leurs cham-

---

[1] Calvin avait alors 16 ans; l'auteur voulait dire Luther ou Zwingli.

[2] C'est le 12 janvier 1701 que les cantons de Bâle, Berne, Zurich et Schaffhouse ont adopté le calendrier grégorien; les cantons mi-catholiques, mi-protestants ne l'ont adopté que beaucoup plus tard.

[3] Ceci était vrai au xviie siècle, depuis 1701 jusqu'en 1800 le 1er janvier (vieux style) répondait au 12 janvier (nouveau style) et dans notre siècle, c'est-à-dire jusqu'au 31 décembre 1900, il répond au 13 janvier.

bres, parce qu'il est deffendu de tenir table d'hôte en ces jours de mortification, où personne n'est exempt de jeûner, pas même les enfants de 6 à 7 ans.

Ces Suisses là ont un zèle ou un entêtement invincible sur le fait de la Messe ; ils ne veulent absolument point souffrir qu'on la dise dans leurs villes, quelque secrètement que ce puisse être, il n'y a que la raison d'Etat qui puisse les fléchir sur cet article, c'est-à-dire lorsque les cantons catoliques leur envoyent des troupes de leurs milices pour la sureté du païs ; comme il arriva au printemps de l'année 1674, qu'ils bordèrent de gens de guerre toute leur frontière du côté des terres de France, à cause que Monsr de Turenne étoit campé avec une armée à Hesingue, vilage à une lieüe de Basle, pour garder la rive du Rhin et empêcher les Impériaux de venir troubler le Roy dans sa conquête de Franche-Comté. On m'a assuré que les cantons avoient entr'eux un signal pour mettre sous les armes cent mille hommes de leur nation et de leurs alliés en 24 heures, lorsqu'il s'agit de la deffence de leur païs.

Reprenons les matières de Religion. Je dirai en continuant que les mariages des Baslois se font ordinairement le mardi dans la grande Eglise. Il est permis en ces ocasions aux garçons et aux filles de la nosse de s'habiller le plus richement qu'ils peuvent ; la mariée porte sur la tête un haut bonnet tout couvert de pierreries ; les filles qui l'accompagnent y ont leurs cheveux pendans, natés en deux tresses avec des cordons de perles ou des rubans tissus d'argent, et leurs corps de juppe, qui sont fort longs et fort ouverts par le devant, sont lassés avec des chaînes d'or ou de longs fils de perles. Si c'est une femme veuve qui se remarie, toutes les femmes de la nosse y assistent habillées en deuil avec une mante toute de toile blanche, qui leur couvre presque le visage et tout leur habit de dessous, telles qu'elles paroissent dans la figure.[1] Hors de ces assemblées les habits ordinaires des Baslois, tant hommes que femmes, sont tristes; on y en voit rarement d'autre couleur que de noirs ou de bruns; on en jugera par la description que j'en vais faire et par la figure que j'en donne, ils servent plûtot à les déguiser qu'à les parer. Lorsqu'elles vont par la ville, elles retroussent tous leurs cheveux avec une bandelete et mettent par dessus un chapeau de feutre noir façonné en bateau, garni pour tout ornement d'une bande de satin, de même couleur, cousüe autour du bord. Elles ont le sein couvert jusqu'au gosier d'une petite gorgerette quarrée noire, sur laquelle elles portent encore une peau de martre dont la tête et les pieds pendent par devant. En été, au lieu de cette fourure, elles ont une petite fraise courte à plusieurs rangs. Dans leur domestique[2] elles quitent ce chapeau et n'ont sur la tête qu'un bonnet d'étoffe de soye, par le derrière duquel sortent deux longues tresses de cheveux natés à cinq ou sept brins. Les Bâloises sont communément blondes, mais je ne saurois dire si c'est par police ou mauvais goût qu'elles font tout ce qu'elles peuvent pour se rendre rousses avec une lessive dont elle lavent leurs cheveux toutes les semaines.[3] Pour achever l'article des femmes de Basle, il faut dire qu'elles ont presque toutes la peau et le teint d'une blancheur et d'une finesse remarquable, ce qui fait que celles qui n'ont pas les traits réguliers ne laissent pas de paroitre jolies à cause de cet éclat.

---

[1] Tirée, comme les suivantes, du recueil intitulé « *Theatrum mulierum, sive varietas atque differentia habituum fœminei sexus, a W. Hollar Bohem. delineatæ et aqua forti æri sculptæ.* » *Londini*, 1643, sqq.

[2] Dans l'intérieur de leur ménage.

[3] Ce n'était pas une mode nouvelle. Pour ne pas remonter plus haut que la fin du xve siècle, Geiler, commentant un chapitre de la *Nef des fous* de Sébastien Brant, parle aussi de cheveux teints en jaune ardent comme la flamme éternelle dont cette couleur est le présage, «*colorati crocei crines præsagia sunt futuræ flammæ infernalis*».

L'habit des sénateurs allans[1] au conseil est particulier, comme on peut voir dans la figure : c'est une robe courte, noire, avec une fraise à quatre ou cinq rangs de toile claire, fort empesée et si finement gaudronnée qu'on m'a assuré qu'elles n'avoient pas moins de 40 aûnes de longueur. Le chapeau pointu sans bords est de feutre noir et il leur tient lieu de bonnet quarré. Ces Suisses allient l'épée à la robe, car ils la portent jusques dans les assemblées du conseil. Pour voir une bisarre diversité d'habits il faut se trouver à Basle un vendredi, jour de marché ; cette afluence de peuple qui y vient des campagnes d'Alsace, de Suisse et du païs de Dourlac, fait un mélange de figures fort divertissant.

Si les habits des Baslois sont sérieux, leurs mœurs y répondent parfaitement. Nous avons vu quelle est la sévérité de leurs loix à punir les gens débauchés; mais ils poussent cette austérité jusqu'à retrancher toutes les ocasions qui peuvent amolir le cœur. On n'entend parler dans cette ville là ni de dances, ni de cercles ou d'assemblées galantes, ni de théatre, enfin d'aucun des divertissemens qu'on apelle honêtes dans les autres païs; chacun y vit d'une manière retirée dans sa famille. Les hommes se régallent néanmoins quelquefois entre eux; et si la table est un plaisir de toutes les nations, on peut assurer qu'il est particulièrement celui des Suisses; c'est là que nos gros bourgeois de Basle font des merveilles. Ils n'y épargnent rien, toute leur plus belle vaisselle y est étalée, le buffet est garni de grands bassins, de vases et de coupes d'or, d'argent, de cristal et de porcelaine des Indes. La table y est couverte de toutes sortes de viandes succulentes et de poissons les plus exquis; car comme les Calvinistes n'ont point de jours maigres, leur bonne chère est

---

[1] L'invariabilité du participe présent n'ayant été promulguée par l'Académie française que le 3 juin 1679, nous ne blâmerons pas notre auteur de s'en être tenu à l'ancien usage, qu'on aurait du reste tout aussi bien fait de ne pas abandonner.

toujours entremêlée de chair et de poisson, pour satisfaire le ragoût d'un chacun. Quant à la boisson cela va encore mieux, on connoit sur cet article l'inclination des Suisses; on trouve donc à leurs repas abondance de tous les meilleurs vins d'Allemagne, de France, d'Italie, d'Espagne, et même des liqueurs les plus délicieuses, lorsqu'il s'y trouve des femmes; ainsi chacun peut choisir suivant son inclination. Je ne veux pas dire que tous les conviés en sortent yvres, nous avons assez fait sentir qu'il y a des Suisses polis et sobres dans la ville de Basle.

Pour parler de leurs exercices, nous dirons que le commerce est la profession des premiers de la République. L'heureuse situation de Basle contribue à la rendre commode et florissante pour le négoce, car elle se trouve située entre l'Allemagne, la France, la Suisse et l'Italie. D'ailleurs le Rhin lui donne communication avec les Païs bas, l'Angleterre et les autres roïaumes du Nord, de sorte que cette ville est puissamment riche et se trouve comme à la tête du commerce, puisqu'elle impose la loy dans le païs pour la manière d'y compter la monoïe, car on n'y parle que de livres baslois;[1] il n'y en a cependant point d'espèce, ce n'est qu'une monoye imaginaire qui sert à faire les comptes, de même qu'en France on se sert du terme de livres tournois. Cette livre de Basle revient chacune à 26 sols 8 den. de notre monoye. Lorsque les Baslois comptent avec les étrangers, c'est ordinairement par florins ou gulden, qui est une pièce d'argent valant 25 sols de Basle et 33 s. 4 d. de France. Chaque canton des Suisses fait batre de la monoye à son coin particulier, comme je l'ay déjà dit; mais parce que celle de tous les souverains y court pour sa valeur, on ne voit guères de monoye de Basle que de petites espèces de billon, telles que des batzes, plaperte, et des rapes.[2] Cette dernière

---

[1] Du masculin, par analogie avec livre tournois, c'est-à-dire de Tours.
[2] Batzen, Blappert, Rappen.

est si petite et si légère qu'elle peut floter sur l'eau; aussi les armes de ce canton, qui sont une façon de crosse, étant estampées dessus, d'un côté on voit le creux et de l'autre le relief de la figure.

Voilà ce me semble tout ce que j'ay pû remarquer touchant les Suisses et principalement les Baslois. Il seroit superflu de faire un plus long détail de leur manière de vivre, et de parler icy de leurs meubles, parce qu'ils ne diffèrent point en cela des autres Allemans d'Alsace, dont j'aurai ocasion de parler par la suite. Cependant pour donner une idée des maisons bourgeoises de la ville de Basle, je veux faire icy une petite description de l'auberge où je logeois d'ordinaire dans le fauxbourg S. Jean.

C'est un grand corps de logis sur la rüe, à porte cochère, où il y a bien huit ou dix poëles,[1] ayant chacun sa petite chambre pour chaque hôte en particulier. Les murs en sont peints par dehors du haut jusqu'en bas, et ceux du dedans sont couverts de tableaux ou ornés de cartouches qui renferment des sentences morales en allemand, propres à chaque endroit de la maison; car il y en a jusque dans la cuisine. Je me souviens toujours de celle qui étoit écrite sur la porte d'une chambre où j'ay logé souvent: *Leben schlecht, zu sterben recht.*[2] La cour de ce logis est plantée d'arbres des deux côtés et habitée non pas par des poules ou des canards, mais par des paons avec leur beau plumage, par des faisans et des cicognes. On traverse cette cour pour aller aux écuries qui sont au fond; elles répondent fort bien au reste de la maison, tout y est nétoïé au balay. Sur quoi je remarquerai en passant qu'en Allemagne on ne laisse point la litière sous les chevaux pendant le jour, comme on fait dans les hotelleries de France. Chaque cheval y est séparé l'un de l'autre par une cloison de bois à hauteur d'apuy, qui s'élève sur

---

[1] Grandes chambres où sont des poëles. — [2] Vivre droit, pour bien mourir.

une manière d'estrade en pente douce, faite de planches épaisses de quatre doigts. Les rateliers sont à barreaux tournés et les auges sont revêtües par le bord de tables[1] de cuivre rouge. Joignez à toutes ces commodités que le maître de la maison est un galant homme aïant des manières franches et civiles; il a demeuré longtemps à Paris, où il a fort bien apris le françois. Sa femme est de même d'une douceur honête et de bonne conversation pour ceux qui entendent l'allemand; ils sont l'un et l'autre proprement vêtus à la mode du païs, et ils font les honneurs de la table d'hote, comme s'ils régaloient leurs amis. Je m'y trouvois beaucoup mieux servy que dans les plus grosses hotelleries de Basle, où l'on entend le jour et la nuit un bruit continuel d'hommes et de chevaux allans et venans, qui est comme inséparable de ces sortes de lieux. Sur cette peinture d'une auberge, on jugera de la beauté et de la commodité des autres maisons de cette ville, et l'on verra ce qu'on doit penser de la demeure des opulens de l'Etat, et si on auroit cru rencontrer tant de propreté et de politesse chez des Suisses.

Sur la fin de mon séjour en Alsace, je fus obligé de quitter cette belle auberge à cause d'un Espagnol, qui se faisoit apeller M. le Comte, qui en vint occuper la plus grande partie. C'étoit un espion qu'on découvrit bientot pour tel, quoiqu'il ne se communiquât[2] à personne et qu'il n'allât pas même à la Messe, de peur d'être enlevé par les François à Huningue. Cependant il ne put résister à sa dévotion, qui l'engagea d'y assister un jour de fête notable; mais il étoit si bien observé qu'il y fut arêté et de là envoyé à la Bastille à Paris. Lorsque j'apris la nouvelle de son enlèvement, je ne pus m'empêcher d'en être bien aise. Je ne m'arêterai pas à faire le récit de tous les différens voïages que j'ai faits à Basle durant mon séjour en Alsace, ni de toutes les petites

---

[1] Lames. — [2] s'ouvrit.

aventures qui me sont arrivées sur les chemins. Mais pour donner une idée des dangers ordinaires où l'on est exposé en voïageant dans un païs de guerre, et des allarmes fréquentes que l'on souffre dans la campagne à la vûe des troupes qui marchent incessament, et pour faire connoitre la vie des soldats, lorsqu'ils vont en commandement, je prendrai plaisir à me souvenir icy, à l'ocasion de la ville de Basle, d'une route que j'y fis pour le service du Roy, à la tête d'un détachement de 60 hommes de la garnison de Beffort.

Au mois de Septembre 1675, je fus à Beffort, quérir un jeune homme que j'avois fait venir de Paris pour être emploïé dans les fortifications de Brisac; je le nommeray icy Filandre.[1] Mais à peine fûmes nous arrivez à Altkirch, petite ville du Zuntgau où je demeurois, qu'un exprès à cheval m'aporta un ordre de retourner à Beffort, d'y porter tout l'argent que je pouvois avoir dans mon bureau, et de faire grande diligence. La lettre ne m'en expliquoit point le motif, l'envoyé ne m'instruisoit pas mieux. Sans m'embarrasser l'esprit à deviner ce que ce pouvoit être, j'ensache tout mon argent, j'en emplis deux petites valises, que nous chargeâmes sur nos chevaux; je laisse les clefs et le soin du sel du Roy à Filandre, avec une instruction de ce qu'il devoit faire pendant mon absence; je pars à l'heure même avec cet exprès, laissant toute la ville d'Altkirch en allarme et dans une peur extrême. Personne ne doutoit que ce ne fût un avis de la marche de l'armée Impériale qui m'eût engagé à cette sortie précipitée. Pour moi, sans autre inquiétude que la curiosité d'aprendre la cause de ce retour si prompt, je fus à Beffort avec une vitesse extraordinaire. Quand je fus arrivé chez Onoxandre,[2] le receveur général de ce département,

---

[1] Le pseudonyme choisi (ami des hommes) témoigne en faveur du caractère sociable de ce personnage.

[2] Cette fois le pseudonyme, probablement altéré à dessein, paraît satirique, l'auteur n'ayant sans doute pas eu en vue le philosophe platonicien Onosan-

il me fit savoir que tout le secret de mon voïage n'étoit que pour m'envoyer à Basle quérir de l'argent pour païer les troupes, et qu'on me donneroit pour escorte un détachement de soixante hommes de la garnison de Beffort. M. d'Aubigné,[1] frère de Madame de Maintenon, gouverneur de cette ville, se trouva pour lors chez le Receveur ; il me demanda la route de Basle, il la fit écrire, la signa, et il l'envoïa à l'officier qui devoit commander mon escorte. Le lendemain, je partis avec ce détachement d'infanterie. Nous avions pour capitaine le chevalier de Proüais, jeune homme fort bien fait ; il avoit sous lui un lieutenant, un sous-lieutenant, un enseigne et plusieurs sergens. Nous étions six personnes à cheval, car Mr de Proüais avoit un valet de chambre avec lui, le reste de notre équipage consistoit en une charette vuide destinée à aporter l'argent. Nous partîmes de Beffort en bon ordre tambour batant. Nous arêtames longtems au bas de la ville, parce qu'il y avoit deux cents quaissons des vivres de l'armée, qui filoient dans le chemin montant le long du fossé sec. Nous fîmes alte à Dammerskirch,[2] gros vilage allemand, à quatre lieües de là, pour nous rafraichir un peu. Tous les païsans épouvantés s'enfuioient et se cachoient à l'aproche de notre troupe. Mais ce fut bien pis, quand on nous eut découverts de notre ville d'Altkirch ; dans l'apréhension où ils étoient déjà, cette vüe les confirma dans la

---

dre, mais plutôt les deux éléments qui sont entrés dans la composition du nom et qui signifient l'âne-homme.

[1] Le comte d'Aubigné, d'abord gouverneur d'Amersfort, en Hollande, puis de Belfort, épousa malgré sa sœur la fille d'un procureur, fort laide et sans fortune. La marquise de Maintenon, honteuse d'une pareille belle-sœur, envoya son frère à Cognac comme gouverneur, et lui permit rarement de venir à la cour. « C'était, dit Saint-Simon, un panier percé, fou à enfermer, mais plaisant, avec de l'esprit et des saillies, et des reparties auxquelles on ne se pouvait attendre. Il ne se contraignait pas de prendre un ton goguenard, et de dire très ordinairement *le beau-frère*, lorsqu'il vouloit parler du roi. »

[2] Dammerkirch, Dannemarie.

croyance que les ennemis n'étoient pas loin. Comme je me doutois bien de leur crainte, je priay le capitaine de faire arêter ses soldats à un quart de lieüe de la ville, en atendant que j'irois avertir les bourgeois de notre arrivée. Je priay aussi les soldats qu'en ma considération ils ne fissent point de désordre; puis nous avançâmes vers Altkirch, nous deux le chevalier de Proüais. Je ne puis pas décrire l'alarme où étoit cette pauvre petite ville. Une partie des habitans étoit assemblée sur une plate forme qui est devant la barrière du corps de garde, et quoiqu'ils eussent les armes à la main, ils tremblaient comme des lièvres. Quand ils m'eurent reconnu, leur peur se suspendit pour aprendre ce que c'étoit que cet armement. Dès que je fus monté en haut, je les prévins, sans atendre qu'ils m'en demandassent la raison ; je leur dis donc que c'étoit un détachement de la garnison de Beffort, qui alloit en commandement et qui logeroit cette nuit dans leur ville, sans incomoder personne et sans faire de domage. Je demeurai au corps de garde avec eux, pendant que le capitaine décendit, pour aller rejoindre ses soldats, qui entrèrent en ordre, en batant la marche.

Nous ne voulûmes pas nous prévaloir de la route écrite que nous avions du gouverneur de Beffort, qui nous donnoit pouvoir de loger les soldats par billets chez le bourgeois; on les mit tous dans la maison de ville, avec corps de garde à la porte, pour les empêcher de courir. Cependant avec[1] nos manières honêtes, le baillif et le bourgmestre n'eurent pas le cœur de faire donner à nos soldats un morceau de pain; mais comme j'étois chargé de la dépence du voïage, je leur fis distribuer à boire et à manger sufisament, et je logeay tous les officiers dans la meilleure hôtellerie, où je leur donnay à souper. Après quoi je fus coucher chez mon hôte de pension, où Filandre me conta tout au long la peur qu'on avoit

---

[1] malgré nos bons procédés.

eüe à Altkirch de notre arrivée; il me dit que Keller, mon hôte, entre tous étoit si épouvanté qu'il en avoit perdu la parole; que tous, les femmes, filles et enfans, couroient se cacher dans les caves; enfin, que c'étoit une désolation générale par toute la ville.

Le jour suivant nous sortîmes d'Altkirch tambour batant, et fifre sonnant. Nos soldats, qui jusqu'alors s'étoient comportés sagement (s'entend à l'égard du prochain, car durant le chemin ils ne cessoient point de renier Dieu et de dire des sotises à pleine bouche, ce ne sont que leurs propos ordinaires), commencèrent à se lasser de cette contraignante retenüe, et à peine fûmes-nous à Witersdorff,[1] vilage à demie lieüe de notre gîte, qu'ils se jettèrent sur les poules avec tant de furie qu'ils en emportèrent plus d'un cent. A Tagsdorff,[2] ils n'en firent pas moins; j'avais beau les crier,[3] les prier, et les officiers aussi, cela ne servit de rien. De là nous gagnâmes le grand chemin, qui est sur une hauteur et qui pour cela est apellé *hoch strass;* il a plus de deux grandes lieües de longueur jusqu'à un bois de sapins, à un quart de lieüe duquel je dis à notre capitaine de faire mettre ses soldats sous les armes pour le traverser, à cause des embuscades qu'on y pouvoit trouver. Il aprouva mon avis et aussitot, au son du tambour, chacun détacha son mousquet qu'il portoit en bandoulière, et en moins de rien toutes les mèches furent alumées, en y mettant un peu de poudre au bout; puis nous entrâmes dans ce bois de sapins, toujours en état de deffence, les cavaliers à la tête et à la queüe. On s'arêta un peu à Nideranspach,[4] méchant vilage, d'où nous fûmes à Hesinguen,[5] beau bourg; on y logea les soldats dans le château, qui est grand et commode, il étoit abandonné et démeublé pour lors. La raison qui engagea les officiers de choisir ce logement, c'est que le Rhin n'en étant qu'à une petite lieüe

---

[1] Wittersdorf. — [2] Tagsdorf. — [3] gronder. — [4] Niederranspach. — [5] Hesingen.

de distance, il falloit se précautionner contre les partis des Impériaux qui le passoient souvent ; et d'ailleurs la frontière de Suisse, qui n'en est pas plus éloignée, étoit un atrait pour nos soldats qui auroient eu envie de déserter. Cette précaution n'empêcha pas qu'il n'en désertât un, le lendemain au matin. Pour moi, je quitay la compagnie et je fus coucher à Basle, où j'emmenay le sous-lieutenant ; avant que de partir, je donnai ordre au chartier de m'y aller atendre à l'hôtellerie que je lui marquay. Puis je passay par Burgfeldt,[1] pour avertir le nommé Rochet, un de mes commis et garde de la ferme du Roy, de me venir trouver à la même auberge du *Schnabel,* où je logeay. Après avoir quitté la botte, je fus chez le Sr Fattet, marchand banquier, montrer ma lettre de change, qui étoit païable à vüe ; il l'acepta, et nous remîmes au lendemain le païement. Je passai le reste du jour à me promener avec ce jeune sous-lieutenant, qui n'avoit pas encore vû la ville de Basle.

Dès la pointe du jour suivant je me rendis chez mon banquier, qui me montra l'argent que je demandois, enfermé dans deux fortes quaisses et distribué par sacs de mil écus. Je ne jugeay pas nécessaire de compter une si grosse somme ; je crus que pour abréger il sufisoit de prendre au hazard un de ces sacs et de le compter, ce qui fut fait, et je le trouvay bien conditionné. Sans perdre de tems, je fis aranger tout cet argent dans un tonneau dont on remit le fond ; on le chargea sur notre charette, qui étoit devant la porte du marchand, puis je lui donnai mon receu de quatorze mil écus d'Empire. Cela fait, je retournai à l'hôtellerie, où justement Rochet, mon commis, arrivoit avec notre capitaine. Après le déjeuner et quelques tours de promenade dans les principaux endroits de la ville, nous montâmes tous à cheval, prenant notre chemin par chez M. Fattet, où notre charette étoit

---

[1] Bourgfelden.

aretée. Il nous envoïa conduire par un de ses quaissiers, pour nous épargner le chagrin[1] d'être questionnés et visités à la porte par les commis du bureau. Nous fûmes par Burgfeldt, où nous trouvâmes notre escorte qui nous atendoit. Nos soldats nous dirent qu'ils avoient fait une chère admirable à Hesinguen; que les habitans étoient venus d'eux mêmes leur aporter les vivres en abondance; que le curé et deux des principaux du lieu avoient même soupé avec les officiers. Il est rare de rencontrer des païsans de si bonne volonté. Rochet nous accompagna jusqu'à une demie lieüe de chez lui. Nous repassâmes par les mêmes endroits de la route que nous avions tenüe en venant. Après avoir traversé le bois de sapins dont j'ay parlé hier, nos soldats se ressouvinrent qu'ils avoient fait près de trois lieües sur ce haut chemin sans trouver de maisons, ils dirent qu'ils vouloient se reposer. Il fallut leur complaire. Aussitôt chacun d'eux se coucha à l'ombre, à l'entrée du bois, çà et là; les uns se mirent à fumer, les autres à joüer aux cartes, ceux-cy à manger, ceux-là à dormir. Il semblait que nous étions en embuscade en cet endroit, pour atendre fortune. A la vérité une troupe de 68 hommes bien armés, comme nous étions, auroit été une assez forte affaire pour un petit parti ennemi. A peine se fut-on remis en marche, que nos drilles recommencèrent à murmurer et à dire qu'ils feroient bien païer aux habitans du premier endroit où ils logeroient la peine qu'on leur donnoit; ils poussèrent même leur insolence jusqu'à crier, en jurant Dieu, qu'ils étoient bien foux de ne pas se saisir d'une charetée d'argent, qui ne leur coûteroit que cinq ou six coups de mousquet à gagner, entendant qu'ils n'avoient qu'à tuer les officiers. Ces discours ne m'épouvantoient guères, mais je ne craignis rien tant que le désordre qu'ils faisoient; c'est pourquoy je leur dis que s'ils me vou-

---

[1] Déplaisir, ennui.

loient promettre de ne rien piller, je les mènerois dans un quart d'heure loger dans un bon vilage, où ils trouveroient de quoi se régaler; ils me le jurèrent tous d'une voix. Je les fis donc décendre dans la vallée à gauche, et j'allay devant à Jetingue[1] avertir les habitans d'enfermer toutes leurs volailles et autres choses de facile prise, à cause d'une compagnie de soldats qui arrivoit. Ces pauvres gens les ramassèrent le mieux qu'ils purent, pendant que j'allois avertir nos drôles d'avancer. Ils furent agréablement surpris de voir ce beau vilage, qu'on ne peut découvrir de dessus le haut chemin à cause des grands arbres qui en cachent les maisons. Nous choisîmes d'abord le cabaret de ce lieu pour loger les officiers; on y rangea la charette du trésor sous un hangard, devant lequel on établit un corps de garde; puis le maire d'Jetingue fit les logemens des soldats chez les païsans, où ils firent un désordre épouvantable, malgré la promesse qu'ils m'avoient faite d'être sages. Il ne faut pas espérer de trouver de la bonne foi parmi des soldats. Ces pauvres vilageois désolés se venoient plaindre au capitaine des rigueurs de leurs hôtes, il me les renvoyoit pour entendre leurs plaintes, car j'étois le seul de la troupe qui sceût parler allemand; jamais je n'ai eu tant de peine à faire l'interprète. On ne s'imagineroit jamais les finesses des gens de guerre pour découvrir l'argent du bonhomme[2] et les tours malins qu'ils leur joüent pour s'en faire donner; car à moins que d'être en païs ennemi, ils n'usent pas impunément de violence contre leurs hôtes. J'admirai pour cette fois la ruse d'un de nos soldats qui, n'ayant point trouvé de monoye chez son hôtesse qui étoit une femme veuve, s'étoit saisi de ses papiers, quoiqu'ils fussent en allemand et qu'il n'y connût rien. Il falloit que ce drôle là fût quelque normand, ou

---

[1] Jettingen. — [2] Le bonhomme = le paysan. Avec les progrès de la civilisation cette désignation est tombée en désuétude.

du moins le fils de quelque praticien, pour avoir instinct là.[1]
La pauvre femme eut beau crier après le soldat, il tint toujours ferme et, sans faire de bruit, il lui faisoit signe dans sa main comme un homme qui compte de l'argent. Elle entendoit de reste que c'étoit de l'argent que le fourbe demandoit, mais n'en voulant ou n'en pouvant donner, elle vint toute éplorée, suivie de sa fille, se plaindre à nous. J'eus assez de peine à entendre son affaire, parce que cette crieuse, pour marquer ses contrats, ne se servoit que d'un mot qui signifie une lettre.[*] Je la rebutois comme une folle, ne trouvant pas qu'elle eût raison de faire tant de bruit pour des papiers inutiles, tels que sont d'ordinaire des lettres missives; mais elle n'en crioit que plus haut. Enfin je compris de quelle conséquence étoient ses lettres, quand elle eut dit en pleurant, ce coquin là m'a pris ma lettre de mariage et la lettre de mon champ. « Ah vraiment, Messieurs, je ne m'étonne plus si cette païsane est si désolée, dis-je à nos officiers, ce sont des contrats que votre soldat lui a pris; elle parle de celui de son mariage et de celui d'un champ qu'elle a achepté. » Aussitôt on lui fit reconnoître le drôle, qui se trouva saisi des pièces, et pour sa peine il fut mis en arrêt au corps de garde pendant toute la nuit.

Pour àpaiser ces mutins de soldats, nous fîmes venir les principaux habitans du lieu, à qui je fis entendre que pour les soulager nous voulions envoyer aux deux vilages voisins, pour les faire contribuer à la subsistance de notre troupe, en les menaçant de leur envoyer une partie, s'ils ne faisoient les choses honêtement. Nos païsans d'Jetingue aprouvèrent fort cette proposition, et nommèrent aussitôt deux guides pour y conduire les sergens et les caporaux qui devoient faire cette sommation; elle eut son effet et, en moins de deux heures de tems, nous vîmes arriver sept ou huit

[*] Brieff.

---

[1] pour avoir été poussé par instinct à se servir d'un tel moyen

hommes de Franken[1] et autant de Berentzwiller, tous chargés de pain, de barils de vin, de volaille, bœuf et mouton par quartiers. Je ne pouvois m'empêcher de rire, voïant passer ces porteurs de vivres, quoique dans le fond je sentisse du chagrin de ce que ces pauvres païsans donnoient si facilement leur bien, crainte qu'il ne leur arrivât pis. Nous fîmes serrer toutes ces provisions dans notre cabaret, et nous les distribuâmes par ordre et bonne police. Nos soldats eurent lieu d'être contens. On vit durant une partie de la nuit les broches tourner le long des rües de ce vilage, ainsi qu'à un jour de fête de Patron et de foire. Les païsans faisant de nécessité vertu, buvoient, mangeoient et se divertissoient avec ces soldats qui les pilloient; tant il est vray que les malheureux oublient leur misère, dès qu'ils ont un quart d'heure de bon tems. Quant à moi, je suis surpris, quand je fais réflexion à cette petite guerre, de voir qu'insensiblement je commençois à y prendre goût et à ne plus écouter la répugnance que j'avois à ce libertinage. La maison où nous logeâmes profita d'une grande quantité de vivres, car nous y laissâmes tout ce que nous ne pûmes pas emporter.

Le lendemain, comme nous étions prêts à partir, il vint à moi une grande païsane, toute en larmes, me dire qu'un soldat lui avoit pris ses souliers. On en fit la recherche aussitôt, on les trouva, et celui qui les avoit volés fut condamné de porter quatre mousquets sur ses épaules deux lieües durant. Cette punition ne rendit pas les autres plus sages. Au premier vilage ils massacrèrent une troupe d'oisons, ils emportèrent je ne sçai combien de poules et de cochons de lait. J'enrageois de voir cette destruction dans un endroit où j'étois connu. Je mis le sabre à la main, et poussant mon cheval contre ces canailles de soldats, je fis lâcher prise à quelques-uns, mais j'en trouvai un qui eut l'audace de me

---

[1] Francken.

coucher en joüe avec son mousquet. J'étois trop en colère pour le craindre, je lui déchargeay un coup de sabre sur la tête, dont il se seroit mal trouvé, s'il ne l'eût pas un peu paré avec son arme.

Nous fîmes alte dans les prés qui sont entre le château d'Altkirch et l'abbaïe de S. Morand. Pour moi, pendant qu'ils se reposoient, je fus dîner à la ville, d'où j'envoyay des rafraîchissemens à nos officiers, et je les vins rejoindre avec Filandre, qui cherchoit à se désennuyer. Je ne voulus pas que nos soldats entrassent dans la ville; je les fis tourner par le bas du château et passer la rivière d'Ill sur le pont du fauxbourg. Le soir nous soupâmes fort maigrement à Damerskirch, quoique ce soit un gros vilage; le respect du vendredi n'empêcha pas les soldats de se gorger de la viande qu'ils avoient volée le matin.

Nous achevâmes notre petit voïage le jour suivant. A une demie lieüe de Beffort le capitaine me dit d'aller savoir chez qui il falloit arêter la charette à l'argent. Je pris les devans, j'arrivai à la ville où la sentinelle m'arêta à la barrière, on me fit conduire par un soldat au château; j'y parlai à M^r le Gouverneur, qui trouva fort bon de ce que j'étois venu savoir cela de lui: il me dit qu'il falloit mettre l'argent au bureau d'Onoxandre. Sans perdre de tems, je m'en allai rejoindre notre troupe, qui m'atendoit à Peruse,[1] d'où nous partîmes tambour battant jusqu'à Beffort; elle escorta l'argent jusqu'à la porte du receveur, où elle fut congédiée. On y posa une sentinelle comme chez un trésorier d'armée. Je ne m'en retournai pas ce jour là, parce qu'il étoit bien trois heures après midi lorsque nous arrivâmes. Je ne partis que le lendemain pour Altkirch, où Filandre fut bien aise de me revoir. Après avoir conté cette petite marche militaire, retournons encore à Basle, pour continuer de là une des routes

---

[1] Perouse.

que j'ay faites, qui nous fera connoitre la nature de cette frontière de Suisse vers l'Alsace.

Les allarmes continuelles que nous souffrions dans ce païs depuis la mort de M. de Turenne, m'obligeoient à faire souvent la visite des bureaux de mon département, pour en tirer tout l'argent comptant qui s'y pouvoit trouver, crainte d'accident. Ceux de la seigneurie de Ferrette, qui confine à la Suisse, m'étoient particulièrement recomandés. J'y fis donc une visite extraordinaire au mois d'août 1675. Je commençay par Burgfeldt, petit village dont j'ai déjà parlé aussi bien que du commis de ce lieu, qui n'est qu'à une demie lieüe de Basle. En qualité de garde de la ferme, il me fit escorte à Heguenheim et il me quitta à Volgensbourg,[1] dont je fis compter le commis, qui m'acompagna dans le reste de ma visite. Celui-cy s'apelloit Keller, c'étoit un jeune homme cérémonieux à l'excès, qui avoit de l'étude, parlant bien son allemand et passablement le françois; aussi sa conversation me fut bien plus agréable que celle de Rochet, le commis de Burgfeldt, vieux rêveur,* qui ne répondoit que par monosilabes. La première soirée nous fûmes coucher chez le commis de Niederhaguendall,[2] village situé dans un fond, comme son nom le témoigne. Nous y trouvâmes assez bien à souper, mais fort mal à coucher, car les puces nous tourmentèrent sans relache sur notre paille, pendant toute la nuit. C'est pourquoi nous nous levâmes de grand matin et mon guide me mena à Lauter,[3] vilage d'où nous fûmes à Leymen, autre vilage qui est presque situé au pied du rocher escarpé sur lequel est bâti le fort château de Landscron. Ce nom signifie la couronne du païs; en effet il est justement à la tête de l'Alsace, et cette forteresse est son honneur et sa deffence, et ce qui est bien considérable, c'est qu'elle est de très petite garde, puisque cinquante hommes ont tenu contre

* Cet homme avoit été autrefois maitre des postes de toute la Lorraine et fort à son aise, mais il fut ruiné par un procès qu'on lui fit au sujet d'une corne de licorne apartenante au Duc son maitre, et qui lui fut volée. C'est une histoire à perte de vûe.

---

[1] Folgensbourg. — [2] Niederhagenthal. — [3] Lutter.

des milliers d'assiégeans durant l'hyver dernier, pendant qu'une partie de la garnison couroit le parti[1] jusques aux portes de Rhinfeldt.[2] Bientôt après nous trouvâmes des chemins presque impraticables jusqu'à Wolschwillers,[3] d'où nous fûmes à Oltingen, beau grand vilage, dans un meilleur canton. Le maire de ce lieu me fit toutes les caresses à la mode de son païs, tendre la main, aporter du vin et du pain poudré de sel; il ne tint pas à lui que nous ne passassions la journée chez lui à boire. Nous quitâmes son régal, pour rentrer dans des routes inconnües, des chemins creux et étroits remplis par des ruisseaux rapides, qui faisoient manquer les jambes à nos chevaux. Nous ne pouvions marcher qu'à la file entre ces montagnes toutes hérissées de sapins, qui dérobent le jour et la vüe du ciel; d'ailleurs j'y gelois de froid dans le fort de la canicule, quoique j'eusse un bon manteau et de grosses bottes. Nous trouvâmes pourtant des vilages dans ces déserts affreux: Rederstorf[4] et Sunderdorf[5] sont les meilleurs. Nous arrivâmes ensuite à un lieu nommé die *Glasshütte,* c'est-à-dire la Verrerie, parce qu'en effet on y travaille en toutes sortes d'ouvrages de verre. Cet endroit sauvage ressemble assez à une des boutiques de Vulcain. On y voit des fourneaux vomissans le feu et la fumée, bâtis sur des rochers secs et noirs. Les habitans de ce païs perdu sont tous de la même couleur. Le commis que j'y avois n'étoit pas plus débarboüillé que les autres. J'oubliay de m'informer si les ouvriers de cette verrerie sont nobles[6] comme ceux qui y travaillent en France; si cela est

---

[1] On disait aussi *aller en parti* dans le sens de battre la campagne, pour tâcher de surprendre l'ennemi.
[2] Rheinfelden. — [3] Wolschwiller. — [4] Rœdersdorf. — [5] Sondersdorf.
[6] On comprenait autrefois sous la dénomination de *noblesse verrière* les gentilshommes qui s'occupaient à souffler le verre. C'était une opinion généralement répandue que des gentilshommes avaient seuls le droit d'exercer ce métier ; et de fait, c'étaient des gentilshommes qui travaillaient dans la plupart des verreries, ils ne toléraient à côté d'eux des roturiers que pour

ceux-là sont des¹ vilains gentilshommes. Mais on m'aprit que la matière dont ils font le verre est un certain bois pourri, qui brille durant la nuit comme un amas de vers luisans. On ne peut trop admirer comme d'un corps si vil, tel qu'est du bois, on puisse tirer une matière si nette, si transparente et si utile qu'est le verre. De là nous fûmes à Winckel, vilage nommé aparament du coin où il se trouve, et enfin nous achevâmes notre journée à Louvendorf,² bourg un peu plus humain, où l'on parle allemand et un patois à demi-françois, qu'on apelle le Roman. Cette terre apartient à M. de Vignancourt, dont j'ay parlé cy-devant,³ en sortant de Brisac. Nous y fûmes assez bien logés chez le commis, qui fit de son mieux. Le lendemain nous fûmes à

FERRETTE 𝔓𝔣𝔦𝔫𝔱

petite vilaine ville, située sur le penchant d'une montagne, dont un vieux château ocupe la cime. Il n'y a pas, je croy, cinquante maisons en tout. C'est pourtant un ancien titre de comté, qui apartient au duc Mazarin. Ce pouroit bien être une des stations dont Peutinger fait mention sous le nom de Larga dans son itinéraire, mais je ne voudrois pas garantir ma conjecture.⁴ Quoique je sois venu deux ou trois fois à

---

les servir. On a prétendu que les rois avaient attaché la noblesse à cette profession ; mais il est plus juste de dire qu'elle n'était pas réputée vile et qu'elle n'entraînait pas la dérogeance, comme faisait le commerce de détail.

¹ Pour arriver à cette association de mots, qui est jolie, l'auteur n'a pas hésité à commettre un petit solécisme, et il a eu raison. Maynard a fait aussi une spirituelle épigramme sur Saint-Amant, qui était fils d'un gentilhomme verrier :

Votre noblesse est mince,	Gentilhomme de verre,
Car ce n'est pas d'un prince,	Si vous tombez à terre,
Daphnis, que vous sortez ;	Adieu vos qualitez.

² Luvendorf, Levoncourt. — ³ p. 63.

⁴ C'est plutôt, paraît-il, le village de Largitzen, qui est le Larga de la table dite de Peutinger. Cette carte, qui d'ailleurs n'est pas un simple itinéraire, n'a pas pour auteur Peutinger ; elle remonte bien plus haut. Elle fut copiée en 1262 sur un document beaucoup plus ancien par un moine de

Ferrette, je n'y ay rien trouvé qui ait touché ma curiosité. De là on passe par Krentzingen[1] et Hirsingen, pour venir à

ALTKIRCH   𝔄𝔩𝔱𝔨𝔦𝔯𝔠𝔥

qui est une petite ville du Zuntgau, où je tenois mon bureau pour la distribution en gros du sel du Roy et faire la recepte de tout le département, composé de trois bailliages, savoir celui d'Altkirch, de Ferrette et de Landzer, qui contiennent environ deux cens tant bourgs que vilages. Il ne faut pas néanmoins sur ce dénombrement se faire une grande idée de ce lieu d'Altkirch. Nos François qui passent par là et qui l'apellent *Alquerique*, ne le content que pour un bourg; encore est-ce en faveur de ses portes, d'une méchante muraille dont il est fermé, et qu'il[2] a un château à l'une de ses extrémités, ainsi qu'il paroît par ce profil que j'en ay grifonné sur le lieu.[3] Deux mots de description avec cela en expliqueront toutes les parties.

Altkirch est situé sur une petite hauteur escarpée de tous côtés, et cependant elle est commandée par une côte qui est à son levant. Son profil en est assez semblable à celui de Brisac, aux fortifications près. Le plan de la ville est long et étroit, elle n'a que deux portes et deux fauxbourgs, dont l'un s'apelle *Vorvorstatt* ou fauxbourg du devant, qui paroit dans notre figure, et l'autre *Hindervorstatt* ou fauxbourg de derrière, situé dans le fond qui est entre la ville et la côte dont j'ay parlé. L'extrémité du côté du nord est deffendüe par un château de figure circulaire, où il n'y a pas de beaux logemens. On voit à côté de la porte une grosse tour ronde, bâtie de pierres brutes, qui paroit bien ancienne. L'unique église

---

Colmar. Cette copie fut retrouvée à Worms par l'humaniste Conrad Celtès qui, vers 1507, la donna au savant antiquaire d'Augsbourg, Peutinger. Elle est conservée aujourd'hui à la bibliothèque de la cour à Vienne.

[1] Grentzingen. — [2] parce qu'il. — [3] Nous avons l'intention de faire reproduire ce dessin, qui ne manque pas d'agrément.

d'Altkirch se trouve presqu'au milieu de la principale rüe, elle est fort médiocre en grandeur et en structure; aussi n'est-elle pas la parroisse, ce n'est proprement qu'une aide[1] de l'abbaye de S. Morand, que l'on voit à un quart de lieüe de là vers le septentrion, et qui est la véritable parroisse de la ville: ainsi que le Supérieur, qui est un Jésuite, en est le curé primitif, et en cette qualité il officie à Altkirch à toutes les fêtes solennelles; et le vicaire perpétuel de la ville est obligé en manière d'homage d'aller en procession à S. Morand et y chanter l'office, le lendemain de Pâques et de la Pentecôte. Pour achever la description d'Altkirch, la partie du midi est presque toute en ruines, tout ce qu'il y a d'entier sont deux tours, dont la plus basse est une prison pour les prêtres et l'autre est haute et couverte, auprès d'un grand bâtiment neuf qui doit servir de tribunal à l'official de Basle. Voilà ce que c'étoit que le lieu de ma résidence; c'étoit, comme on peut voir, un fort triste séjour. Mais pour en faire voir toute la misère et faire connaître en même tems les dégouts et les chagrins que j'y trouvai à dévorer, lorsque j'y vins la première fois pour m'y établir, il faut se représenter une malheureuse bourgade, qui vient d'essuyer les désordres d'une armée ennemie qui y avoit séjourné trois ou quatre mois, et qui souffroit journellement les passages et les insultes de nos troupes et d'une quarantaine de cavaliers allemans, qui y étoient en quartier d'hiver. La moitié des maisons en avoit été brulée, on en voïoit encore les ruines presque fumantes, qui ne présentoient aux yeux que des marques de fureur et de désolation. Les maisons qui étoient échapées à l'incendie n'avoient la plupart ni portes ni fenêtres pour les fermer, le soldat brutal les avoit brisées aussi bien que les meubles de bois dont il avoit fait du feu. On n'y trouvoit plus ni lit ni vaisselle, un tas de paille tout

---

[1] succursale.

rempli de puces servoit à se coucher, et quelques plats de terre, à faire la cuisine, et encore quelle cuisine ! On avoit du pain, de la vache, de fois à autres, et des choux salés. Ajoutez à cela qu'une bonne partie des habitans et plusieurs soldats impériaux y étoient morts de pourpre,[1] que leurs corps étoient demeurés plusieurs jours étendus sans sépulture, pourrissans sur les planchers des maisons, ce qui étoit horrible à voir et rendoit une puanteur insuportable et capable de faire périr le reste de la ville, si le courage et la charité du greffier joint à quelques honestes bourgeois, n'eût pris le soin de faire porter ou traîner ces malheureux cadavres dans une grande fosse qu'on fit à la campagne. Lorsque j'arrivay, il y avoit encore un grand nombre d'habitans malades, haves, décharnés et accablés de misère, qui représentoient vivement l'image de Job sur le fumier, puisqu'ils n'avoient que de la paille pourrie pour se coucher. Voilà le séjour où je fus destiné, et le peuple sur lequel je venois rétablir la maltôte.

Mais quand j'aurois pû être insensible au malheur de cette pauvre ville, suivant le proverbe qui dit que *mal d'autrui n'est que songe,* je me trouvois, pour ma part, comme un homme tombé des nües ; je n'entendois point la langue du païs, peut-être par bonheur, puisque cela m'épargnoit le chagrin d'ouïr les imprécations que ces Allemans faisoient sans doute contre moi, lorsqu'ils me voïoient passer, car à mon arrivée personne ne me regardait de bon œil. Un nommé Keller, procureur, chez qui son propre père m'avoit adressé pour être en pension, ne voulut pas me recevoir chez lui. Je demeurai donc environ quinze jours dans une assez triste situation, sans feu, sans lieu, sans emploi, logé dans un cabaret hors la ville qui étoit toujours plein de cavaliers allemans du quartier d'hiver, qui se divertissoient étans yvres

---

[1] Sorte de scarlatine maligne.

à insulter et à fraper le païsan. Cette mauvaise compagnie m'obligeoit de passer une partie de la journée à l'église, une autre à me promener en étudiant mon allemand, ou à lire quelque livre, dont j'avois toujours provision dans ma valise. Le soir je rentrois à l'hotellerie, où après avoir mangé de quelque dégoutante fricassée à la mode du païs, je me jettois sur la paille pour dormir, mais la garnison de grosses puces dont elle étoit peuplée ne me le permettoit pas.

Enfin ce triste Keller s'hazarda de me donner une grande chambre vuide chez lui et de la paille pour me coucher.

Quelques jours après, il me fit la faveur en païant chèrement de m'admettre à sa maigre* table. Je m'y trouvois cependant beaucoup mieux qu'au cabaret, à cause de la sureté dont j'avois besoin pour mon emploi, car à peu près dans le même temps on m'envoya de Basle trois voitures de sel avec le fléau de la balance que l'on y avoit réfugié; et aussitôt un gros bourgeois nommé Bieguisen,² qui gardoit les clefs du magasin du Roy depuis quatre ou cinq mois, en faisant la recepte du péage, eut ordre à son grand regret de se démettre de toutes choses entre mes mains. Pour ne pas trop chagriner cet honête homme, je ne voulus pas lui ôter sa petite recepte, que je jugeois indigne de mes soins, et qui luy étoit utile, car elle l'exemptoit du logement des gens de guerre. Je me contentai de faire le débit du sel, il alloit si lentement que cela n'étoit pas capable de m'employer une heure de la journée.

En peu de temps je fis des connoissances dans la ville, qui aidèrent à dissiper mon ennuy. La première et l'une des meilleures que l'ocasion me présenta, ce fut d'un Jésuite, nommé le Père Frantz, qui étoit logé chez Keller, mon hôte,

* quoique nous fussions en carême, il auroit pu me traiter en gras, puisque durant la guerre, l'ordinaire¹ des lieux exemptoit du jeûne et permettoit de manger de la chair comme dans le cours de l'année, à la reserve de la semaine sainte seulement. A Beffort, on faisoit maigre le mercredi.

---

¹ L'évêque ou l'autorité ecclésiastique.
² Il était d'une vieille famille très considérée. Au XVIᵉ siècle, le fameux bourgmestre de Mulhouse, Valentin Fries, avait épousé une Dorothée Biegeisen, d'Altkirch.

avec son supérieur. Ils s'y étoient tous deux réfugiés depuis l'embrasement de leur abbaye de S. Morand, qui est comme j'ay dit la parroisse de la ville. Ce Père Frantz étoit un homme de piété et d'érudition, nous avions quelquefois des conversations ensemble ; mais la jeunesse où j'étois pour lors ne s'acomodoit guères de ses discours sérieux. Ce qui me plaisoit le mieux de lui, étoit le récit des désordres de la guerre présente, qu'il me racontoit en langue latine, parce que je n'entendois encore que bien peu d'allemand ; il faisoit ces relations avec tant de naïveté que je m'imaginois voir devant mes yeux les choses qu'il me contoit. Entr'autres, il me parloit de la vie que nos gens de guerre avoient menée dans Altkirch, d'une manière si vraye que je reconnoissois sans peine dans ses discours le génie de la jeunesse de notre nation. Il me disoit donc que malgré la rigueur de l'hiver, les François ne s'arêtoient guères à la maison, ou que s'ils y demeuroient ils ouvroient toutes les fenêtres des poëles,[1] ce qui désespéroit leurs frilleux d'hôtes allemans ; que la plus grande partie de la journée on les voïoit atroupés au milieu des rües à rire ensemble ou à conter des nouvelles. Quelques-uns d'entr'eux montoient au jubé de l'église, où ils se divertissoient à toucher l'orgue et à faire des concerts mal acordés, qui terminoient toujours par la rupture de quelque pièce ou par quelque tuyau qu'ils emportoient, pour faire des balles de pistolet. Ce bon jésuite n'oublia pas de me parler de la destruction de son monastère de S. Morand, qu'il ne sera pas hors de propos de raporter icy tout d'un tems, pour achever la description de la ville d'Altkirch qui en dépend pour le spirituel. Commençons par l'histoire du Saint.

Saint Morand, abbé de l'ordre de S. Benoit, a demeuré au même lieu où est présentement l'église, qui est dédiée en son nom. Il arriva qu'étant sorti un jour de son monastère

---

[1] Chambre avec des poëles.

pour se promener le long du rivage de la rivière d'Ill, il survint une pluïe qui l'obligea de se mettre à couvert dans une grote, qui est au pied de la côte voisine de ce même couvent. L'histoire dit qu'il s'y endormit, et qu'il y dormit l'espace de cent ans ou environ, au bout duquel tems il se leva de là, comme s'il n'eût dormi qu'une heure ou deux, et reprit le chemin de son abbaye. Il heurte ou sonne à la porte. Un frère lui vient ouvrir, qui d'abord crut que S. Morand étoit quelque religieux étranger qui passoit; mais il fut bien étonné lorsque le Saint lui demanda à lui-même qui il étoit, et pourquoi il se mêloit de l'office de portier, veu qu'il ne le connoissoit point pour un des religieux de cette maison. Le petit frère ne comprenoit rien à ces questions faites par un inconnu, qui lui parloit d'un ton d'autorité. Le Saint entra dans le cloître, bien étonné de ne reconnoître pas un des Religieux qu'il rencontroit. Ce fut bien pis, lorsque l'abbé de ce tems là parut, en lui demandant qui il étoit; il répondit qu'il étoit l'abbé Morand. A ces mots, les plus simples le prirent pour un fantôme, ou que c'étoit une vision de l'ame de ce saint personnage, qui s'aparoissoit[1] à eux, et malgré leur frayeur ils vouloient l'honorer comme un Saint; d'autres le regardoient comme un imposteur. « Comment ! lui dirent-ils, l'abbé Morand est mort il y a plus de cent ans, et nous lisons dans les chroniques de cette abbaye qu'il est sorti d'icy, sans en avertir personne et que depuis on n'en a point ouï parler, nous croyons qu'il s'est retiré dans quelque désert, où il est mort inconnu aux hommes. » Le Saint ne savoit que penser de tous ces discours, lui qui croyoit n'être sorti de ce lieu que depuis deux ou trois heures. Enfin on en vint aux preuves, on lui fit voir les archives du monastère, il y lut son nom écrit au rang des abbés avec ceux de quatre ou cinq autres qui lui avoient succédé. On l'entretint ensuite

---

[1] On trouve cette façon de parler même encore chez Voltaire.

de divers faits de l'histoire de l'ordre de S. Benoit, qui s'étoient passés depuis son départ. Il ne savoit que répliquer. On lui aprit le nom du Pape, de l'Empereur et des Rois qui régnoient pour lors dans la chrétienté, et pour achever de le convaincre, on lui montra de la monoïe du tems présent, qu'il ne connoissoit point. Il ne savoit que dire là contre, il avoit beau regarder çà et là, tous les visages qu'il voïoit lui étoient nouveaux, il n'y avoit que le bâtiment où il ne trouvoit point de changement. Tout ce qu'il put répondre à ces diverses preuves, ce fut de dire qu'il croyoit n'être sorti du monastère que depuis quelques heures, de leur raconter que la pluie l'avoit obligé de se mettre à couvert dans une grote peu distante de là, où à la vérité il s'étoit endormi, et pour justifier son raport il les y mena. L'entrée de cette petite caverne étant couverte d'arbres, personne ne l'avoit aperçûe. Les Religieux jugèrent qu'il y avoit quelque chose de surnaturel dans cet incident, mais ils furent persuadés de la sainteté du personnage, lorsqu'ils virent la marque de son corps et de sa tête miraculeusement imprimés sur le rocher où il s'étoit reposé. J'ai vu plusieurs fois cette marque dans une petite chapelle qu'on a bâtie sur le lieu. On ne m'a point apris si le nouvel abbé voulut céder la primauté à S. Morand, ni s'il parut plus vieux, si sa barbe et ses cheveux étoient allongés ou blanchis, ou si ses habits n'étoient point usés. Tout ce qu'on m'en a conté de plus, c'est que le saint abbé vécut quelques années après ce long sommeil, puis il mourut en odeur de sainteté. Il fut enterré dans l'église de l'abbaye, dans un tombeau que l'on voit aujourd'hui au milieu de la nef, entouré de grilles de fer. Il se fit plusieurs miracles par l'intercession de ce Saint, qui rendirent son nom si vénérable qu'on l'imposa, par la suite, à ce monastère. C'est le grand Patron de l'Alsace, il est particulièrement invoqué pour les douleurs de tête, et l'on voit des gens de fort loin, qui viennent atacher un cercle de fer aux grilles de son sépulchre en qualité d'offrande.

Dans ces derniers tems les moines de S. Benoit ont cédé cette abbaye avec toutes ses dépendances, droits et prérogatives, aux jésuites de l'Université de Fribourg en Brisgau, qui jouissent des revenus, quoique l'Alsace où est situé ce bénéfice n'apartienne plus à l'Empereur. Parlons maintenant de la ruine de ce monastère.

Au mois de septembre 1674, les Impériaux ayant inondé tout le plat païs d'Alsace, Altkirch fut obligé, comme les autres villes foibles, de céder à l'impétuosité du torrent. Les pères Jésuites de S. Morand se flatèrent que leurs lettres d'instalation dans cette abbaye les mettroient à couvert de l'insulte de ces troupes; mais les gens de guerre raisonnèrent autrement qu'eux, les Impériaux n'eurent aucun égard à leurs pancartes, ils les mangèrent,[1] les pillèrent, en leur répondant pour toutes raisons qu'ils ne pouvoient pas épargner une maison située en païs ennemi, et ajoutant la trahison à la violence, ils proposèrent à ces bons pères de leur rendre le bestial[2] qu'ils leur avoient pris moïennant une somme d'argent. On les crut de bonne foy, mais peut-on se fier à des ennemis déclarés? Les pauvres jésuites en furent la dupe, et les Allemans, qui se piquent néanmoins fort de fidélité, se moquèrent de leur simplicité et emmenèrent les bestiaux avec le prix dont on les avoit racheptés.

Après avoir essuyé cet orage, Mons.r de Turenne parut en Alsace, d'où il chassa les troupes impériales devant lui, comme on fait des troupeaux de moutons. Les François vinrent loger à leur tour dans cette abbaye et achevèrent d'y manger ce que les Allemans avoient épargné. Les pères jésuites pensoient les en empêcher, en leur présentant les lettres de sauvegarde qu'ils avoient obtenues de nos généraux d'armée; elles retinrent d'abord nos gens dans le respect.

---

[1] Ils ne mangèrent pas les pancartes, comme on pourrait croire d'abord; mais ils vécurent aux dépens des bons pères.
[2] Bétail, c'est une forme berrichonne.

Mais ayant découvert, je ne sçai par quelle aventure, que cette abbaye apartenoit aux sujets de l'Empereur, ils n'eurent plus d'égard pour cette maison religieuse ; ils firent du pis qu'ils purent, poussant les choses à l'extrême, selon l'humeur de notre nation ; ils surpassèrent les soldats impériaux en brutalité et en excès. Si quelqu'un de ces pères afligés leur venoit représenter doucement qu'ils ruinoient les terres du Roy, ils ne manquoient pas de réponce pour leur marquer qu'ils n'en vouloient qu'à celles de l'Empereur. Nos François y demeurèrent jusqu'à ce qu'ils furent[1] contrains d'en sortir par leur propre faute ; car le grand feu qu'ils faisoient dans toutes les cheminées de la maison, gagna la paille sur laquelle ils couchoient, prit aux planchers et aux cloisons de bois et courut si bien partout, que le monastère en fut entièrement consumé, avec grande perte de grains et de meubles, parce que ces Jésuites, se fians à leur double sauvegarde, n'avoient presque rien réfugié. L'église seule demeura préservée de l'incendie. Il ne faut pas oublier un petit article de consolation pour ces pauvres religieux maltraités, c'est qu'ils avoient caché de l'argent dans le haut d'une cheminée de brique, et quoique le bâtiment même où elle étoit élevée, eût été détruit par le feu, néanmoins la souche de cette même cheminée resta heureusement entière sur le haut de son pignon ruiné, et l'argent fut trouvé par les pères en même compte qu'ils l'y avoient mis.

L'église de cette abbaye est, comme j'ai dit, la paroissiale de la ville d'Altkirch, quoiqu'elle en soit éloignée d'un quart de lieüe. On y bâtise, on y marie et on y enterre, car il n'y a ni fonts, ni cimetière dans la ville. Voilà ce que j'ay retenu des récits que l'on m'a faits de l'histoire de S. Morand et de son abbaye.

Je reviens à parler des personnes de distinction que j'ay

---

[1] Jusqu'à ce que se construisait quelquefois avec l'indicatif.

connues à Altkirch. Je vis des premiers le comte de Linange, seigneur allemand, qui commandoit une compagnie de cavallerie qui y étoit en quartier d'hiver. Il étoit logé au château dans l'apartement du duc Mazarin, où il avoit tout le temps de s'ennuyer : c'est pourquoi il étoit bien aise que j'allasse le voir, pour lui tenir compagnie ; il me recevoit le plus honêtement du monde, il m'invitoit avec prière de venir dîner et souper avec lui. Je m'y rendois quelquefois. C'étoit un jeune homme d'environ 28 ans, bien fait, qui, avec des manières nobles, parloit françois en perfection. L'amitié que me témoignoit ce seigneur m'atira le respect des cavaliers de la garnison et des bourgeois, qui changèrent bientôt cette indifférence et cette espèce de mépris qu'ils avoient pour moi d'abord, en honêteté et en bon accueil ; aussi y répondois-je avec une franchise et une familiarité qui leur gagna le cœur. Je leur rendois, selon l'ocasion, de petits services qui dépendoient de mon ministère. D'ailleurs, dans les fréquens passages des gens de guerre, j'apaisois la fureur du soldat insolent, qui maltraitoit son hôte, car me prenant pour un officier des troupes, ils ne manquoient pas d'avoir de la déférence pour moi. Je rendis aussi les visites de civilités à Monsr le baillif, qui étoit un vieillard studieux, aimant fort la langue françoise ; il l'avoit aprise par la seule lecture des livres, il la parloit passablement bien, à la prononciation près qu'il ne pouvoit pas avoir bonne, n'étant jamais venu en France.

Le greffier de la ville étoit un fort galant homme, généreux malgré les grandes pertes qu'il avoit souffertes pendant le dernier hiver par le pillage des gens de guerre. Comme j'étois son voisin, je le hantois plus souvent que les autres. Il avoit chez lui en pension un jeune chapellain d'environ 25 ans, avec qui je fis amitié ; il aprenoit le françois et moi l'allemand. C'étoit un régal pour nos amis, qui savoient les deux langues, de nous entendre faire des dialogues ensemble en changeant tous deux notre langue maternelle, lui parlant un méchant françois et moy écorchant avec peine la langue allemande. Notre geoffier surtout s'en pâmoit et en rioit jusqu'aux larmes. Je fis aussi connoissance chez lui avec un homme de mérite: c'étoit Ziper, agent allemand de M^r le duc Mazarin pour ses affaires d'Alsace, qui logeoit chez notre ami dans ses voïages à Altkirch.

Je ne voïois que rarement M^r le curé — qui n'étoit qu'un vicaire perpétuel — parce qu'il n'avoit pas d'inclination pour les François. C'étoit un bon prêtre suisse, qui portoit la barbe longue à la Capucine, qui chantoit aux grandes fêtes de la musique d'Italie, mais d'une voix et d'une métode capable de faire fuir tous les parroissiens de son église. Pour donner une idée de la simplicité de ce bon pasteur, je veux raporter icy un tour que lui firent nos soldats pendant l'hiver de 1674. Il m'a conté plus d'une fois qu'après en avoir souffert divers insultes, un jour il entra trois drilles chez lui, qui d'abord firent des signes magiques, à ce qu'il croïoit, se dirent ensuite quelques paroles à l'oreille, puis se mirent à joüer aux dez sur sa table. Après les avoir jettés chacun à leur tour, ils connurent par les points qui arrivèrent le lieu où il cachoit son argent; de sorte qu'ayant enfoncé un coffre, ils lui enlevèrent 700 francs, qu'il avoit été vingt ans à amasser. Il auroit autant vallu lui arracher le cœur, aussi ce pauvre prêtre n'en parloit jamais qu'en soupirant et avec des termes de désolation. Il étoit tellement persuadé que ces soldats là étoient des sorciers, qu'il trouvoit étrange qu'on en doutât sur sa parole, car sans magie on n'auroit pas pû deviner, à ce qu'il disoit, qu'il y eût de l'argent chez lui; mais il avoit eu affaire à des gens qui avoient étudié autre chose que le bréviaire. Après une telle perte, faut-il s'étonner que le bonhomme n'aimât pas les François?

J'allois de fois à autres chez Mr Hold, ce conseiller du conseil souverain d'Alsace, dont j'ay parlé cy devant; il servoit par semestre à Brisac. C'étoit un fort honête homme, père de 22 enfans, tous vivans, que Mad⁰ son épouse avoit tous nourris de son lait. Il faisoit instruire les garçons en divers endroits : les uns étudioient à Vienne en Autriche, d'autres à Paris ou à la Flèche en Anjou, à Rome même et à Padoüe. Il avoit d'assez beaux jardins, et il étoit si curieux de fruits, qu'il en faisoit venir de tous les bons endroits de France. Les demoiselles ses filles étoient timides et peu praticables, je ne conversois d'ordinaire qu'avec la mère.

Je ne parle point des autres connoissances que je fis dans cette ville, car en un mot je fus bientôt le bienvenu partout. Peu à peu les habitans revenoient avec leurs familles des endroits où ils s'étoient réfugiés. On mettoit des vitres aux fenêtres, chacun reprenoit son petit négoce, les cabaretiers rependoient leurs enseignes, enfin ce séjour devint moins insuportable ; ma mélancolie diminua et je pourrois presque dire que je m'y plaisois. Pour des lits, on ne parla point d'en faire venir, en onze mois que j'y ay demeuré — j'entens les garnitures essentielles, comme des matelats et des couvertures — car pour des bois de lit, il y en avoit chez nous de parfaitement bien travaillés, ornés même d'une espèce de marqueterie, mais ils n'étoient remplis que de paille. Cependant je m'y acoutumay si bien que je ne pouvois plus dormir dans les lits d'Allemagne, lorsqu'en courant le païs je me trouvois dans quelque ville forte, où l'on n'avoit rien démeublé ; la chaleur de la plume me contraignoit de me lever et de m'aller coucher sur les chaises de ma chambre. Je ferai la description de ces sortes de lits et de tous les autres meubles des Allemans, avant que de revenir en France.

Durant mon séjour d'Altkirch, j'y ay vu tenir quelques foires. Celle qui arriva au commencement d'avril se ressentoit furieusement de la misère du tems, il y avoit moins de monde qu'à un bon jour de marché. Je n'en fais mention qu'à cause que j'y vis des Juifs pour la première fois. Ceux d'Allemagne sont presque tous marchands de chevaux, ils ne manquent pas de se trouver aux foires du païs et aux marchés des grosses villes. C'est quelque chose d'incroyable à ceux qui n'ont jamais vû de Juifs, de dire que cette malheureuse nation est reconnoissable entre toutes les autres par le seul air de son visage; car en Alsace ils ne portent aucune marque qui les distingue des autres hommes, et cependant personne ne s'y méprend. On les connoit à la blancheur pâle de leur teint, ils ont la plûpart le nez aquilin, les yeux verrons[1] ou tels que ceux des chêvres, les cheveux crespez et courts; avec cela ils portent tous de la barbe selon la loy mosaïque, qui deffend de la raser. Au reste ils sont plûtot beaux que laids.

A la foire qui arrive le jour de S. Jacques et de S. Christophe, en juillet, je fis connoissance avec un homme d'une autre nation et d'une autre coûleur. C'est un prince affriquain qu'on appelle Machicor, qui a été enlevé par les vaisseaux du Roy de l'isle de Madagascar, son païs natal, avec un de ses cousins nommé Palola, à l'âge de quatre ou cinq ans, et amenés en France où ils ont été élevés par le duc Mazarin dans tous les exercices convenables à des gentilshommes. Palola, qui étoit plus agé de quelques années que son cousin lorsqu'ils furent pris, a toujours été fort mélancolique, et enfin il s'est laissé mourir de chagrin. Pour Machicor, il étoit de mon tems cornette des gardes du duc Mazarin, fort content de sa condition; c'étoit un jeune homme d'environ 25 ans, très bien fait dans sa taille médiocre, qui dançoit en perfection. Il avoit, comme on peut juger, le teint d'un nègre, mais ce n'étoit pas d'un beau noir, il tiroit plûtot sur la couleur de musc olivâtre. Ce qui me paroit particulier, c'est que contre l'ordinaire des Maures, il a les cheveux droits et plats, ce que j'ay remarqué en diverses ocasions où je l'ay vu sans

---

[1] vairons.

perruque; avec cela, il avoit de l'esprit comme un démon, agréable en compagnie et fort bien venu partout; car outre son mérite personnel, on révéroit encore sa naissance, quoiqu'inconnüe, et l'on ne l'apelloit communément en Alsace que *Königssohn*. J'ay fait plusieurs questions à M. Machicor touchant son enfance, mais il n'avoit qu'une mémoire confuse de son païs; il ne savait pas même deux mots de sa langue maternelle, il se souvenoit seulement assez bien de son enlèvement.

Comme l'Alsace étoit alors assez en repos, graces à la valeur de Mr de Turenne, qui avoit passé le Rhin et qui cherchoit l'armée Impériale, pour achever de la détruire, cette foire du mois de juillet fut assez belle. Toutes les rües étoient remplies de tentes de marchands, on y étoit étourdi par le bruit des bateleurs et des chanteurs de chansons, sans conter celui que faisoient les garçons chirurgiens qui alloient de tous côtés, frapans d'un bâton sur un bassin de cuivre, qui est le signal pour ceux qui se veulent faire ventouser. Ce remède fâcheux, qu'on n'admet en France que dans les maladies pressantes et apoplectiques, est si commun en Allemagne qu'on en use même par précaution durant la pleine santé. Les dehors de la ville servoient de marché aux bestiaux et aux chevaux que les Juifs y avoient amenés, on ne voyoit que gens buvans et se réjouissans. La noblesse des environs s'étoit parée de ses habits à la françoise du tems passé, pour venir à la fête, et les vilageoises avec leurs cotillons à bandes de toutes couleurs y dançoient au son des musettes, des tambours et des flûtes champêtres; en un mot tout étoit en joye, et il ne paroissoit pas que nous fussions dans un païs de guerre.

Mais cette aparence de paix ne dura pas longtems. Deux jours après, c'est-à-dire le 27e du même mois de juillet, Mr de Turenne, ce héros dont la présence faisoit la sécurité de notre frontière et l'épouvante de nos ennemis, fut emporté d'un coup de canon près de Saspach, entre Strasbourg et Bade. Cette chûte abatit toute notre espérance et troubla notre repos, chacun croyoit que l'armée impériale étoit capable de tout entreprendre sur la France après la perte d'un tel général. En effet les ennemis passèrent aussitôt le Rhin, en chassant notre armée; ils la poursuivirent jusqu'à Chatenoy, où elle se retrancha, comme nous avons vu cy dessus à la page 45.

Je n'oublieray jamais la manière dont nous aprîmes cette fatale mort. Un soir, comme nous prenions le frais en compagnie des principaux de la ville, pour éguaïer la conversation, je m'adressay à notre jeune chapellain, et je lui dis en françois: «Eh quoi, Monsieur, vous ne dites mot, aprenez-nous quelque nouvelle.» A quoi cet eclésiastique soupirant tâcha de répondre en même langue par ces mots: *Y son di mechan novel, Monsi di Tiren il être mor par cõ de piece.*[1] Nous nous mîmes tous à rire non pas de son langage, mais de la nouvelle que nous pensions qu'il eût inventé sur le champ.

Cependant cette nouvelle, prétendue imaginaire, fut confirmée le lendemain par un grand nombre de personnes, qui vinrent de divers endroits au marché à Altkirch, et qui raportoient la plûpart quelque circonstance particulière de cet accident et de la bataille qui le suivit; il n'y eut plus lieu d'en douter après tant de témoignages. On vit en moins de rien une morne tristesse se répandre dans les esprits et sur les visages, à la place de l'espérance et de la joye qui nous ranimoit depuis quatre ou cinq mois. Je ne sçay si notre chapellain vouloit se faire passer pour un homme à révélations; mais lorsqu'il vit cette fâcheuse nouvelle si bien avérée, il nous jura foi de prêtre qu'il n'en savoit rien du tout, lorsqu'il nous l'annonça. Dans le même tems Heritac, le directeur des fermes, m'envoya ordre par un exprès de ne

---

[1] par un coup de canon.

point garder d'argent chez moy, et de lui faire tenir, s'il étoit possible, tout ce que j'en avois. Je me mis aussitôt en devoir de le satisfaire, je résolus d'aller moi-même à Brisac, espérant d'y aprendre des nouvelles certaines de l'état des armées. Je me fis acompagner d'un homme, et nous chargeâmes nos deux chevaux de l'argent qui se trouvoit dans mon bureau.

Arrivant à Brisac, j'entendis débiter que dans la dernière bataille les Impériaux avoient perdu leurs principaux officiers avec 5000 soldats, que nous avions remporté la victoire par la valeur des troupes angloises, qui avoient combatu en enragés. Je n'avois guères de foy à de tels raports, puisque la vérité constante étoit que nous avions été contrains de repasser le Rhin au plus vite, et que les Allemans nous poursuivoient actuellement. De plus je vis le valet du receveur d'Amerschwir, qui étoit venu en hâte à Brisac, pour donner avis au directeur de la ferme que l'allarme étoit générale dans la basse Alsace, et qu'on étoit sur le point de tout abandonner. Le corps du marquis de Vaubrun, lieutenant général, étoit pour lors exposé dans l'église de la même ville, couvert d'un drap mortuaire, en atendant qu'on le transportât en France. Tous ces bruits de guerre m'obligèrent de m'en retourner dès ce même jour. Je sortis donc de Brisac sur les 5 heures du soir et je vins encore jusqu'à Battenheim, où je trouvay dans l'hotellerie deux officiers qui venoient de notre armée. Ils étoient blessés du dernier combat, ils m'assurèrent que les nouvelles de Brisac étoient vrayes, ils ajoutèrent de plus que nous avions gagné six pièces de canon, et ils faisoient monter la perte des Impériaux jusqu'à 7000 hommes. Je causai avec ces officiers durant une partie de la nuit, parce que nous étions couchés ensemble sur la même paille, qui étoit répandue sur le plancher.

Dès qu'on me vit arriver à Altkirch, tout chacun vint m'entourer, pour aprendre des nouvelles, de sorte que, sans décendre de cheval, je leur contay tout ce que j'en savois et je répondis durant un quart à toutes leurs questions. A voir cette populace qui écoutoit parler un homme à cheval, cela ne ressembloit pas mal à un vendeur de mitridate,[1] qui prêche la vertu de ses drogues au milieu d'un carrefour de ville. C'est l'ordinaire que, quand les armées sont en mouvement, ceux qui sont riches pensent d'abord à sauver leurs meilleurs effets et surtout leurs grains ; aussi fust ce pour prévenir ces enlèvemens que l'Intendant d'Alsace fit publier une deffence de transporter le bled chez les étrangers sous peine de punition corporelle, et par ce moyen l'abondance régna dans le païs au grand déplaisir des avaricieux, qui prétendoient profiter de la misère publique.

Et en même tems les commissaires des vivres vinrent établir un magasin dans notre ville, ce qui la rendit plus fréquentée ; car sans cesse on voyoit des quaissons de l'armée venir par file de 50 ou 60, pour charoyer des grains à notre camp. Le commissaire qui fut placé à Altkirch s'apelloit Arnaut ; c'étoit un galant homme, habile musicien et d'agréable humeur. Sa compagnie et celle d'un grand nombre d'officiers de nos troupes qui passoient souvent par notre ville, commencèrent d'arêter le progrès que je faisois dans la langue allemande, parce que me trouvant obligé de les visiter et de les recevoir quelquefois chez moy, je ne parlois presque plus que françois, et je négligeois l'étude de l'allemand. Ce fut bien pis par la suite, lorsque les quartiers d'hyver furent établis, il sembloit alors que nous étions en France. Les visites des bureaux que je fus obligé de faire fréquement, tant que les armées tinrent la campagne, servirent cependant à me fortifier dans cette langue, car dans ces cantons là il falloit bon gré malgré ne parler qu'allemand. Mais il faut dire aussi que nos gens de guerre répandus par

---

[1] Charlatan ; le mithridate passait pour être un antidote ou un préservatif contre les poisons. Cet électuaire a pris son nom du fameux Mithridate, qui avait habitué son corps à supporter les poisons les plus violents.

toute l'Alsace rendoient les chemins mal seurs ; c'est pourquoi il fallut se pourvoir auprès de Monsr le prince de Condé qui commandoit l'armée du Roy, pour avoir des passeports tant pour moi que pour mes voituriers, que j'envoyois à Basle charger du sel pour mon magasin. Ils n'auroient jamais osé marcher sans cette patente, souvent même j'étois obligé de les escorter en personne, avec tout cela j'avois bien de la peine à ébranler[1] ces pauvres païsans. Néanmoins à force de prier, menacer, payer le double de l'ordinaire, je n'ay point manqué de sel, quelque dangereux qu'ayent été les chemins. On n'y rencontroit que des soldats allans en parti ou à la picorée,[2] des bandes de fourrageurs qui pilloient les vilages. On étoit sans cesse sur le *Qui vive ?* Dès qu'on rencontroit quelques cavaliers, on commençoit par mettre le pistolet à la main ou à lever le mousqueton, pour se mettre en deffence, jusqu'à ce qu'on se fût reconnu. Quand je fais réflexion sur la vie périlleuse des gens de guerre, je ne puis comprendre la nature de l'esprit de l'homme qui, craignant naturellement sa destruction, s'acoutume et s'endurcit aux allarmes ainsi qu'à autre chose ; comme si cette hardiesse ou cette espèce d'insensibilité qui s'aquiert par l'habitude des dangers, rendoit la mort moins affreuse et moins certaine. Je ne l'aurois jamais cru, si je n'en avois fait quelque petite expérience par moi-même. Il faut pourtant avoüer que l'on fait souvent de nécessité vertu, et que le cœur n'est pas toujours d'acord avec cet extérieur de courage que la vanité fait paroître dans l'ocasion.

Cette situation turbulente où je me trouvois dans un païs de guerre, ne m'empêchoit pas d'entretenir commerce de lettres agréables avec mes amis de Paris et de la province, et c'étoit pour moi un plaisir ravissant dans la triste vie que

---

[1] Mettre en branle. — [2] C'est-à-dire, à ce qu'on appelait aussi la petite guerre, la maraude.

je menois, que de recevoir les douces marques d'amitié que le seigneur Atis[1] m'exprimoit dans ses spirituelles lettres; et je ne trouvois pas de tems plus agréablement employé qu'à la composition d'une réponce qui lui témoignât mes reconnoissances, ma joie et ma tendresse réciproque. C'étoit un ami tout aimable, bel homme et plus bel esprit, également poli et savant. Ses lettres étoient remplies de galanterie et d'érudition, il y mettoit de tout ce qui peut plaire. C'était un mélange de prose et de vers en françois, en italien, quelquefois en latin, à la manière des Voiture et des Costard.[2]

Les troubles et le danger que le voisinage des armées causoit dans le païs, nous obligea pour notre sûreté d'établir des corps de garde bourgeoise aux portes de notre ville, de mettre au haut du clocher une sentinelle qui avertissoit par le son de la cloche, lorsqu'il découvroit de simples cavaliers, et quand il apercevoit des troupes de gens de guerre, il sonnoit le toquesin[3] de toute sa force, afin que les bourgeois prissent les armes, pour se joindre à la garde des portes. Il arriva qu'un dimanche pendant la grande messe, la sentinelle se mit à sonner d'une manière si vive et si précipitée que tous les hommes et la pluspart des filles et femmes qui étoient dans l'église, en sortirent pour courir aux armes ou pour se cacher, de sorte que le prêtre à l'autel n'avoit plus pour lui répondre que le chapellain au lutrin, et pour assemblée que quelques vieilles dévotes tremblantes dans le bas de la nef. Ce ne fut par bonheur qu'une fausse allarme, que causa un corps de notre cavalerie, qui paroissoit bien être de 600 hommes et qui passa au bas de nos murailles, sans entrer dans la ville.

---

[1] Encore un pseudonyme impénétrable; quel rapport y avait-il entre ce personnage et Atys, le berger phrygien qui fut aimé de Cybèle?

[2] Costar a été le singe et le séide de Voiture; on a dit de lui qu'il était le plus galant des pédants et le plus pédant des galants.

[3] Cette ancienne orthographe de tocsin rappelle mieux l'étymologie: *toquer* et *sin* (signum), cloche.

Vers le milieu du mois d'octobre, La Girardière, grand prévôt de l'armée, vint à Altkirch, où il demeura avec sa compagnie d'archers jusqu'après la Toussaints. Pendant ce tems là son lieutenant, La Mamie, batoit la campagne et le prévôt ne pensoit qu'à se divertir à la chasse avec Arnaut, le commissaire des vivres, qui étoit un adroit tireur. Pour moi, je les laissois courir, j'aimois mieux passer les soirées à rire et boire avec eux ; il avoit toujours si bonne provision de gibier et de vin de présent, que la noblesse du païs et même les magistrats de Basle lui envoyoient, qu'il ne savoit qu'en faire ; il auroit voulu que je lui eusse tenu compagnie à table à tous ses repas.

Il y avoit pour lors un nombre extraordinaire d'habitans à Altkirch, à cause que les païsans des environs s'y étoient réfugiés avec ce qu'ils avoient de meilleur, c'est-à-dire leurs bestiaux et leurs grains ; les rües mêmes étoient toutes embarrassées de chariots, les cours des maisons ne sufisant pas pour les contenir.

Comme le grand prévôt est la terreur des soldats qui courent la campagne, je me servis de l'ocasion de ses archers couverts de leurs casaques, pour faire conduire de l'argent à Beffort. C'est en effet une redoutable rencontre pour ces avanturiers que celle d'un homme sans pitié, toujours accompagné d'un confesseur et d'un bourreau, et qui fait pendre à l'instant au premier arbre qu'il rencontre un pauvre soldat qui s'est écarté de son quartier, sans congé. Aussi les gibets étoient-ils tous chargés de corps morts, et souvent sous les arbres on trouvoit des pendus, qui présentoient leurs piés à baiser aux passans.

Lorsque ce grand prévôt partit d'Altkirch, il s'acomoda sans cérémonie d'une voiture pour porter son équipage à l'armée. Elle apartenoit à la dame de Karspach, qui étoit réfugiée dans notre ville. Elle crut d'abord que sa voiture étoit perdue. Cependant, comme elle avoit remarqué que

cet officier me faisoit assez d'amitié, elle s'avisa à tout hazard
de me venir prier de lui écrire en sa faveur, ce que je fis
aussitôt par un exprès, et au bout de trois ou quatre jours
le chariot revint. Cette dame trouva que je lui avois rendu
ce service de si bonne grace, qu'elle m'en vint faire des
remercimens que je puis apeller outrés, puisqu'ils n'alloient
pas moins qu'à me promettre sa fille en mariage, aussitôt
que la paix seroit faite. Je répondis de mon mieux à son
honêteté, et je lui dis que j'atendrois bien jusqu'à ce tems
là;[1] il est à croire qu'elle parloit sérieusement, puisque mes
amis m'en firent compliment.

L'hyver aprochant, tout chacun contoit qu'aussitôt que
notre armée auroit quitté son camp, les Impériaux se ren-
droient encore maîtres du païs, comme ils avoient fait l'année
dernière. C'est pourquoy les plus gros bourgeois chargèrent
ce qu'ils avoient de meilleur, pour le réfugier à Basle. Il partit
un jour de notre ville une compagnie de plus de trente chariots. Je pris l'ocasion de ces voitures, qui devoient revenir
à vuide, pour leur faire charger du sel pour mon magasin,
et malgré le froid cruel je les escortay, muni de mon passeport de M. le Prince.

Je vis à Basle la fameuse foire qui s'y tient dans le mois
de novembre. Je ne la trouvay point si belle que je me l'étois
figuré. Outre les boutiques de marchandises étrangères il y
avoit, comme aux autres foires, des danceurs de corde, des
marionetes et des vendeurs de thériaque[2] joüans des farces
sur leurs théâtres. Toutes fades que soient ces pièces là, elles
ont cependant la grâce de la nouveauté et de la rareté pour
une ville qui n'en voit jamais de meilleures; aussi sont-elles

---

[1] Cette déférence a tout l'air d'une impertinence; la singulière proposition
de la noble dame prouve du moins que notre auteur n'était pas un roturier.

[2] Charlatans, ils débitaient des spécifiques contre les venins de bêtes mal-
faisantes, de même que les vendeurs de mithridate en débitaient contre les
poisons.

honorées de la présence des premiers de la République, et les fenêtres des environs étoient toutes remplies de femmes.

J'y trouvai Graff, greffier du Conseil souverain d'Alsace, avec trois autres Messieurs de Brisac, qui n'osoient sortir de Basle, craignans d'être enlevés par des officiers impériaux logés dans la même auberge qu'eux, et qui les avoient reconnus pour des sujets du Roy; ils avoient comploté de les aller atendre sur le chemin de Brisac. Je pris ma part de cet avis là, et il fut cause que je cotoyay la frontière de la Suisse, en m'en retournant à Altkirch.

Le 16 novembre, il entra deux compagnies de cavallerie en quartier d'hyver dans notre ville. Selon l'ordinaire des gens de guerre, ils firent bien les méchans à leur arrivée; personne ne pouvoit les contenter. Au bout de dix ou douze jours, un de leurs lieutenans s'avisa de venir demander un logement chez nous de la part, à ce qu'il disoit, de M^r l'intendant. Il s'y prit d'abord d'une manière assez civile, c'est pourquoi, parlant pour mon hôte, je lui fis entendre doucement qu'on ne logeoit point de soldats dans les maisons où étoit l'argent du Roy; que M^r l'Intendant sachant cette règle, je doutois qu'il lui eût donné cette permission; que du moins je demandois à voir son ordre par écrit là-dessus. Cet officier fut si mal satisfait de ma réponce qu'il me quitta en menaçant. Le lendemain, ce même lieutenant revint chez nous tourmenter mon hôte, pour tâcher d'en tirer de l'argent, au lieu du logement qu'il avoit demandé. Le pauvre Keller plaidoit sa cause de son mieux, lui représentoit sa misère, et surtout il faisoit sonner bien haut la sauvegarde de son Altesse l'Evêque de Basle, dont il devoit joüir en qualité de membre de son officialité. Le lieutenant ne fit pas grand cas de cette Altesse là. J'arrivay sur ces entrefaites, et le Père Frantz aussi, mais comme ce jésuite ne savoit pas parler françois, sa présence ne servit de rien. Je me contentai de répéter à cet officier ce que je lui avois déjà dit la veille, à savoir, que les bureaux du Roy étoient exempts du logement des gens de guerre. « De quoi vous embarrassez-vous, Monsieur, » répondit ce grand diable de lieutenant, avec un air froid ; « on ne veut pas loger dans votre bureau, on demande un logement à cet homme là, » en montrant Keller. — « Monsieur, » repris-je de même ton, « cet homme là et moi, logeons dans la même maison, c'est pour cela que je ne souffrirai jamais que des cavaliers y demeurent avec l'argent du Roy. » — « N'avez-vous que cela à me dire, ce fit-il, vous allez voir autre chose. » Il ne nous montra pourtant rien de la journée.

Nous croyions même être quittes de ces persécuteurs, lorsque deux jours après, Villefranche, un des capitaines de la garnison, piqué de ce que nous avions résisté à ce lieutenant, entreprit l'affaire lui-même et envoya son maréchal des logis, acompagné de deux ou trois cavaliers, chercher un appartement chez nous. Je leur demanday de même qu'à leurs compagnons un ordre par écrit, ils répondirent que leur parole valoit bien un ordre ; je ne me contentay pas de si peu de chose, je tins ferme, de sorte qu'ils furent contrains de s'en aller en jurant contre moy. Mais une heure après, dans l'intervale que mes affaires m'apeloient au magasin à sel, ils prirent le tems de mon absence pour prendre possession de notre maison ; car quand je revins, je la trouvay remplie et embarrassée de leur bagage et de leurs balots, l'écurie occupée par quatre chevaux gatés de farcin, ayant mis le mien dehors, et outre cela il y avoit une douzaine de valets déguenillés répandus haut et bas sur l'escalier et dans les poëles, qui faisoient un tintamare à désespérer. Je ne puis pas exprimer icy la colère dont je fus saisi à cette vüe. Dans le premier moment, je pris un bâton dont je donnay sur les oreilles de ces canailles là, je ratachay mon cheval au ratelier, mais un moment après, revenant à moi, je l'otay de là, craignant qu'il ne prît du mal en la compagnie de ces rosses puantes, et je l'envoyay dans l'écurie de mon voisin le greffier. En ruminant en moi-même, je jugeois que si cet officier de cavalerie avoit une permission verbale de loger chez moi, je ne gagnerois rien à m'oposer à leur violence et à me plaindre; au contraire je m'atirerois de plus en plus sa haine et sa persécution, et que, quand même il se trouveroit contraint par ordre de l'Intendant de sortir de chez nous, il ne manqueroit pas de s'en venger à la première ocasion. Le malheur du beau-frère de Macarion, notre fermier général, se représentoit devant mes yeux; il avoit été assassiné depuis un mois, en campagne, par des soldats qui n'avoient pas eu tant de démêlé avec lui que j'en avois avec les cavaliers de notre quartier d'hyver. Cette considération me fit ronger mon frein tout doucement, en atendant quelque moyen paisible de m'en délivrer. Le capitaine vint sur le soir me voir et me dire que je n'eusse rien à craindre de sa part, qu'il me répondoit qu'il ne me seroit fait aucun tort. Je fis semblant de m'apaiser, je dissimulay mon chagrin; mais le lendemain, qui étoit un dimanche 1er de décembre, comme nous allions nous mettre à table pour dîner, mon hôtesse, toute hors d'haleine, vint nous dire que la cave étoit inondée de vin répandu. J'y décendis avec son mary, et nous trouvâmes en effet que la terre en étoit couverte partout de plus de quatre doigts de haut. Comme je ne cherchois que matière de plainte, je monte aussitôt à la chambre du capitaine lui dire que ses gens avoient forcé notre cave. Il vint voir le domage et alors contrefaisant le judicieux, il dit qu'il falloit examiner la chose et nous donner satisfaction; puis s'adressant à Keller mon hôte, il lui demanda par quel endroit les valets étoient entrés dans la cave, s'il trouvoit des barreaux rompus ou la serrure forcée. L'officier voïant qu'on ne répondoit pas bien juste à ces questions, passa en un instant de ce grand sérieux à une colère si furieuse, qu'il en écumoit comme un chien enragé. Il se mit à renier Dieu et à jurer contre mon hôte, en lui disant qu'il l'alloit faire atacher à un pilier et lui donner cent coups d'étrivières. Le pauvre homme n'osa pas ouvrir la bouche à cette terrible menace; pour moi, qui ne m'étonnois pas de son bruit, je lui dis qu'il ne faloit pas aller si vite et qu'il pourroit bien s'en repentir. A ces mots, tournant sa colère contre moi, il me dit en *sacrelotant*,[1] qu'il vouloit que je sortisse de la maison, puisque je prenois le parti de ce *chelme*[*] là.

C'en étoit trop, et ma patience se trouvant à bout par ce traitement indigne: «Oui, monsieur, j'en sortirai en effet, lui dis-je, parce que je ne suis pas en sûreté avec un homme tel que vous; mais je vais protester de la violence que vous me faites, je vous rends responsable de vingt mille écus des deniers du Roy, qui sont icy.» Et comme je prononçois ces paroles du haut de ma tête,[1] ce bruit fit amasser les voisins à notre porte. Je leur répétai en allemand ce que je venois de dire à ce capitaine, pour les prendre à témoin de son action; mais chacun craignant pour soi de s'atirer des affaires avec ces gens de guerre, on se contentoit de me plaindre tout bas. L'officier fit semblant qu'il se moquoit de ma protestation; cependant il s'en fut à sa chambre, sans pousser la querelle plus loin; et moi, bien animé, je montai à la mienne, où je me chargeai de tout l'argent que je pouvois avoir, dont la somme ne montoit pas pour lors à mil francs. Je le portai secrètement chez le greffier, pour me le garder; et de là, je fus demander un apartement au château, où l'on me vit aller bientôt après, ayant mes pistolets sous mon bras. Je cherchai inutilement partout, un homme pour l'envoyer à Brisac porter mes plaintes à Mr l'Intendant.[2] Personne n'osa s'hazarder à marcher. Je ne crus pas non plus qu'il fît seur pour moi de m'exposer si tôt sur les chemins, la querelle étoit encore trop chaude; je trouvai donc plus à propos d'atendre une ocasion favorable, pour en tirer raison.

[*] terme de soldats, qu'ils emploient pour signifier une menace remplie d'injures et d'imprécations.
[**] grosse injure en allemand, que les soldats français disent aussi en ce païs là.

---

[1] Dans un ton très haut. — [2] C'était alors Jacques de La Grange.

Tous les mouvements que je me donnois ne laissoient pas de faire rêver le capitaine. Après vêpres, je fus chez le greffier, où je rencontrai le prévôt de Brisac, logé dans la même maison. C'étoit un homme vert, quoique d'âge meur, et qui avoit de l'expérience; il me dit qu'il avoit entendu mon différend avec cet officier, et qu'il ne tenoit qu'à moi de le faire casser, si je portois mes plaintes à M^r l'Intendant; que néanmoins il ne falloit pas pousser les choses à l'extrémité, parce que j'avois affaire à un jeune capitaine fier et hautain, qui se ressentiroit[1] tôt ou tard de l'affront que je lui causerois; qu'ainsi il valoit mieux patienter pendant quelques jours. « Laissez-moi faire, ajouta-t-il, je veux apaiser ce petit orage, je sçay comment il faut traiter les gens de guerre. » Le soir je me retirai dans ma chambre du château, où il m'arriva ce que je conterai, après que j'aurai raporté la conclusion de notre dispute. Villefranche, voyant que j'avois quitté si facilement la maison, s'empara de mon apartement, qui étoit agréable et commode. Le lendemain au matin, sortant de chez mon hôte, il trouva par hazard le greffier, qui causoit sur le perron de sa porte avec le prévôt de Brisac. Ils s'abordèrent, et de propos en propos ils tombèrent sur mon chapitre. Ce capitaine commença à dire: « Ce petit commis là est un jeune insolent, qui s'en fait trop acroire, je ne demandois qu'une chambre dans la maison où il loge, où je voulois vivre en paix avec lui. Voyant qu'il n'avoit pû m'empêcher par ses raisons d'y loger, ils m'ont voulu surprendre par un tour grossier, en répandant de l'eau dans leur cave, pour avoir lieu de se plaindre de mes valets. Peu s'en est fallu que je n'aye roüé de coups ce malheureux bourgeois, et j'ay commandé au commis de sortir; il n'a point fait d'autre résistance que de me dire, en criant bien haut, qu'il me rendoit responsable d'une grosse somme des deniers du

---

[1] Se souviendrait, avec désir de se venger.

Roy, qui étoient dans son bureau, et il s'est retiré je ne sçai où. Moi, je regarde ses protestations comme une chanson. » Sur quoi le prévôt de Brisac lui répondit : « Ce commis là est donc bien patient de vous laisser joüir si paisiblement de son bureau. » — « Qu'ay-je à craindre d'un drôle comme cela, reprit le capitaine ? » — « Vous avez à craindre, Monsieur, que ce receveur n'aille, comme il le doit, se plaindre à M^r l'Intendant de la violence que vous lui avez faite, remontrer que vous vous êtes emparé des deniers du Roy, qu'il fera monter à telle somme qu'il lui plaira; et il en sera crû, quoi que vous puissiez dire; et aussitôt on donnera ordre de vous arêter, pour être examiné sur votre entreprise, et le moins qui vous en puisse arriver, c'est de perdre votre compagnie de cavalerie avec confusion. Pensez y bien, si vous laissez partir le commis que vous avez insulté, et qu'il en informe M^r l'Intendant, il n'y aura plus de reprise[1] pour vous. Croyez-moi, Monsieur, ne différez pas d'acorder cette affaire là, on ne touche pas impunément aux finances du Roy. »

Quoique ce discours, prononcé d'un air sage et résolu, donnât à penser au capitaine, il faisoit néanmoins toujours bonne mine à mauvais jeu, disant qu'il ne craignoit rien, qu'il n'avoit point fait de tort ni à ma personne ni à mon argent; mais dans le fond il auroit voulu que l'affaire eût été à recommencer. Pour s'en tirer avec honneur, dès l'après-midi, il fit semblant de se dégouter de lui-même du logement qu'il avoit pris chez nous, et il se mit à en chercher un autre dans la grande rüe. Il revint voir le greffier, pour lui dire qu'il vouloit faire la paix avec moi. Le greffier qui m'aimoit, fut ravi de voir que la querelle alloit finir à mon avantage; et comme il m'avoit déjà prié de souper chez lui avec le

---

[1] = il vous sera impossible de rentrer dans votre grade, vous serez condamné sans appel.

prévôt de Brisac, il trouva à propos d'y inviter aussi le capitaine, afin de nous faire boire ensemble.

Mais avant que d'ouvrir les conférences de paix, quand je devrois passer pour un visionaire, il faut que je conte icy ce qui m'arriva la nuit précédente, étant couché au château. M'étant fait aporter à souper dans ce logis inhabité pour lors, je passay une partie de la soirée à lire selon ma coûtume, puis je me couchai de même sur la paille qui remplissoit un assez beau bois de lit, fait en forme d'armoire à la mode du païs. Mais à peine eus-je éteint ma chandelle, qu'un petit bruit importun se fit entendre à mes oreilles, comme si on eût tambouriné avec les doîts sur le dossier de mon lit, et cela d'une cadence merveilleusement juste. La frayeur que j'en eus d'abord me fit dresser les cheveux à la tête et m'excita en un moment une sueur générale. Si ma chandelle eût été allumée, je serois[1] décampé du lit au plus vite; il n'y eut que l'obscurité qui régnoit et la crainte de pis qui me fit demeurer en place, écoutant toujours cette chagrinante batterie, qui, pour le dire en un mot, ne discontinua point durant toute la nuit d'un son égal. Heureusement il ne m'en arriva point d'autre accident que cette importunité; c'est pourquoi je m'y accoûtumay peu à peu, et ma peur se passa si bien que j'en vins jusqu'à raisonner tranquilement en moi-même, pour connoître la cause de ce bruit en cadence. Comme il ne s'étoit point fait entendre pendant que j'avois de la lumière, je ne pouvois l'atribuer au vent coulis, qui pouvoit agiter quelque éclat de bois du dossier. Il n'est point de mouvement avec lequel je n'y cherchasse de la comparaison. «Ne seroit-ce point une giroüete», disois-je, «des rats, ou des beletes?» Il ne me vint jamais dans l'esprit de l'exorciser en qualité de lutin. Il m'arriva seulement de dire en gémissant tout bas : «Faut-il que j'aye du bruit avec les gens

---

[1] j'aurais.

de ce monde cy et de l'autre ! » Je ne laissay pas de m'endormir en raisonnant ainsi ; et m'éveillant de fois à autre, j'entendois toujours la batterie qui continuoit régulièrement. Je passai la nuit avec assez d'inquiétude, comme on peut croire. Enfin le jour parut, le bruit cessa, je me levay, je cherchay autour de mon lit pour connoitre le moteur de ce mouvement perpétuel, et ne trouvant rien qui m'en pût donner le moindre indice, je m'en tins là. Je sortis pour aller à mes affaires, je ne parlai point de la journée de l'aubade que j'avois eüe durant toute la nuit, me figurant presque que ce n'étoit qu'une rêverie. L'heure du souper dont j'étois prié chez le greffier s'aprochant, je trouvai à propos d'aller auparavant prendre mon manteau, qui étoit au château où j'avois couché, parce qu'il pleuvoit un peu et que je m'atendois à revenir bien tard. J'entre dans le cabinet qui étoit à côté de ma chambre, et à la faveur d'un reste de jour, je me mis en action de mettre quelques papiers en ordre. Mais je n'y travaillai guères, car dans le moment que je les touchois, j'entendis derrière moi une voix plaintive, qui me causa une souleur extrême, et dans ma surprise je dis tout haut *Wer ist da?** La voix recommença sa plainte en s'aprochant de moi, à ce qu'il me sembloit. Je ne répliquai rien à cette seconde lamentation, ne me trouvant pas d'humeur d'entrer en conversation avec ces tristes lutins. Je sors du cabinet au plus vite, et me faisant du cœur par raison, je le ferme à la clef ; et ce qui est de remarquable, c'est qu'étant encore dans la chambre, j'entendis la même voix qui me paroissoit enfermée dans le cabinet. Pour le coup, je ne voulus point l'écouter davantage, car sans m'arêter du tout, je pris mon manteau, je fermai la chambre et je décendis les montées quatre à quatre, et je m'en fus tout hors d'haleine au salut qui se chantoit tous les soirs dans l'église, où je me plaçay à côté de mon ami le chapellain. Je lui contai, partie en allemand partie en latin, et soufflant comme un cheval poussif,

* ou, *qui est là ?*

l'aventure que je venois d'avoir. Il n'en parut point du tout étonné ; il me dit qu'il étoit fort ordinaire d'entendre du bruit durant la nuit dans ce château là, et que personne de la ville ne doutoit qu'il n'y revînt des esprits folets. Les prières de l'Eglise finies, nous fûmes ensemble chez son hôte le greffier, en contant des histoires des lutineries du château selon la tradition du païs. Il me fit remarquer d'ailleurs que la chambre où l'on m'avoit logé étoit justement sur l'ancienne prison des sorciers. Je fis dès lors une bonne résolution de n'y plus coucher ; aussi n'y fus-je plus obligé, puisque ce soir là on me donna satisfaction.

Avant d'en venir là, je prie mon lecteur de me permettre encore une petite digression. Je suis bien aise, pour sauver mon honneur, de raporter icy tout d'un tems, ce qui est arrivé à Arnaut, le commissaire des vivres, dans ce même logement. Ce galant homme voulant réformer la dépence excessive qu'il faisoit au cabaret où il étoit logé depuis plus de deux mois, et qui auroit bientôt absorbé ses apointements d'une année (car il régaloit tous les jours compagnie), s'avisa de prendre l'apartement où j'avois couché au château et d'y tenir ménage avec une servante. Il s'y établit en effet et s'y trouvoit plus tranquilement, pour travailler à ses comptes, qu'à l'hôtellerie. Un soir qu'il m'avait prié de souper avec lui, je m'y rendis à heure compétente, et dès que je fus entré. « Ah mon cher ami, » me dit-il tout ému, « je croy que tous les diables sont logés dans cette maison. J'avois déjà entendu quelque bruit dans cette chambre cy, dont je ne me mettois guères en peine, mais aujourd'hui après dîner, pendant que j'étois ocupé à écrire auprès du feu, j'ay entendu fraper vingt fois de suite sur la porte de ce cabinet d'une force à la rompre en pièces. Dès le premier coup, je suis acouru, croyant que ce fût quelque folâtre de mes amis qui voulait me faire peur, mais je n'ay rien vû, et le bruit a continué d'une manière épouvantable. » A ce récit, au lieu de prendre part à sa peur, je me mis à rire comme un fou, en lui disant d'abord qu'il m'en vouloit faire acroire. « Ma foy, rien n'est plus vray, » reprit-il sérieusement, « et j'en tremble encore. » — « A ce que je voy, » lui dis-je, « le bruit et les plaintes que j'ay oüys icy ne sont donc pas des chimères. » Et là dessus, je lui contai ce qui m'y étoit arrivé, en lui montrant les endroits mêmes, en contrefaisant la batterie du tambour du chevet et le ton des plaintes du cabinet; ce qui nous servit de matière de conversation pendant le souper, sans que nous en perdissions un coup de dent pour cela.

Pour revenir à notre différend, Villefranche, le capitaine, se trouva à souper chez le greffier, il y amena même le cornette de sa compagnie, qui étoit un Gascon fort agréable. A leur arrivée, je pris un air froid et sérieux. On se mit à table. On n'y parla guères d'abord. Enfin note hôte s'ennuyant de voir ses conviés si tristes: « Allons, Messieurs, éveillons nous, » dit-il en élevant la voix. Puis, s'adressant au capitaine: « Je vais vous porter une santé, c'est celle de M^r le receveur. » L'officier y répondit civilement, me salua et but à moi; la coutume d'Allemagne m'obligea de lui faire raison à l'instant. On ne fit point d'éclaircissement de notre dispute. Le greffier dit seulement dans la suite de la conversation: « M^r le capitaine a trouvé un logement plus commode pour lui que celui qu'il avoit choisi chez notre voisin. Il faut que M^r le receveur y retourne. » Cela passa pour un acord, et l'on n'en parla plus. Peu à peu le vin nous mit de belle humeur, on chanta des airs à boire en français et en allemand, nous en chantâmes aussi d'italiens, nous deux le cornette. On aporta des pipes et du tabac, et nous continuâmes la débauche jusques après minuit. L'officier réïtéra ma santé et me dit qu'il vouloit être de mes amis. Il sortit de mon logis deux jours après; je me tins pour content. Comme il étoit fort tard, nous couchâmes tous sur le plancher de la chambre où nous avions soupé. Ainsi se termina notre différend, et depuis ce tems là, je n'ay receu qu'honneur et caresses des officiers et des cavaliers du quartier d'hyver. Ils ne faisoient aucun régal sans m'en[1] convier, disant que j'étois l'ame de toutes les fêtes. Un mois après, les deux[*] capitaines de cette garnison s'en allèrent en Dauphiné, leur païs. Le lieutenant de Villefranche, homme sage et posé, demeura commandant de la place.

[* Celui contre lequel j'avois eu du bruit étoit neveu de St-André Monbrun, ce brave, qui défendit si bien Candie contre les Turcs qui l'assiégeoient, et qui y fut tué avant sa prise en 1669.]

Le dernier jour de l'année 1675, notre Directeur vint à Altkirch, où il m'aprit que le bail de la ferme d'Alsace étoit fini pour nous, parce que Macarion n'avoit pas voulu le reprendre sur le pied de la nouvelle enchère, faute qu'il n'a jamais pû réparer de sa vie, soit dit en passant; car s'étant jetté dans d'autres partis[2] qu'il ne connoissoit pas assez, il s'y est ruiné en peu d'années, et il est mort acablé de dettes, après avoir fait une fortune de quatre cens mille livres.

Le tems de notre ferme expiré, je me trouvai encore chargé de dix tonneaux de sel, que j'eus tout le loisir de débiter, car les nouveaux fermiers ne parurent en Alsace que vingt jours après.

Le 7 Janvier, je fus à Ferrette avec des gardes de la ferme, pour y faire compter les commis pour la dernière fois et recevoir le droit du vin vendu depuis trois mois dans tout.

---

[1] On disait alors aussi convier *de*: « Soyons ami, Cinna, c'est moi qui t'*en* convie. »

[2] Alexandre Du Puy, marquis de Saint-André-Montbrun, dit le *brave Montbrun*. Ce n'est pas lui qui fut tué au siège de Candie, mais le duc de Beaufort. Montbrun ne mourut qu'en 1673.

[3] Entreprises à forfait pour la perception des impôts. De là est venu le nom de ces *partisans*, ou fermiers, que La Bruyère a drapés d'une si belle façon dans son chapitre *Des biens de fortune*. « Les partisans nous font sentir toutes les passions l'une après l'autre: l'on commence par le mépris, à cause de leur obscurité; on les envie ensuite, on les hait, on les craint, on les estime quelquefois, et on les respecte; l'on vit assez pour finir à leur égard par la compassion. » Macarion, paraît-il, n'a pas échappé au sort ordinaire de ses semblables.

ce baillage. A mon retour à Altkirch, je trouvai une lettre d'Héritac, notre directeur, qui me prioit de la part des nouveaux fermiers de demeurer dans l'employ que j'exerçois, en m'offrant un tiers plus d'apointemens que je n'en recevois de Macarion, ce qui me sembla fort acceptable.

Et le 21 du même mois, leur receveur général vint à Altkirch, acompagné de Graff, le greffier du Conseil souverain, qui le mettoit en possession de tous les départemens de la province. Ils étoient escortés de deux gardes de la ferme, et suivis de deux ou trois valets. Ce receveur général me traita avec beaucoup de civilité, me disant qu'il venoit m'établir de la part des nouveaux intéressés dans le même emploi que j'exerçois, en y ajoutant de plus la qualité de directeur; que ces Messieurs étoient ravis d'avoir un commis si capable que moy, instruit des affaires, et savant dans les deux langues; qu'il me prioit, en atendant que l'on m'envoyât des registres, de faire tenir à tous les commis des bureaux de mon déparment des feüilles cottées et signées de ma main. Il m'aprit ensuite que Pusio,[1] le nouveau fermier, seroit à Basle dans quatre ou cinq jours, où je devois l'aller saluer. Qui n'auroit pas cru cet homme là sincère? cependant les fourbes se joüoient de moi, comme on verra par la suite. Le soir, nous soupâmes gayement en belle compagnie, où Graff, qui m'avoit vû arriver en Alsace, fut extrêmement surpris de ce que je parlois allemand avec assez de facilité, veu le peu de tems qu'il y avoit que j'étois dans le païs. Le nouveau receveur partit le lendemain avec toute sa compagnie, pour aller à Lanzer; il m'embrassa,[2] en me recommandant le soin de nos affaires.

---

[1] Pseudonyme peu révérencieux; pusio veut dire petit garçon et aussi un nain. Le nom est approprié au personnage qui, s'il en faut croire notre auteur, était aussi déplaisant au moral que peu séduisant d'extérieur.

[2] Il y avait au XVIIe siècle encore beaucoup de « ces affables donneurs d'embrassades frivoles. »

Quatre jours après, je résolus d'aller à Basle, pour faire la révérence à Pusio. Trois bourgeois de notre ville me tinrent compagnie une partie du chemin seulement ; car je les quitai, pour les punir de leur lâcheté en m'abandonnant[1] dans un danger imaginaire, qui arriva de la sorte.

Après avoir monté la colline qui est au dessus de Tagstorf, nous aperçûmes à trois ou quatre cens pas de nous un cavalier des troupes, venant à notre rencontre, qui à l'instant leva son mousqueton, comme se préparant à tirer. Pour moi, sans marquer d'émotion, je fis de même ; je pris un de mes pistolets, que je tins tout bandé sous mon manteau, faisant mon compte, s'il me couchoit en joüe de loin, de tourner bride et de m'enfuir à toutes jambes ; mais s'il me laissoit avancer à la portée du pistolet, de lui tenir tête et de payer d'effronterie. En effet, lorsqu'il fut à quatre pas de moi, je lui demandai d'un air ferme, d'où il venoit? Il me répondit qu'il venoit de Blotzheim, qu'il alloit à Altkirch porter l'ordre de la revüe du commissaire. « De quelle compagnie êtes-vous ? » continuai-je. — « De L'escalopier, » répondit-il. — « Ah ! votre capitaine est de mes amis, » lui dis-je. Cette réplique lui fit baisser le mousqueton, et ôtant son chapeau, il me dit : « Monsieur, ne trouvez pas mauvais que je me sois mis en posture de me deffendre contre vous. » — « Vous moquez-vous, » lui répliquai-je, « si vous n'aviez pas fait votre devoir, je vous aurois pris pour un novice, et vous voyez bien aussi, continuai-je, en relevant le devant de mon manteau avec le pistolet que je tenois à la main, que j'étois en état de vous répondre et que vous n'avez rien à me reprocher là dessus. » Dans le tems que ce cavalier me disoit adieu, je m'avisai que mes bourgeois n'étoient plus auprès de moy ; je les aperçus avec étonnement à deux cens pas derrière, ne pensant pas qu'ils m'eussent quitté, lorsque nous

---

[1] de la lâcheté qu'ils montrèrent en m'abandonnant.

eûmes découvert ce cavalier. Je les atendis pour me moquer d'eux, et leur reprocher leur lâcheté de n'avoir osé paroitre, quatre contre un. Puis par une sotte fierté de jeune homme, je les quittai là, et changeant de route, je m'en fus à Basle par la vallée.

Après avoir quitté la botte à l'auberge du *Schnabel,* je fus saluer Pusio, qui étoit logé *au Sauvage.* Quoique cet intéressé dans les fermes du Roy fût un petit homme contrefait de corps et de visage, ressemblant à peu près à Esope, il me receut néanmoins avec bien de l'honêteté. Je l'informai de l'état des affaires de mon département, il parut m'en savoir bon gré; mais ce qui me parut pour moi d'un mauvais augure, c'est qu'il ne me retint point à souper avec lui. Tout directeur des fermes qu'il me qualifioit, il ne fit pas même le semblant de m'en prier, il me laissa tout naturellement retourner à mon auberge.

Le jour suivant au matin, je le rencontrai, comme j'allois chez lui faire ma cour. Je l'accompagnai chez un marchand où je lui servis d'interprète pour quelque chose qu'il achepta. Puis en chemin faisant nous trouvâmes le Sr Socin, un des bourgmeistres de Basle, avec lequel je le laissai, parce qu'ils se retiroient de moi, pour parler de leurs affaires. Je le fus atendre à son hôtellerie, où je le priay de me donner la patente de ma commission. Il me répondit que rien ne pressoit, qu'il n'en avoit encore distribué à personne, qu'il me la donneroit dans peu de jours. Il acompagna ce délay de tant de complimens que je n'osai croire qu'il me trompoit, d'autant plus qu'il me recommandoit avec des manières si douces et si insinuantes d'avoir soin de tout ce qui concernoit l'utilité de mon emploi, et surtout de faire au plutôt[1] emplir mon magazin de sel, pour laquelle fin il me chargea d'une lettre pour le Baillif d'Altkirch, afin qu'il convoquât des chariots,

---

[1] La distinction orthographique entre *plutôt* et *plus tôt* est d'origine récente.

pour les envoyer charger à Basle; et comme il me prioit de faire diligence, je le quitai avant midi, pour m'en retourner chez moy.

Les soupçons que j'avois de la sincérité du fermier Pusio étoient fort légers, puisque je sortis de la pension où j'étois chez Keller et que je loüai une maison pour y tenir ménage avec Filandre, qui fort imprudemment avoit quité son emploi dans les fortifications de Brisac, aussitôt qu'il eut appris que le bail de la ferme de Macarion étoit fini, et que je m'en retournois en France. Il m'étoit venu trouver à Altkirch depuis 15 jours. Il fut ravi de joye, voïant que je continuois la même recepte pour six années, espérant de son côté qu'il trouveroit par le même moïen ocasion de faire ses affaires.

Le premier jour de février, il me vint onze voitures de sel pour le compte des nouveaux fermiers. J'en fis un assez prompt débit. Ce renouvellement d'exercice me persuada si bien de mon affermissement dans la commission, que trois jours après je montai à cheval en intention d'aller à Brisac pour vuider mes comptes avec Héritac, l'ancien directeur, et lui faire en même tems mes adieux. Je passai par Bronstat, où je donnai des feuilles signées et cottées de ma main au commis du lieu pour s'en servir, en atendant qu'on eût distribué les nouveaux registres. Puis, en aprochant de Milouse, je rencontrai un homme en manteau bleu, monté sur un petit cheval, qui me demanda en françois le chemin de Bronstat. Je le lui montrai, et j'avançai encore jusqu'à Sausisheim,[1] gros vilage, où l'on me fit bien des questions pour me loger. Après avoir dormi quelques heures sur le plancher, je pars avant le jour. A Battenheim, je heurtai chez le commis pour lui parler; mais à sa place un des gardes de la ferme répondit par la fenêtre de la chambre, et ce drôle, qui, quelques jours auparavant, ne me parloit qu'avec respect,

---

[1] Sausheim.

sans seulement ôter son bonnet de nuit qu'il avoit encore, me demanda, avec un ris moqueur, si j'avois vu le commis qui alloit à ma place. « Bon, » lui dis-je, « ne suis-je pas établi à Altkirch de la part des nouveaux fermiers? » — « Non vraîment, » répondit-il, « puisque celui qui va prendre possession de ce département là, dîna hier icy et nous montra sa commission en bonne forme. » Je me doutai aussitôt que c'étoit ce petit manteau bleu que j'avois rencontré la veille. Cependant, dissimulant le chagrin que me causoit cette fourberie : « N'importe, » dis-je, « il n'y a pas grand mal à cela, je m'en vais toujours à Brisac voir Héritac, l'ancien directeur. » — « Il n'y est pas, » répondit le garde, « il est allé à Strasbourg. » A ces mots, sans dire adieu à personne, je tourne bride et reviens sur mes pas au grand trot de mon cheval, de sorte qu'à demie lieue d'Altkirch j'atrapai mon cavalier bleu, que le commis de Bronstat escortoit avec un mousqueton sur le bras. Quand il vit que ce commis me saluoit et me parloit, quoiqu'en allemand, il se douta bien que j'étois l'homme qu'il cherchoit, car il me dit que s'il m'eût connu la veille, il m'auroit épargné la peine d'aller plus loin.. « Pourquoy, Monsieur, » lui dis-je d'un ton fier. Il ne répliqua rien, voyant que je passois outre comme un homme qui ne veut point de conversation, et quitant le grand chemin je décendis le coteau qui borde la rivière d'Ill, qui étoit pour lors large, profonde et rapide. Je la passai gayment[1] avec mon cheval, qui étoit routiné à cela. Mon petit cavalier croyant en faire autant, ne manqua pas de me suivre et de se mettre à l'eau après moi ; mais quand il vit que sa bête perdoit pied et qu'elle renifloit contre le torrent, il retourna en arrière avec beaucoup de peine. Je m'étois arêté de l'autre côté de la rivière, regardant comment il se tireroit de ce passage. Je ne doutois pas que s'il avançoit

---

[1] = promptement, vivement, c'e le sens primitif du mot.

jusqu'au fil de l'eau, il ne se noyât ; mais son heure n'étoit pas venûe. Je m'en allai à la ville par le plus court chemin, pendant qu'il fit le grand tour pour aller chercher le pont.

J'arrivai bien à propos chez moy pour tirer Filandre d'un petit embarras. Il recevoit le payement de deux tonneaux de sel qu'il venoit de livrer, sans pouvoir entendre ce que lui disoient les acheteurs, ni connoître la monoye qu'ils lui contoient. Cela fait, je le jettay dans une bien plus grande peine que celle dont il sortoit, en lui apprenant qu'il falloit quiter la commission ; que j'avois rencontré et parlé à celui qui venoit à ma place. Il fut si sensiblement touché de ce contretems, qu'il me demanda s'il étoit encore bien loin de la ville, et si je voulois qu'il l'allât tuer d'un coup de fusil. « Personne, » disoit-il, « ne nous soupçonnera de sa mort, parce que nous sommes dans un païs de guerre où il arrive tant d'autres accidens. » — « Doucement, » lui dis-je, « la chose n'en vaut pas la peine, s'il s'était noyé encore, passe. » Il ne comprit pas ce que cela signifioit. Je fus bientôt consolé de la perte de cette commission, car j'avois envie de retourner à Paris ; tout mon chagrin étoit qu'on m'eût trompé si vilainement.

Après dîner, je fus chez Bieguizen, où ce nouveau commis se trouva presqu'aussitôt ; il y venoit chercher le Baillif, pour lui demander un logement, parce qu'un homme tel que lui ne pouvoit pas, disoit-il, se tenir dans une hôtellerie. On lui répondit qu'il cherchât où il lui plairoit, et qu'on n'avoit point de logement à lui donner. Ensuite il me dit qu'il vouloit me parler en particulier. « Allons chez nous, Monsieur, » lui dis-je. Il m'y montra sa commission bien signée et scelée du sceau du fermier général Pusio, avec un ordre s'addressant à moi de remettre à Brossard, porteur des présentes, le sel du Roy, les registres et autres pièces concernant l'emploi que j'exerçois. Je vis bien qu'il n'y avoit pas à reculer, mais pour me divertir, je lui dis que je ne connoissois point toutes ces écritures là, ni lui non plus, et que moi qui avois la parole du fermier général, et qui étois en possession actuelle de la recepte, je n'étois pas assez simple pour me rendre aux discours d'un inconnu. « Monsieur, » répondit-il fièrement, « je ne suis pas un affronteur,[1] je viens de bonne part. » — « Oh, Monsieur, » repris-je, « ne faites point le méchant, s'il vous plait, car je n'ay qu'à dire un mot pour vous faire enfermer dans un cachot, d'où vous ne sortiriez de longtems. » Il décampa vite à cette réplique, en disant que ce n'étoit pas ainsi qu'on traitoit les honêtes gens.

Laissons un peu pester ce nouveau venu. Il faut dire que vers le milieu de décembre, Arnaut étant tombé malade, j'avois exercé son emploi de commissaire des vivres durant quinze ou vingt jours, et qu'étant revenu en santé, il lui avois pris fantaisie d'aller faire un tour à Paris, ce qui fut cause, par parenthèse, qu'il perdit sa commission, car il ne retourna plus en Alsace. Or, en partant, il m'avoit chargé des clefs du magazin à grains de l'armée, et je les gardois encore dans le tems que je fus débusqué par ce nouveau commis; et justement le jour qu'il me signifia de me démettre, un nommé Cardose, directeur des vivres, me vint voir pour me charger encore du soin des grains. Nous visitâmes le magazin ensemble, puis je lui en remis les clefs et les papiers que je pouvois avoir, sans rien exiger pour le service que j'avois rendu dans cette commission. Pour toute récompence, j'en eus un grand remerciement, et une assûrance qu'on feroit savoir à Mr Jacquier, le général des vivres, la fidélité avec laquelle j'avois administré les grains de l'armée du Roy : un tel compliment doit suffire. Je donnai à souper à Cardose, et nous partîmes ensemble le lendemain pour

---

[1] = trompeur effronté. Molière emploie le mot *affronteur* dans le même sens :
Courons-le donc chercher, ce pendart qui m'*affronte*. (Sgan. scène 17.)

aller à Basle, où j'avois quelques restes de comptes à finir avec Rochet, le commis de Burgfeldt. Nous logeâmes à la *Cigogne*, d'où j'écrivis de la belle manière au nouveau receveur général. Je fis aussi savoir à Héritac, notre directeur, le mauvais tour qu'on me jouoit ; puis je partis de Basle un peu trop tard pour revenir à Altkirch, de sorte que la nuit me prit à deux lieües en deçà, dans le méchant vilage de Nideranspach.[1] Je trouvai plus à propos d'y coucher que de m'aller engager dans un bois dangereux à l'heure qu'il étoit. Comme je dormois étendu sur la paille au milieu du poële de l'hôtellerie, je fus réveillé en sursaut après minuit par un bruit de gens qui crioient dans la rüe et qui frapoient à rompre notre porte. Aussitôt je me saisis de mes deux pistolets, et je me présentai à la fenêtre, en leur demandant en allemand qui ils étoient et ce qu'ils vouloient. Par bonheur ce n'étoient pas des ennemis, je connus par leur réponce que c'étoit une compagnie de nos soldats, qui appeloient un guide. Me rassurant là dessus, et prenant des airs d'autorité, je leur dis en françois : « Enfans, point tant de bruit, on va avertir le maire du vilage, qui vous en va donner. » Puis je les interrogeai, pour savoir de quel régiment et de quelle garnison ils étoient, et où ils alloient. Cette manière absolüe de les questionner et mon langage me firent prendre pour un officier des troupes, car ils me prièrent de faire hâter le guide. On éveilla celui dont le tour étoit à marcher. Je partis deux heures avant le jour, de sorte que j'arrivai de bonne heure à Altkirch. Je passai la journée à me divertir avec nos officiers du quartier d'hiver. Brossard me vint demander, pour savoir quand je voulois finir d'affaires.[2] « Ce sera lorsque j'aurai receu réponce aux lettres que j'ay écrites à votre receveur général, » lui dis-je. Craignant que la voye de la

---

[1] Niederranspach.
[2] nos. Notre auteur pousse bien souvent la négligence jusqu'au solécisme.

poste ne fût trop longue, il monta à cheval, sans dire où il alloit, et revint deux jours après m'aporter la réponce lui-même. Elle contenoit qu'on étoit fort surpris de mon refus, et qu'il pouroit bien m'atirer de méchantes affaires. Je marquai beaucoup de mépris pour cette menace, de même que pour la commission qu'on m'ôtoit, et je dis à Brossard que j'allois préparer mes comptes. Je les lui rendis dès le lendemain, en le faisant trembler plus d'une fois. Ce petit homme néanmoins n'étoit pas neuf en ces sortes d'affaires, il me parut fort capable. Je lui demandoi mes apointemens d'un quartier, il tint ferme et me fit entendre d'une manière douce et honête que n'aïant servy que cinq ou six jours, je devois bien me contenter d'être paié pour un mois.

Comme je suis demeuré à Altkirch jusqu'au 22ᵉ de février, j'ay pu voir quelquefois tourmenter le pauvre Brossard par des gens qui, pensant me faire plaisir, alloient dans le cabaret où il étoit logé faire des écots à grand bruit, pour l'interrompre lorsqu'il travailloit à ses écritures. Surtout les soldats le désoloient en fumant du tabac dans sa chambre. Toute la ville ne le regardoit qu'avec indignation, il n'avoit personne avec qui converser. Il eut ainsi sa part du mauvais tems que je passai en arrivant dans cette petite ville; cependant il souffroit tous ces ennuis avec une fierté sans égale.

Rien ne m'arêtoit plus dans le païs que la cérémonie du mariage du greffier, où il m'avoit prié d'assister comme ami. Je ne veux pas manquer de décrire ce qui se passa à ces nosses. Cet endroit là m'a assez réjoüi pour n'en pas perdre la mémoire, ainsi je l'enchâsserai dans le récit que je vais faire de ce que j'ay remarqué des mœurs et des coutumes de ces bons Allemands d'Alsace, quand j'aurai raporté un petit article que je ne puis, ce me semble, mettre mieux en place qu'icy.

Comme avant de retourner à Paris je faisois mes adieux à mes amis d'Altkirch, une vieille marchande de la ville, qui avoit perdu son mari et deux de ses enfans durant ces dernières guerres, me vint prier les larmes aux yeux de vouloir m'informer, lorsque je serois à Paris, si son fils, qui avoit pris parti[1] dans les gardes suisses du Roy depuis dix ou douze ans, seroit encore en vie. Je lui promis que je le chercherois tout aussitôt que je serois arrivé, et que je lui en donnerois avis, si je le pouvois trouver. Voilà cette bonne bourgeoise dans un ravissement de joye si grand qu'elle ne se sentoit pas, et en même tems elle me présenta d'une main une lettre qu'elle avoit écrite pour son fils, et de l'autre une bource pleine d'argent, en me conjurant avec beaucoup d'instance de la prendre, pour fournir à la dépence que je ferois en le cherchant. Je pris sa lettre et je refusai son argent, en lui donnant ma parole que je ferois tout mon possible pour trouver son fils. Le refus que je fis de son argent, lui fit douter que je voulusse prendre cette peine, c'est pourquoi elle ne cessa point de me faire réïtérer ma promesse durant deux ou trois jours que j'arêtai encore dans cette ville.

Mon dessein n'estant pas de décrire présentement mon retour en France, je dirai, pour finir ce qui regarde ce soldat, qu'étant arrivé à Paris, je fus assez heureux à la faveur de la langue allemande de trouver Heinrich Rinck, qui étoit le soldat en question, dans un quartier des Suisses à Sartrouville, près de S. Germain en Laye. Je lui rendis donc la lettre de sa mère, en lui donnant à dîner dans le cabaret où j'étois décendu. Il écouta avec plaisir les nouvelles que je lui contai de sa famille et de toute sa ville. Lorsqu'il eut appris la mort de son père et de ses frères, se voïant le seul héritier de sa maison, il pensa tout de bon à revoir sa patrie, car il ne me paroissoit pas d'abord trop pressé d'y retourner. Quelques jours après, cet Allemand me vint voir à Paris, où il me dit qu'il sollicitoit fortement son congé; mais que comme notre

---

[1] = qui s'était engagé.

armée étoit prête d'entrer en campagne, il se trouvoit obligé de marcher encore pour cette fois. Il s'en fut donc au siége de Valenciennes. J'écrivis le tout à Altkirch, et j'assurai la mère de Rinck que son fils auroit son congé avant la fin de l'été, ce qui arriva en effet. Cette bonne femme se fiant là dessus me fit tenir vers ce tems là une bonne lettre de change pour le voïage de son fils. Avec ce secours il partit joyeusement de Paris, acompagné de deux autres soldats grisons, qui avoient pareillement obtenu leur congé. Je me servis de cette voye pour envoyer quelques petits présens à mes amis d'Allemagne. Notre voïageur arriva heureusement chez lui, il rendit la vie à sa vieille mère par son retour, et j'eus pour ma part mille bénédictions de toute la ville d'Altkirch, qui croyoit que c'étoit par mon crédit que leur compatriote avoit été dégagé du service du Roi. J'ay revû Heinrich Rinck chez lui à mon second voïage d'Alsace, comme je dirai cy après. Pour le présent, je vais raconter ce que j'ay promis des mœurs et des inclinations de nos Allemands.

Pour commencer par la religion, ils sont catholiques-romains à la réserve de Milhouse et de Colmar, qui sont deux villes luthériennes, de quelques calvinistes répandus dans le païs, et d'une cinquantaine de familles de Juifs qu'on y souffre en païant tribut. Il faut dire à la loüange de nos Allemans qu'ils sont assidus et modestes à l'Eglise; on ne voit point là de coqueterie, comme en France : les hommes y sont séparés des femmes pendant l'office divin. On y aime fort qu'on le chante en musique avec l'orgue et les instrumens; cela nous arrivoit aux jours de fêtes solennelles, mais bon Dieu ! la pitoïable chose ! car outre que l'orgue avoit été maltraité par les gens de guerre, qui en avoient fondu en balles de mousquet une partie des tuyaux d'étain et brûlé ceux qui étoient de bois, la figure des concertans étoit capable de faire rire, et leur chanterie propre à faire perdre patience. C'est ce que j'ay quelquefois vû de près, car je montois au jubé, lorsqu'il y avoit trop de presse en bas, et Mr le curé, qui s'étoit imaginé que je devois savoir la musique, ne manquoit pas de me présenter une partie notée ; et comme je ne l'ay jamais acceptée, il croyoit que c'étoit par mépris et non pas par ignorance que je me deffendois de chanter. Sans blesser le respect que l'on doit aux paroles de l'office de l'Eglise, je vais tâcher de décrire naïvement l'ordonnance de ce concert, qui n'en valoit pas mieux pour être de composition d'Italie. Deux petits garçons de 13 à 14 ans glapissoient du haut de leur tête un méchant dessus, le chapelain chantoit médiocrement la taille,[1] et le curé avec sa longue barbe noire faisoit une basse forcée en secoüant la tête et s'égosillant à se fendre la bouche jusques aux oreilles, pour faire des roulemens dont il perdoit haleine. Tout cela étoit acompagné d'un jeu d'orgues délabrées que Mr le baillif de la ville touchoit avec une atitude fort singulière. C'étoit un grand vieillard de quelque 60 ans, à tête chauve couverte d'une calote de satin gras, aïant une paire de lunettes sur le nez ; il étoit juché sur une haute escabelle, ses pieds posés sur les pédales et les mains cramponnées sur le clavier de l'orgue. Je laisse à juger quel succès et quel agrément pouvoit se trouver dans une pareille musique. J'ai souhaité plus d'une fois être habile peintre, pour dessiner la figure et les contorsions de ces pauvres chanteurs. A cela près ils y alloient de bon cœur, ils faisoient de leur mieux, et il ne faut pas douter qu'ils ne fussent bien contens d'eux-mêmes, et principalement notre bon curé, car il aimoit fort à chanter.

Puisque nous voici sur l'article du chant, je remarquerai qu'en ce païs là, on ne chante ordinairement le *Credo* de la grande messe que jusqu'à ces paroles *et homo factus est* inclusivement, si ce n'est aux messes des apôtres qu'on le dit

---

[1] C'est, dit Richelet, la partie de musique qui est entre la basse et la haute-contre, et qui s'appelait autrefois moyenne ou ténor.

tout entier et en chant grégorien — ce qui est une chose extraordinaire, car on se sert d'une autre composition aux dimanches et aux différentes fêtes de l'année. On y chante aussi dans l'Eglise des cantiques en langue vulgaire. Il y en a un pour invoquer l'assistance du S. Esprit avant le sermon, un autre après l'élévation de l'hostie, qui est sur un air fort gay. Depuis la Nativité de N. Seigneur jusqu'à la Purification de N. Dame, on y chante des noëls après la grande messe. Je remarquerai ici par parenthèse que les Allemans ne déjeunent point après la messe de minuit, eux qui sont en réputation d'être gourmands; cela doit faire honte à nos François, dont la pluspart prophanent cette sainte nuitée par des excès de bouche. Durant le tems pascal le *Regina cœli* se chante par couplets latins et allemands alternativement. Tous les soirs on y chante un salut de la Ste Vierge, et les vendredis on y ajoute un long récit de toute la passion de N. Seigneur sur un chant assez bisare. Tout le peuple triomphe à ces pièces allemandes là et les chante à gorge déployée; je les chantois aussi de toute ma force comme les autres. J'ay déjà dit quelque part que trois fois la semaine, savoir le dimanche après vêpres, le mercredi et le vendredi sur le soir, les filles s'assemblent à genoux au pied de l'autel de S. Dominique, pour y réciter le rosaire en deux chœurs.

A l'égard du sermon, qui se dit d'ordinaire à l'offertoire, voici ce qu'il y a de particulier. Pendant que l'auditoire chante les quatre couplets du cantique *Komm, heiliger Geist, etc.,* le Prédicateur arrive, monte en chaire, où il paroit avec une étole au cou et un livre à la main. Après avoir fait le signe de la croix, il lit l'Evangile du jour en langue vulgaire, durant laquelle lecture les auditeurs se tiennent debout; ensuite chacun s'assied et le Prédicateur aussi, qui commence son sermon sans faire d'exorde distingué par la Salutation,[1] comme il se pratique en France, mais il le

---

[1] Dans les sermons de Massillon, par exemple, on trouve toujours, non

divise en deux ou trois points selon l'usage commun. Je ne saurois dire pourquoi en ce païs là, il n'y a que les Ecclésiastiques qui fassent le signe de la croix comme nous en portant la main d'une épaule à l'autre. Pour ce qui est des séculiers, ils ne le font que comme le prêtre le fait icy en commençant l'Evangile de la messe, c'est-à-dire, en se signant le front, la bouche et la poitrine, et ils croiroient avoir péché d'en user autrement. Lorsque le peuple va à l'offrande, le prêtre officiant ne se tient pas au bas de l'autel ou devant le balustre, pour donner l'instrument de la paix à baiser, mais au coin de l'Epitre.[1] Alors les parroissiens viennent à la file en passant par le côté de l'Evangile, tournent derrière l'autel, qui est isolé, et mettent leurs offrandes dans un bassin qui est auprès du célébrant. Je n'ay jamais pu m'acoutumer à voir les prêtres de ce païs là porter les cheveux si longs qu'ils leur passent les épaules, et comme ils sont presque tous malpropres et mal peignés, on peut juger que cela est très messéant à l'autel.

Je ne sache pas qu'il y ait rien de particulier dans les cérémonies du batême des Allemans; tout ce que j'en sçay, c'est qu'outre les noms des Saints de leur nation, tels que Frédéric, Léopold, Oswald, Wolfgang, Vlric, ils aiment fort ceux des Patriarches de l'ancien Testament, savoir Adam, Abel, Abraham, Jacob, Melchior; et aux femmes, on leur donne ceux d'Eve, Sara, Rachel, Salomé, Cléophe, ce qui se remarque aisément, parce que c'est la mode de se saluer par les noms de batême. J'oubliois de dire que le saint Sacrement ne s'y expose pas dans un soleil de métal à la manière de France et d'Italie, mais la Ste Hostie est enfermée

---

après l'exorde, mais après la division, l'annonce de la prière avec les mots *Ave, Maria*.

[1] c'est-à-dire ce côté de l'autel qui, pour nous, est le côté droit, mais qui primitivement, alors que le prêtre officiait le visage tourné vers les fidèles, était le côté gauche.

dans une espèce de vase de cristal, dont le pieds et le couvercle sont d'orfèvrerie. Lorsque le prêtre donne à communier, il prononce le *Domine nun sum dignus* en allemand. J'ay déjà dit cy devant[1] que les tombes qui sont dans les Eglises sur les fosses des notables défunts, sont taillées d'armoiries et d'autres figures tellement relevées en bosse que cela est capable de faire tomber ceux qui n'y prennent pas garde. Toute la nef est remplie de bancs à dossier de menuiserie, posés en ligne parallèle à l'autel, d'environ trois pieds de distance l'un de l'autre, qui ne laissent qu'un espace de six pieds de large au milieu, depuis la porte du chœur jusques à celle de l'Eglise, pour les passans et pour la Procession. Cela se pratiquoit de la sorte dans la primitive Eglise, où les hommes tenoient le côté droit et les femmes occupoient le gauche.

Puisque je raporte ici tout ce que j'ay remarqué des cérémonies de l'Eglise d'Allemagne, je n'omettrai pas de parler d'une chose qui me paroit superstitieuse; le lecteur en jugera. C'est qu'au jour de l'ascension de N. Seigneur, après vêpres, on pose sur l'autel une figure de Christ de bois, atachée à une corde qui répond dans un jubé ou tribune, où il y a des serviteurs de l'Eglise qui l'enlèvent d'entre les mains du Prêtre officiant, pendant que l'assemblée est à genoux en grande dévotion, qui regarde monter cette statüe. C'est, ce me semble, traiter les mistères de notre Religion avec irrévérence que d'en donner des spectacles si grossiers. Ces bons Allemands ont encore une autre superstition, qui consiste à atacher à toutes les portes de leurs maisons un écriteau, qui contient ces paroles latines figurées de cette sorte :

MENTEM † SANCTAM, SPON † TANEAM,
HONOREM † DEO ET PATRIÆ † LIBERATIONEM,
SANCTA AGATHA VIRGO ET MARTYR.

---

[1] p. 60.

Ces bonnes gens croyent que ces billets ont une vertu contre les incendies.[1]

Il faut dire un mot icy des lépreux, puisqu'on en trouve encore en Alsace; il y en avoit même une famille dans la ville d'Altkirch où j'ay demeuré. Elle étoit composée du père, de la mère et de trois enfans, logés dans une petite maison seule, hors du fauxbourg, sur le chemin de S. Morand. C'est une léproserie, telle qu'on les voïoit autrefois en France, mais depuis que Dieu nous a délivrés d'une si fâcheuse maladie, les fonds de terre et les autres biens qui apartenoient à ces maisons ont été donnés aux hopitaux ou à des maisons religieuses. Pour revenir à nos pauvres ladres d'Allemagne, ce sont des gens d'un teint livide et plombé, qui ont les yeux rouges, toujours chassieux, la démarche lente. Leurs enfans étoient maigres et laids comme des rats écorchés. Il me semble qu'on ne devroit point permettre le mariage à de telles gens, non seulement inutiles, mais qui sont à charge au public, puisque loin d'en tirer du service, il leur est deffendu de hanter personne, et même d'entrer dans les églises. Ils sont obligés de s'arêter hors de la grande porte qu'on laisse ouverte exprès, afin qu'ils puissent voir de loin le prêtre à l'autel et entendre la messe. Ils n'osent non plus parler pour demander l'aumône; ils ont à la main un instrument composé de trois petits morceaux de planches, atachés ensemble à charnières et qui tiennent à un manche de bois; ils remüent ces cliquètes au lieu de parler, parce

---

[1] Ils le croient encore aujourd'hui dans les villages, et c'est une bien vieille tradition. Sainte Agathe, de Palerme, fut martyrisée l'an 251. « Depuis ce temps-là, dit Moréri, lorsque le mont Etna vomit des flammes de feu, qui se répandent jusqu'à la ville de Catane, les habitants courent au sépulcre de sainte Agathe (elle avait été roulée par ses bourreaux sur des charbons ardents) et prennent le voile qui couvre son corps pour l'opposer aux flammes. » Quoi qu'il en soit de sa vertu préservative, cette prière, où du reste il n'est fait aucune mention d'incendie, est fort belle; elle n'aurait pas été désavouée par Platon.

qu'on craint jusqu'à leur haleine. Dans un bout de la ville du côté de ces lépreux, il y a une chapelle apellée du Calvaire, ainsi qu'en la pluspart des villes de ce païs là, où l'on voit, en figures de ronde bosse, une représentation de quelque mistère de la passion de N. Seigneur. Ce sont des marques de la piété allemande, aussi bien que la quantité de belles et hautes croix ornées de sculpture, qu'on trouve sur les grands chemins. Elles servent pour faire connoître aux étrangers les terres catholiques d'avec les protestantes.

Je finirai cet article de matières ecclésiastiques par le récit de la cérémonie du mariage de notre greffier, à laquelle j'assistai ; et je raporterai tout ce qui se passa avant la bénédiction nuptiale et au retour de l'Eglise.

La coutume du païs veut que quand les époux sont de différentes paroisses, on célèbre le mariage à celle du mari. C'est ce que je remarquai en cette ocasion, où notre greffier partit dès la veille, pour aller quérir son épousée chez son futur beau père, baillif de Lanzer, à trois lieües d'Altkirch. Et le lendemain, sur les sept heures du matin, tous les conviés de la nosse, qui étoient bien vingt-cinq ou trente (j'entens des hommes seulement), s'assemblèrent à cheval devant la maison de Mr Hold, le conseiller de Brisac,[1] proche parent du fiancé, sans conter trente cavaliers des mieux faits du quartier d'hiver, dont Tassin le commandant nous fit acompagner pour honorer la fête ; et nous partîmes tous ensemble en belle ordonnance au son des trompetes, qui nous précédoient de sept ou huit pas, pour aller au devant des époux. Mr Hold marchoit à la tête avec le commandant et je pris le second rang avec mon hôte, qui étoit aussi un des parens de l'époux. Le reste de la bourgeoisie, vêtüe de ses plus beaux habits, suivoit deux à deux, et les trente

---

[1] On sait que par lettres patentes du mois d'avril 1674 le Conseil souverain (alors Conseil provincial) d'Alsace fut transféré d'Ensisheim à Brisach.

cavaliers de la garnison en même ordre fermoient cette joyeuse marche. Nos chevaux frais et animés n'alloient que par courbettes, le peuple étoit aux portes et aux fenêtres pour nous voir passer. Lorsque nous fûmes à la campagne, nous ne gardâmes plus l'ordre de la marche, les gens d'age alloient doucement s'entretenant ensemble, tandis qu'en chemin faisant la jeunesse s'éguaïoit à faire courir leurs[1] chevaux; le mien, qui étoit un croate, les surpassa presque tous en vitesse. Après avoir fait environ une lieüe et demie, nous aperçûmes au milieu d'une plaine le carosse de l'épousée, environné de quinze ou seize personnes à cheval, entre lesquels[2] étoit le futur époux. Aussitôt les jeunes gens de notre troupe prirent le grand galop pour les aller saluer, et chacun de nous tira un coup de pistolet en l'air, en passant à toutes jambes devant la portière du carosse. Après ces saluts particuliers, Tassin, le commandant, fit mettre ses cavaliers en escadron à vingt pas du chemin par où devoient passer les époux, la cavalerie bourgeoise en fit autant de l'autre côté, c'est-à-dire que nous nous rangeâmes à leur exemple en meilleur[3] ordre qui nous fut possible à pareille distance, et lorsque le carosse vint à passer entre ces deux petits escadrons, nous fîmes une belle salve de mousquetons et de pistolets, qui fit un si grand bruit que le cheval de l'oncle de la mariée, vieillard de 70 ans, en prit l'épouvante, jetta son homme par terre et prit la fuite à travers champs. Aussitôt une partie de nos gens courut au cavalier renversé, qui ne se blessa point par bonheur. On le mit dans le carosse, pendant qu'une bande des autres couroient après le cheval échapé; mais ils ne furent pas loin, voïant qu'un valet du

---

[1] = ses. Boileau, parlant du vieillard, a dit de même :
Inhabile au plaisir dont la *jeunesse* abuse,
Blâme en *eux* les douceurs que l'âge lui refuse.
[2] = lesquelles; c'est encore une syllepse du même genre.
[3] dans le meilleur.

greffier avoit pris les devans avec une vitesse incroïable et étoit prest de l'atraper. Chacun donc revint autour du carosse; et tout en continuant notre route, nous voilà par petites bandes les uns contre les autres à chamailler de nos épées, à tirer et recharger sans cesse nos pistolets, en criant comme dans un véritable combat: *tüe, tüe, allons, rends-toi, la vie, bon quartier !* Je ne me sentois pas de joye de voir cette petite image de guerre, où l'on ne couroit aucun risque, d'entendre de tous côtés hannir nos chevaux, qui s'animans à ce bruit prenoient part à notre divertissement. Ils voloient comme des oiseaux, car ils ne touchoient pas, ce sembloit, la terre; mais malheur à qui se trouvoit derrière eux, car ils ruoient de toutes leurs forces. Dans l'ardeur où nous étions tous, nous n'aurions pas craint de véritables ennemis; j'admirois comme en courant à bride avalée nous chargions aussi bien nos pistolets que si nous n'eussions marché qu'au pas. Cette agréable bataille dura bien une heure; mais le passage d'un pont, où il fallut défiler, nous fit resserrer nos armes. Ensuite le chemin se trouvant trop étroit, nous fûmes obligés de marcher quatre à quatre, partie de notre cavalerie devant le carosse et partie derrière, jusqu'à S. Morand qui est, comme j'ai dit, la parroisse de la ville.

Dès qu'on nous eut aperceus du haut de la tour du château d'Altkirch, l'on tira le canon, pour saluer les époux à leur arrivée. Et bientôt après, nous mîmes tous pied à terre dans la cour de l'abaye. Puis nous fûmes saluer les dames de la nosse, qui étoient venües de la ville et qui atendoient l'épouse hors la porte de l'Eglise, où il y avoit une simphonie de harpes, de violons et de basses, qui n'étoit point désagréable. Après les révérences et le murmure des complimens, on présenta des bouquets à tous les conviés, et il y avoit là des femmes qui les cousirent sur la manche gauche des hommes; je me laissai faire comme aux autres. La couture finie, toute la parenté marcha en ordre, chacun de son côté, vers le porche de l'église, où M^r le chapellain, revêtu d'aube et d'étole, atendoit les époux. Durant la bénédiction nuptiale, qui se donna en cet endroit, les assistans gardèrent un profond silence. Ensuite de quoi, nous entrâmes dans l'Eglise au son de l'orgue et des autres instrumens, qui recommencèrent et qui ne cessèrent point de joüer pendant toute la messe. Cette simphonie fut soutenüe l'espace d'un quart par un acompagnement bien extraordinaire : c'étoit du bruit que plus de 70 personnes en grosses bottes faisoient avec leurs pieds, allans à l'offrande en ordre de procession. J'étois de si bonne humeur que tout me réjoüissoit.

La messe finie, nous fûmes reprendre nos chevaux pour aller à la ville, où chaque cavalier devoit porter en croupe une des dames de la nosse. Mais mon cheval ne fut pas d'acord de cette civilité, car à peine eut-on monté derrière moi une jeune demoiselle qui m'étoit échüe, qu'il se mit à hannir, à grater du pied et à rüer d'une telle furie que la pauvre fille en tomba par terre toute épouvantée, et m'auroit entrainé hors de la selle, si je ne me fusse tenu ferme. Je la fis remonter jusqu'à deux fois, sans que cela pût acoutûmer ma fière bête à la souffrir. Pendant tout ce manége, la cavalcade s'en alloit toujours vers la ville, de sorte que je demeurai seul avec la demoiselle dans la cour de l'abaye, au désespoir de me voir derrière, et de ne pouvoir honêtement la laisser là. Elle de son côté détestoit de tout son cœur contre[1] le cheval et le chevalier. Heureusement notre peine ne dura pas longtems, car la mariée n'avoit pas voulu monter à cheval, quoiqu'on lui en eût préparé un fort beau, blanc comme neige, ayant une selle à femme avec un caparaçon de velours vert, chamaré de galons et de franges d'or, et un harnois tout brillant de bossètes et de boucles dorées. Elle

---

[1] Détester avait anciennement le sens de pester, ce qui explique et justifie *contre*. Cependant déjà au xviie siècle c'était une tournure vieillie.

devoit entrer en triomphe dans la ville, montée sur ce palefroy, au milieu d'une troupe de brillante jeunesse. Cependant tout ce galant apareil ne la tenta point, elle aima mieux reprendre sa place en carosse que de s'exposér au sort de son oncle et, qui pis est, de gâter sa robe nuptiale, en tombant dans la boüe. Ce choix de l'épousée fit grand bien à la belle que je conduisois; mais il faut dire aussi que je ne lui acquis cette excellente monture que par la violence. Car mon inquiétude me faisant aller et venir dans la cour et dans les écuries de ce monastère brulé, pour chercher du secours, j'aperçus par hazard un valet à cheval, qui conduisoit par les resnes la haquenée de la mariée et qui se dépêchoit d'atraper le gros de la compagnie. Joyeux de la rencontre, je lui criai aussitôt de venir à moi; mais le drôle, au lieu de me répondre, pique de plus belle et continüe son chemin, sans faire semblant de m'entendre. Le lecteur judicieux peut aisément s'imaginer de quel air je receus sa brutalité. Dans le chagrin[1] où j'étois, me voilà à bride avalée après lui, le pistolet à la main, jurant comme un Allemand, en le menaçant de le tuer s'il n'arêtoit. Ce malheureux garçon me voïant si fort en colère se jetta par terre, tout épouvanté, en faisant un grand cry. Je ne lui fis point de mal pour le respect de la fête, je me contentai, sans quiter mon pistolet, de le faire retourner avec moi au plus vite, lui et ses chevaux, pour faire monter la demoiselle qui trembloit de crainte que je ne maltraitasse ce valet. Elle ne perdit rien pour atendre, puisqu'elle eut le plus beau cheval de la troupe à elle seule, tandis que les autres femmes n'alloient qu'en croupe derrière les cavaliers; aussi chacun la prenoit-il pour la mariée. Nous nous mîmes au plus vite au galop, pour joindre la compagnie, et je m'y fourrai avec tant d'ardeur et de précipitation, pour me remettre au rang des premiers à l'entrée

---

[1] Dans l'état d'irritation.

de la ville que je pensai renverser trois ou quatre de nos vieux cavaliers de la nosse, qui étoient à la queüe de la marche.

Nous trouvâmes la bourgeoisie sous les armes, rangée en haye le long du fauxbourg, qui par ses salves de mousqueterie répondoit continuellement aux canonades du château. Ce bruit étant confondu avec les cris de joïe de la populace, le hannissement des chevaux, les fanfares des trompetes et la batterie des tambours formoit une harmonie militaire plus vive et plus touchante que les concerts les mieux réglés. Nous marchâmes tous en ordre jusqu'à la porte du marié, chez qui les conviés de la campagne entrèrent avec lui ; mais ceux qui étoient de la ville furent auparavant quitter la botte chacun chez soi, et se rendirent aussitôt à l'assemblée.

Le dîner ne se trouvant pas encore prest à servir, la jeunesse de la nosse se mit à dancer en atendant, au son des harpes et des violons. Pour moi, qui craignois de ne pas savoir les dances du païs, je demeurai quelques momens en repos pour considérer cet étrange bal qui étoit composé de quinze ou vingt personnes, chaque homme habillé à la vieille mode de France, aïant le chapeau à la main, menant une femme bizarement vêtüe à l'allemande, et tournans tous ensemble à la ronde autour d'un pilier qui soutenoit le milieu de la salle; mais avec des contorsions de corps, de têtes, de bras, si déréglés, et faisans un tel charivari de leurs pieds qu'à peine entendoit-on les instrumens, quoiqu'il y en eût sept qui joüassent comme des désespérés. Quand je vis que la figure de leurs dances n'étoit autre chose que de marcher tout en rond avec une femme que l'on tenoit par la main, et que toute la finesse n'en consistoit qu'à se bien démonter le corps en diverses manières outrées, et surtout à faire grand bruit des pieds sur le plancher à la cadence des violons, je me crus sufisament instruit pour entrer en dance. En effet, je pris la main d'une demoiselle qui étoit demeurée sans champion, et je me jettai à corps perdu au milieu de ce sabat, où je me fis bientôt remarquer par mes postures extravagantes, et par la cadence que je marquois d'une force à rompre le plancher; il ne me manquoit qu'une bonne paire de sabots pour faire les choses en perfection. Ce prélude de dance dura tout au plus une demie heure; il fit place au dîner, qu'on servit sur plusieurs grandes tables. Je fus de celle du marié et des gens d'élite de la nosse, où l'on ne parloit presque que françois, mais on y but à l'allemande, c'est tout dire. Chacun sait que les Allemands sont de terribles buveurs, que cette nation, naturellement si franche et si carressante, n'entend guères raison sur l'article de boire. Dans les moindres visites, comme on a déjà vu cy-devant, on n'a pas commencé à parler, que l'on voit arriver la colation ou du moins quelques pots de vin, qui se vuident sans discontinuer. On peut croire que c'est encore bien pis dans un grand repas tel qu'à une nosse de ce païs là. Pour en bien juger, il faut savoir qu'il y a des lois de bouteille qui s'observent inviolablement dans les repas. On ne doit jamais boire que ce ne soit à la santé de quelqu'un, et aussitôt les valets qui doivent remarquer celui à qui on boit, lui portent un grand verre tout plein, qu'il faut nécessairement vuider jusqu'à la dernière goute. Celui cy boit à la santé d'un autre, ainsi le cercle continue et l'on ne cesse point de boire. Aussi dit-on que de vivre* en allemand, c'est boire toujours. Nous sçûmes cependant fort bien, Tassin le commandant et moi, nous deffendre d'une partie des santés que l'on nous porta. C'étoit un homme sérieux et encore plus méchant buveur que moi. Nous nous soutenions l'un l'autre, nous retranchans sur ce que nous étions François et peu acoutumés aux loix d'Allemagne. Nos amis de la ville nous excusoient sans peine; mais ceux du dehors se trouvoient déshonorés de notre refus et ils en grondoient entr'eux.[1] Pour moi, je ne

* *Germanorum vivere, bibere est.*

---

[1] Comme leurs pères au xvie siècle, s'il faut en croire Sébastien Franck :

m'en souciois guères et j'aimois bien mieux leur déplaire que de crever à force de complaisance. Comme ce n'étoit pas le lieu de boire le *Willkom-becher* dans cette assemblée, je n'expliquerai ce mot et ses suites qu'après avoir achevé le récit de cette nosse; c'est assez parler de boire, voïons ce qu'il y avoit à manger.

Il y eut deux amples services de rôti à la suite l'un de l'autre, la pluspart de grosse viande noire, comme marcassins, lièvres, canards sauvages, et autres oiseaux de rivière; tout cela entremêlé d'un grand nombre d'assietes de ragouts à sausse brune, bien salés et bien épicés et fort propres pour faire boire à l'allemande. Ce fut une chose extraordinaire, qu'on ne servit point de *Saurkraut* parmi ces différens mets; ce sont des choux confits durant trois ou quatre mois dans le vinaigre, le sel et la graine de genevre,[1] qu'on fait cuire ensuite avec quelque morceau de lard jaune. Les Allemans sont si friands de ce gargotage là qu'ils ne croyent pas avoir été régallés, si les *saurkroute* y manquent. Nous en avons eu une bonne preuve dans une ville de ce païs, où le duc Mazarin ayant un jour invité à sa table le bourguemestre et quelques conseillers du lieu; ils en revinrent fort mal satisfaits, disant qu'ils mouroient de faim et de soif. En effet, ils ne burent point dans ce repas, parce qu'on ne leur porta aucune santé; ils n'avoient guères mangé non plus, à cause qu'on ne servit point de ces choux aigres qui font leurs délices.

Pour revenir à la nosse, le dessert fut aussi grossier que les viandes: force patisserie bien massive, des bignets[2] bien gras, quelques langues et saucissons fumés terminèrent le

---

« *Mag leicht einer den Wein nicht sauber aussaufen bis an den Boden, da erhebet sich ein Fluchen, Würgen und Schelten, dass einem die Haare emporstehen.* »

[1] Ancienne forme de genièvre.
[2] Cette prononciation s'est conservée dans quelques provinces.

service; mais celui-cy y demeura jusqu'à neuf heures du soir, pour entretenir la vertu potatrice des vieux conviés, dont une partie résista à table jusqu'à ce tems là, pendant que l'autre s'y endormit. La chambre du festin se trouvant ainsi embarrassée par la personne de ces vaillans buveurs, et plus incomode encore par le bruit insuportable qu'ils y faisoient en parlant, du haut de leurs têtes, de quelque ancienne histoire que chacun contoit à son compagnon, la jeunesse emmena les violons dans la grande salle de la maison de ville, où nous dançâmes jusqu'à la nuit, non pas sans quelques reposées que ces matassins[1] d'Allemans étoient obligés de faire pour reprendre haleine, car leurs dances sont pires qu'un travail. Durant ces petits intervalles l'assemblée me prioit de dancer à la mode de France. Je ne demandois pas mieux. N'ayant personne qui pût figurer avec moi, je menai d'abord une courante à[2] une demoiselle de la compagnie, mais le sérieux de cette dance n'étant pas du goût de nos Allemans, je demandai les menuets, que nos harpes et nos violons joüèrent avec beaucoup de justesse et de gaïeté. Alors je me donnai carrière et je variai ma dance de cent sortes de pas de ballet et de cabrioles, qui jettèrent mes spectateurs dans l'admiration : ils n'avoient jamais rien vû de semblable, et ils me firent l'honneur de me dire qu'il n'y avoit point de chat qui sautât mieux que moi. La nuit et la lassitude nous chassèrent de la maison de ville, nous revinmes chez le marié, où l'on but et mangea de plus belle. On peut croire que trois ou quatre heures de dance abatent bien les morceaux dans de jeunes estomacs. Enfin, sur les neuf à dix heures du soir, chacun disparut peu à peu, pour

---

[1] On appelait autrefois de ce nom des danseurs qui agrémentaient leurs évolutions de force gestes et contorsions bizarres.

[2] Il faut lire sans doute: je menai d'abord à une courante une demoiselle.....

aller faire digestion chez soi. Je fis comme les autres, je me retirai, sans dire adieu à personne.

Le lendemain, nous fûmes saluer les nouveaux mariés. Nous y trouvâmes le déjeuner prest. L'on ne fit que festiner et rire pendant tout le jour, et pour mieux dire le régal dura jusqu'à la fin de la semaine; il sembloit que l'on étoit là à sa tâche à qui boiroit le plus. Il faut leur pardonner, c'est le génie de la nation, et les grands seigneurs mêmes qui n'aiment pas à boire par excès, prennent au moins un plaisir singulier à enyvrer ceux qu'ils invitent à leurs tables.

La loi du *Wilkom*, dont j'ay promis la description, est un moïen fort propre pour réussir dans leur dessein. Il faut savoir d'abord que ce mot de *Willkom-becher*[1] signifie en françois la tasse de la bienvenüe. Or en Allemagne on donne ce nom à un grand vaisseau de différente figure, qui sert à boire en cérémonie la première santé d'un nouvel hôte. Les personnes de qualité en ont toujours d'un métal précieux, comme d'or ou du moins d'argent doré, enrichi de médailles et de pierreries représentant quelque animal qui fait partie de leurs armoiries ou de leurs cimiers, tel qu'un lion, un aigle, un cigne, un paon, etc. Je citerai pour exemple le *Wilkom* d'un seigneur de ce païs là, que je ne nommerai point; je dirai seulement qu'on le traite d'Altesse en qualité de prince de l'Empire. Le Père Recteur des Jésuites d'Ensisheim françois, nouvellement arrivé en Alsace, trouva qu'il étoit de la bienséance de commencer ses visites d'arrivée par voir ce seigneur. Il en fut parfaitement bien receu et même admis à souper avec lui, pour marque de la distinction qu'il faisoit de sa personne. Mais le Révérend Père de la Société fut bien surpris, quand dès l'entrée du repas, cette altesse allemande se fit aporter un grand coq de vermeil tenant environ trois chopines de Paris, et qu'après en avoir

---

[1] On dit aussi *Wiederkomm*, vidrecome.

oté la tête, qui se démonte à visse, il le vuida, ou fit* semblant de le vuider à sa santé en qualité de nouvel hôte, selon la loy qui ordonne que le maître de la maison commence par boire son *Wilkome,* avant de le faire remplir pour le présenter à celui à la santé duquel il a bu. Le P. Recteur qui n'étoit pas instruit de cette coutume, pensa tomber de son haut, lorsqu'il vit un échançon lui aporter ce formidable coq pour le vuider à son tour. Il ne manqua pas d'emploïer ses plus élégantes frases latines pour s'en excuser (car il ne savoit pas d'allemand); mais le Prince parut choqué de son refus, de sorte qu'il fallut pour rentrer en grâce, que le Jésuite fît effort pour boire cet énorme gobelet, et il en vint à bout après plusieurs reprises. Il pensoit qu'après cette rude corvée il joüiroit du moins de sa liberté, pour ne boire plus qu'à sa soif. Rien moins, il fallut demeurer à table quatre ou cinq heures de tems, où l'on l'obligea de faire encore raison de toutes les santés que les autres conviés lui portèrent. Enfin l'heure de se lever de table arriva; mais pour lors le bon Recteur ne pouvoit plus se régir lui-même, la tête lui tourna quand il fut debout, et pendant le peu de conversation qu'il eut après le repas avec ce Seigneur, il lui prit un mal de cœur si pressant qu'il ne le put dissimuler. Il fut contraint, malgré lui, de soulager la plénitude de son estomac en présence de l'Altesse, qui étoit ravie de l'avanture; et quoique le vin donne de la hardiesse, le pauvre jésuite en eut tant de confusion qu'il en perdit entièrement la contenance et fit pitié à la compagnie. Tout ce qu'on lui put dire pour le consoler ne servit de rien. On tâcha de lui faire entendre que cette éjection n'avoit rien de honteux en Allemagne, qu'au contraire cela faisoit honneur au maître de la maison. Il ne se rassura pas même aux obligeantes paroles du Seigneur qui l'avoit régallé: « *Tou non es filious meous,*** lui dit-il, *si te poudeat evomouisse.* »¹ Pour conclusion il fallut

* On m'a dit que, quand ce seigneur buvoit son Wilkom, ses officiers avoient soin d'insérer dans le cou du coq un gobelet d'argent fait exprès, tenant un bon verre, et qu'après l'avoir bu lentement pour faire croire qu'il vuidoit tout le vaisseau, on le reportoit au buffet où l'on en tiroit ce traître gobelet, pour remplir véritablement de vin tout le corps du coq et le faire boire aux nouveaux venus.

** ce sont ses propres mots et dans leur pronociation naturelle.

¹ « Non, tu n'es pas mon fils, si tu as honte d'avoir vomi. »

conduire le Père dans une chambre à part pour y passer le reste de la nuit, et dès la pointe du jour il partit sans dire adieu ni à l'Altesse ni à personne de la maison, et s'en retourna à son collége d'Ensisheim, si pénétré de confusion qu'il se mit au lit à son arrivée; et il en mourut de chagrin au bout de quelques jours. Tout le monde sait cette histoire là dans le païs et, au lieu de plaindre ce bon Jésuite d'avoir été un martir de complaisance, la pluspart n'en parlent qu'en le raillant de son peu de courage et comme d'un homme qui s'est laissé mourir, faute de savoir vivre.

Le *Vilkome* des grands Seigneurs me fait souvenir de parler de la noblesse d'Allemagne. Elle est si fort prévenüe en sa faveur, qu'un gentilhomme allemand ne se figure qu'avec peine qu'il y ait de la véritable noblesse ailleurs qu'en son païs. L'Allemagne, dira-t-il, n'a jamais été subjuguée par aucun conquérant; les nations étrangères ne se sont point mêlées parmi la nôtre. Un noble chez nous ne se mes-alie point, quelque indigent qu'il soit, il aime mieux épouser une pauvre demoiselle que de prendre une bourgeoise avec une grosse dot. La noblesse de France, continuera-t-il, n'est pas si difficile, et même on peut dire qu'il y en a peu de véritable; car à la réserve de quelques familles illustres par leur ancienneté, le reste n'est composé que de roturiers qui auront fait fortune par les arts, le commerce, ou dans quelque emploi de maltote, qui, se revêtant d'un office achepté à prix d'argent et dont l'exercice les annoblit, paroissent bientôt plus nobles que les nobles mêmes. Pour les Anglois, ce ne sont la plûpart que des marchands, les plus grands Seigneurs de cette nation sont associés dans le commerce. En Italie, les princes et les gentilhommes de la première classe ne sont que les décendans de quelque neveu de Pape, qui étoit lui-même de très basse naissance. En Espagne, on n'y connoit rien. Ce sont des superbes, qui se donnent tous pour Cavaleros, quoiqu'il y en ait en ce païs là moins encore qu'ailleurs. En un mot, à les entendre dire, il n'y a que les Allemans de nobles sur la terre. Je ne voudrois pas entreprendre de leur ôter cet entêtement. Ils me produiroient bientôt des arbres généalogiques* sans fin, des armoiries à 20 quartiers timbrés de trois, ou cinq et même de huit** casques sommés de cimiers si embroüillés, de lambrequins si bisares dans leurs émaux qu'ils metroient à quia² le bon homme de la Colombière³ avec son gros livre de blason, aussi bien que Chevillard,⁴ le plus vétilleux auteur de la science héraldique. Si les preuves du blason ne me contentoient pas, on m'ouvriroit ensuite les Archives, qui sont des lieux voutés, tout de pierre, fermans à portes de fer, crainte du feu et des rats, où l'on m'étalleroit plus de parchemins gotiques qu'un déchifreur n'en pouroit lire en dix ans. Et pour convaincre davantage mon incrédulité, ils feroient publier leur noblesse par les oiseaux mêmes, en me faisant remarquer qu'en leur païs les cigognes, qui font leurs nids sur les clochers, ne s'établissent jamais que sur ceux des églises seigneuriales. Le moyen de résister à des témoignages si autentiques et de n'en pas venir à croire

Que Dieu les a pêtris⁵ d'autre limon que moi.⁶

* Le duc d'Arschot¹ produit sa généalogie depuis Adam.
** L'électeur de Saxe en a jusqu'à huit.

---

¹ de la maison de Croy.

² = qu'ils réduiraient à répondre pour toute raison *parce que* (en latin *quia*).

³ Marc de Vulson, sieur de la Colombière, a fait plusieurs *gros* livres de ce genre, entre autres: *Le vray Théâtre d'honneur et de chevalerie, ou le miroir historique de la noblesse*, Paris 1648, 2 vol. in-fol. et *La science héroïque, traitant de la noblesse de l'origine des armes, etc.*, Paris, 1644, in-fol.

⁴ Jean Chevillard est l'auteur de *Le grand armorial ou cartes de blasons, de chronologie et d'histoire*, en 79 feuilles (s. l. n. d. mais *Paris*, vers la fin du xvii⁰ siècle), in-fol. Son fils Jacques-Louis fût aussi un généalogiste distingué.

⁵ Notre auteur, en citant Boileau, a fidèlement reproduit son orthographe; au xvii⁰ siècle on prononçait *paitrir*.

⁶ Est-ce à dire que notre conteur ait été un roturier? Non, la boutade est dirigée particulièrement contre la noblesse allemande (cf. p. 139).

Quelque jaloux que soient les Allemans de la pureté de leur noblesse, ils sont néanmoins faciles, obligeans, caressans, bons et familiers jusqu'à leurs domestiques mêmes ; ils ne se font pas un scrupule de les admettre à leurs tables, du moins celle des valets est dressée dans le même lieu que celle du maître, et une partie mange pendant que l'autre sert ; c'est ce que j'ay vu chez le baron de Reynach[1] et chez d'autres personnes de qualité de ce païs là.

Il n'en est pas de même lorsque les jeunes Seigneurs allemans font leur cours de voïage ; pour lors ceux qui les acompagnent sont dans un grand respect auprès d'eux[2] et particulièrement en présence des étrangers. Qu'on ne s'étonne pas de ce que je me sers du terme de *cours* en fait de voïage, car c'est véritablement une suite d'études pour la noblesse d'Allemagne. Lorsque ces jeunes gens partent de leur païs, on peut dire d'eux que ce ne sont que des belles statües ; ils paroissent décontenancés comme s'ils ne savoient où mettre leurs bras. Mais quand ils ont roulé quatre ou cinq années dans les cours étrangères et surtout en France, où ils aprennent d'ordinaire leurs exercices, comme ils sont la plûpart grands et bien faits, leur corps étant dressé par d'habiles maîtres à la dance, aux armes et à monter à cheval, et leur esprit orné de la connoissance des langues et des matématiques, pour lors ce sont des hommes acomplis. Aussi est-il bien rare de trouver en Allemagne un gentilhomme qui n'ait vu le monde. Quelque bonnes qualités qu'il ait, il leur semble qu'il seroit tout autre s'il avoit voïagé, et l'on dira toujours de lui comme en proverbe : « C'est dommage que ce gentilhomme n'ait pas été à Paris. » C'est pourquoi les pères de familles les moins accomodés[3] mettent chaque année

---

[1] A Hirtzbach, près d'Altkirch, ou à Foussemagne, près de Belfort.

[2] leur témoignent beaucoup de respect.

[3] à savoir, des biens de la fortune. De même *incommodé*, tout court, avait le sens de pauvre.

quelque somme en réserve pour fournir aux frais de voïage de leurs enfans, afin qu'ils le fassent d'une manière utile et honorable. On en voit même qui, poussant leur prévoyance plus loin, leur font aprendre secrètement quelque art honête, tel que la peinture, la gravure, ou d'orfèvre en pierreries, afin qu'en cas de nécessité, ils ayent moyen de subsister, sans être à charge à personne, lorsqu'ils sont en païs étranger. Je me suis trouvé engagé de dire ce mot, en passant, touchant la noblesse d'Allemagne.

Décendons maintenant dans les coutumes du peuple. Il observe aussi la loi du Wilkome; mais le vaisseau bourgeois n'est qu'une grande coupe d'argent ciselée ou à pans gauderonnés[1] et dorée par dedans. Achevons une bonne fois le chapitre de la boisson, en disant que dans les régals on fait une dévotion de boire à l'honneur de S. Jean à la fin du repas. C'est une cérémonie à laquelle on ne manque guères avant de se séparer. On dit même qu'un Pape a apliqué des indulgences à cette pratique de boire, afin de faire souvenir les Allemans de rendre grâce à Dieu après leurs festins.

Leurs repas ordinaires, ou de ménage, sont mesquins et fort peu appétissans. Ils ne font guères cuire la viande de la marmite, et on ne sait ce que c'est que d'y mettre des herbes potagères ; mais ils en font un plat à part, de sorte que leur boüilly est toujours accompagné d'une espèce d'entremets de choux, de navets ou de betteraves ; aussi regardent-ils les productions de leurs jardins comme l'ordinaire de leur subsistance. Aux jours maigres, qui sont en Allemagne d'une maigreur étrange, ils font souvent des bignets de diverses façons, quelquefois ils sont filés comme de la bougie entrelassée en couronne, et ce qui paroîtra incroyable, on y en fait même avec des écrevisses ou bien avec des feüilles de sauge. Ils font outre cela frire des bouletes de pâte beurée,

---

[1] formant des moulures ovales.

de la grosseur d'une savonette,[1] qui est un détestable mets.[2] Un homme qui est bouré de trois de ces bales là, en a du moins pour deux jours à faire digestion. Les Allemans se piquent surtout de bien accomoder le poisson d'eau douce ; mais ne leur déplaise, leurs longues sausses sont des solécismes de bonne chère, et le poivre noir et le saffran qu'ils y fourrent sans mesure est un vray barbarisme de bon goût. Joignez à cela de la vaisselle fort malpropre, des ronds de bois qui servent d'assietes, on avoüera en France que cela n'est guères ragoûtant. Pour moi, je ne puis le dissimuler, au commencement de mon séjour en Alsace, le cœur me bondissoit de voir un pareil service. Les rivières, ruisseaux et étangs du païs fournissent si abondament du poisson qu'il y est à bas prix. Les belles truites sont ce qu'il y a de plus estimé, au lieu que la tanche y est si méprisée qu'on dit en commun proverbe, que si quelqu'un vouloit régaler le Diable, il lui serviroit des tanches. On voit rarement de la marée en Alsace, si ce n'est de la merluche, qu'on y apelle *Stokfisch,* et du saumon frais, qu'on pêche dans le Rhin durant de certains tems de l'année. Les cueillères de table, tant celles qui sont d'argent que les communes qui ne sont que de fer blanc, ont le manche rond et courbé de la figure aprochante d'un S de chifre. Le pain n'y est pas mauvais, car le païs produit toutes sortes de bons bleds ; il y en croît, entr'autres, d'une espèce qu'on ne voit point en France : il ressemble au froment, mais l'épy en est quaré et est composé de quatre rangs de petites gousses ou fourreaux qui enferment chacun son grain, comme à l'orge. Ce bled fait

---

[1] Boule de savon parfumé dont on se servait avec de l'eau chaude ou froide, pour faciliter l'action du rasoir.

[2] Beaucoup de lecteurs et même de lectrices ne partageront pas cette aversion de l'auteur pour les *Griespflute;* mais quoi ! des goûts et des couleurs....

du pain fort blanc. On l'apelle en allemand *spreir*[1] et ceux qui parlent françois lui donnent le nom d'épeautre.

Quant au vin, j'en ay, ce me semble, déjà parlé; il s'en trouve d'assez bon le long de ce haut-Rhin; il est plus doux et plus agréable que fort, ainsi il est moins brûlant que celui de France, si l'on en excepte celui que l'on entonne tout sortant de la cuve, et qu'on serre dans des vaisseaux reliés de cercles de fer, dans lesquels l'on l'empêche de boüillir et de s'évaporer en le bouchant bien soigneusement. De tel vin se conserve dans sa force jusqu'à 3o années, et l'on n'en boit que par régal en petite quantité à la fin des repas d'amis. La coutume d'Allemagne est de tirer le vin à clair après qu'il a boüilly; mais on enfume les tonneaux, tant grands que petits, avec un morceau de linge soufré qu'on allume dedans, et qu'on y laisse consumer, afin que l'odeur en pénètre le fust. L'expérience montre que le vin s'y conserve mieux que sur sa lie, et qu'il n'en souffre aucune altération par le transport. Ceux qui font grosse provision de vin le gardent dans de grands tonneaux, dont il y en a qui tiennent bien 20 muids chacun. Témoin la tone d'Heidelberg, qui contient à ce qu'on dit cent foudres de vin. Le plus petit vaisseau, qui est aprochant de la grandeur d'un de nos quartauts, s'apelle *Ohme;* et c'est sur le pied de cette mesure qu'on dénote la capacité de tous les grands tonneaux; elle est aussi plus commode pour le charroy. A propos du transport du vin, il faut remarquer un expédient fort singulier, dont les Allemans se servent pour vuider un tonneau dans un autre sans les remuer de leur place, fussent-ils à 25 pas l'un de l'autre, et même dans deux différentes maisons. C'est par le moyen d'un syphon fait en long tuyau de cuir qui s'embouche dans les deux futailles, dans lequel on fait entrer à l'aide d'un

---

[1] L'auteur fait confusion; ce qu'on appelle *Spreier* est la bale ou paillette qui tombe au vannage; l'épeautre se nomme *Dinkel* ou *Spelz*.

gros souflet le vin, qui passe comme dans un canal d'un tonneau à l'autre jusqu'à la dernière goute. Le vin se vend au cabaret par *Mass* ou pot, qui revient environ à deux pintes de Paris. Il ne me reste plus à dire que l'heure du repas en Alsace est à dix heures très précises, parce que ce n'est pas la coutume d'y déjeuner, et que le souper est à six heures.

Quelque fertilité qu'ait ce païs pour les vivres dont je viens de parler, il y a cependant de certains fruits, tels que les cerises, les poires et les pommes qui n'y sont pas de bon goût. Le conseiller Hold, que j'ay déjà cité pour un homme curieux de jardinage, m'a apris que les entes qu'il faisoit venir d'Orléans et des meilleurs cantons de France, y dégénéroient en sept ou huit années et qu'ils prenoient enfin le mauvais goût du païs.

Pour donner quelque ordre à ce récit, après la nouriture il faut parler des habillemens. Les personnes de la première qualité suivent toujours les modes de France, mais la noblesse de la campagne, quoique revêtüe à la françoise, n'est cependant jamais à la mode, parce que leurs habits durent trop longtems. Il en est de même de la bourgeoisie, j'entens pour les hommes, car leurs femmes sont immuablement habillées à l'allemande, de la manière à peu près que cette estampe nous le représente. Je dis à peu près, car c'est là un des plus riches habits du païs, tel que le peut porter la femme d'un avocat, d'un médecin ou de quelque officier de ville. Son chapeau fait en forme de bateau est de feutre noir et bordé d'une dentelle d'or, les moindres bourgeoises n'y mettent que de la guipure de soye noire, et leurs manches sont toutes simples sans garniture. Ce corps de robe ouvert par devant, est d'une étoffe noire, la pièce du lacet est d'écarlate, aussi bien que la juppe. Je raporte icy une autre figure d'habit de nos bourgeoises d'Altkirch, parce que dans cette seule ville d'Alsace elles portent le chapeau à la mode des Baloises, c'est-à-dire qu'il a les deux bouts plus courts qu'ailleurs, et que le devant n'en est pas relevé tout droit; mais il avance en arondissant et leur porte ombre sur les yeux; au lieu de dentelle il est bordé d'une bande de satin noir. Ce chapeau là leur tient lieu de coiffe, car elles le quitent ordinairement dans la maison, pour vaquer au ménage. En été, elles portent un mouchoir de toille noüé autour du cou, dont les deux bouts, qui pendent par devant, s'arêtent dans le lacet. En hiver, elles ont de grosses crevates de fleuret[1] noir qui font deux tours, et cela par dessus une gorgerette de toille quarée qu'elles ne quitent jamais, quelque chaleur qu'il fasse; d'autres portent une peau de martre à qui l'on laisse la tête, les pieds et la queüe. Leurs habits leur font la taille ramassée, et leurs juppes qui sont trop courtes ne peuvent couvrir leur chaussure grossière. On distingue les femmes mariées par un petit bonnet de toille blanche plissée où sont enfermés leurs cheveux, au lieu que les filles les laissent pendre sur le dos en deux longues tresses, et n'ont la tête couverte que d'une bande de velours noir, qui s'atache avec un ruban de même couleur sous le menton. Les vieilles femmes se couvrent la tête d'un gros bonnet de martre, qui monte en demi cercle, de la figure d'un maron, et qui leur décend jusqu'au bas des joües comme il paroît dans la figure. Voilà toute la parure de ces bonnes ménagères, qui sont de véritables femmes fortes, car elles ne rebutent rien de tout ce qui se peut faire dans le domestique. Je ne puis m'empêcher d'en faire icy l'éloge.

Elles sont toujours les premières levées et les dernières couchées, elles travaillent à la cuisine, elles pêtrissent leur pain, font la lessive, bêchent au jardin, les mères allaitent leurs enfans elles-mêmes, car c'est un grand affront à une

---

[1] Soie de qualité inférieure. On désignait aussi sous ce nom une espèce de ruban moitié fil moitié soie.

Allemande de mettre ses enfans en nourrice. En un mot elles sont infatigables, plus mâles et plus vigoureuses que leurs maris mêmes, que j'ay souvent vus bercer ou badiner avec leurs enfans, pendant que les femmes se tuoient de travailler; ce n'est pas qu'elles n'ayent des servantes comme dans les autres païs, mais elles n'en prenent que pour leur aider. Dans quelque régal que ce soit, la mère de famille ne se met jamais à table qu'avec le dessert, c'est-à-dire que, quand elle arrive dans la compagnie, on juge qu'il n'y a plus rien à ordonner ni à aporter de la cuisine. Il est aisé de croire que des femmes si laborieuses et qui ont si peu de soin de leurs personnes, ne durent pas longtems jolies; en effet j'étois surpris d'entendre dire que mon hôtesse n'avoit que 25 ans, car j'aurois cru qu'elle en avoit plus de trente.

La noblesse mal aisée aussi bien que les riches bourgeois sont habillés, comme j'ay dit, à la françoise, mais à la vieille mode. De mon tems personne que moi ne portoit la perruque dans notre ville d'Altkirch ni dans les environs; les cheveux gris ou blancs et les têtes chauves y paroissoient tout naturellement et faisoient connoitre l'age d'un chacun. Ce que je vais dire prouvera que peu de gens y savoient même ce que c'étoit qu'une perruque, et qu'ils étoient assez simples pour prendre la mienne pour une belle chevelure naturelle. Un soir d'été, comme nous étions douze ou quinze personnes, tant hommes que femmes, assis en pleine rüe à conter des nouvelles, une jeune fille de mes amies se mit à se divertir à contrefaire mon accent étranger; sur quoi feignant d'en être fâché, je lui dis que si elle ne cessoit ses railleries, je lui jetterois ma tête au nez. Toute l'assemblée se prit à rire de ma menace et la jeune gaillarde encore plus que les autres. Personne ne comprenant mon intention, j'ôtay brusquement ma perruque et je la jettay sur elle à quatre pas de moi. Je ne saurois exprimer la surprise de toutes ces femmes; elles firent toutes ensemble un cri général en disant: *O Jesus, o*

Jesus, potz tausent, der herr hat sein kopff geschnidet ab![1]
Et avant qu'elles fussent revenües de leur étonnement, je courus reprendre ma perruque et je la remis sur ma tête, en riant comme un fou de leur simplicité, à laquelle je ne m'atendois pas. Après cela, quoiqu'il fît assez sombre, il fallut leur montrer encore une fois ma tête rasée et ma chevelure postiche. Les femmes surtout, examinèrent avec curiosité et avec admiration l'arrangement et la monture des tresses d'une perruque, et toutes grossières que fussent[2] ces bonnes gens, elles trouvaient cependant que c'étoit une chose bien inventée que cette coiffure là.

N'oublions pas de parler aussi des habits des païsans. Les jours de fête, les hommes et les femmes portent le noir au moins par le haut du corps, car ceux-là ont un pourpoint à longues basques, et celles-cy portent un corset si court qu'il ne leur va qu'à la moitié du dos; le devant n'en est ataché qu'à une agrafe sur le sein et laisse voir, en s'écartant en triangle, la pièce rouge et le lacet noir qui sont sur l'estomac. Leurs manches sont étroites et longues jusques sur le poignet. La juppe, qui est de quelque grosse serge de couleur jaune ou verte, est atachée au défaut du corset et ne décend que jusqu'à mi-jambe, de sorte qu'on leur voit des bas blancs ou jaunes et des souliers à double semelle. Elles portent de même que les hommes de petites fraises courtes, cousües autour de leurs gorgeretes, qui sont quarées et piquées d'un million d'arrière points; et leur tête est couverte d'un petit chapeau, ou plutôt d'un bonnet, qui n'est pourtant ni l'un ni l'autre; car, il n'a point de bords et la tête n'entre point dedans. Quoi qu'il en soit, cet habillement de tête est de feutre noir. Elles portent ordinairement autour du corps un

---
[1] Jésus! oh ciel! le monsieur s'est coupé la tête!
[2] L'emploi de l'indicatif après la locution *tout que* n'était pas, comme aujourd'hui, absolument de règle.

demi-ceint[1] de cuivre, où pendent par devant un trousseau de clefs et une bource.

Pour revenir à l'habit des hommes de vilage, ils portent des culotes de toille fort larges à la Suisse et des bas gris, une petite fraise cousue au colet de la chemise, un chapeau pointu à forme de pain de sucre, dont le cordon composé de plusieurs bouts de ruban de couleur est toujours hors de sa place; et pour acompagner cette parure, ils ont la tête absolument rasée et laissent croitre leur barbe à la manière des capucins. On ne sait ce que c'est que des sabots en ce païs là. Il s'y trouveroit des païsans assez riches (car on n'y paye point de taille), si les guerres fréquentes, malheur ordinaire des frontières, ne les ruinoient souvent de fond en comble.

J'ay déjà dit plus d'une fois en parlant des maisons d'Allemagne, qu'elles étoient la pluspart peintes par dehors, c'est icy le lieu de faire le détail du dedans. A moins que ce ne soit des maisons à boutiques, on n'en habite guères le bas étage, il est réservé pour les écuries ou pour faire des magazins. Les logis de distinction ont presque toujours leur escalier de pierre dans une tourelle hors d'œuvre; mais dans les maisons du commun on trouve sous la porte un escalier de bois, par où l'on monte au poêle, qui est une salle boisée tout autour, haut et bas, et percée de grandes fenêtres, qui souvent règnent tout le long d'un des côtés, et qui sont en quelques endroits diversifiés par des balcons en saillie et tout vitrés, d'où l'on peut voir, sans être vu, tout ce qui se

---

[1] Ceinture de dessous, elle était posée sur la hanche gauche et nouée à droite :

« Ce demi-ceint ne doit le corps estreindre,
Mais soutenir le fais et supporter
Des mystères que dame doit porter. »

Au xviie siècle, le grand luxe des femmes du peuple était le *demi-ceint d'argent*, large tresse de soie, décorée sur la moitié de son pourtour de plaques ciselées, avec une chaîne d'argent, à laquelle outre les clefs et la bourse étaient suspendus des ciseaux, un couteau, etc.

passe dans la rue; non pas cependant à travers toutes les vitres, car les panneaux ne sont qu'un assemblage de ronds de verre, appelés *sibles,*[1] de 4 à 5 pouces de diamètre, dont les veines circulaires empêchent de discerner les objets; c'est pourquoi on met au milieu de chaque panneau une pièce d'autre verre uni, pour la nécessité de regarder dehors. La pluspart de ces grands vitrages sont ornés de peinture, ce qui rend ces poëles là fort gais en tout tems, mais en hiver surtout ce sont des paradis pour les Allemans, parce qu'il y a un grand fourneau de fonte ou de terre vernie, que l'on chauffe par le moïen d'une ouverture qui est dans le mur répondant à la cuisine, de sorte qu'on ne voit point le feu quoique l'on en sente la chaleur jusques dans les endroits de la chambre les plus éloignés du fourneau; et comme d'ordinaire il est orné de bas reliefs, à la manière des contrecœurs de cheminée, et couronné de divers feüillages et embellissemens par le haut, cela passe d'abord dans l'esprit d'un étranger qui n'en a jamais vu, pour une armoire à la mode du païs. C'est le jugement que j'en fis à Montbelliard, où je vis pour la première fois un de ces fourneaux. Comme je ne me doutois point de cela, je ne pouvois comprendre comment, après avoir quitté mon manteau et mes grosses bottes, j'avois encore plus chaud qu'en arrivant; mais je fus bientôt instruit du mistère, en aprochant ma main de cette ardente armoire de fer. On peut bien penser qu'il ne sent guères bon dans ces poëles, et particulièrement dans ceux des hôtelleries où l'on mange presque durant toute la journée, où l'on fume du tabac chacun à sa liberté. En effet l'odeur de ces lieux chauds est insuportable à l'abord pour les étrangers délicats; il ne sera pas hors de propos de se souvenir icy de ce que l'abbé[*] Régnier-Desmarais[2] en a

[*] Cet abbé accompagnoit M. le duc de Créqui, lorsqu'il fut de la part du Roi demander en mariage la Princesse de Bavière, pour Monseigr le Dauphin, en 1679.

---

[1] probablement *schible*, diminutif de *schibe* ou *scheibe*, vitrail.
[2] Régnier-Desmarais (1632-1713) fut pendant sa jeunesse secrétaire du duc de Créqui; grammairien distingué, il fut reçu, à l'âge de 38 ans, à

écrit dans son voyage de Munich en vers. Voici comme il en parle :

>   .... un poisle où l'on respire
>   Vne molle et fade vapeur,
>   Qui fait presque faillir le cœur,
>   Est l'endroit où l'on se retire.

Chez les bons bourgeois on a de coutume, dès qu'on a mangé, d'ouvrir les fenêtres du poële et d'y brûler du bois de genèvre dans un réchaut, qu'une servante porte en marchant tout autour de ce lieu, ce qui le remplit tout d'une fumée aromatique. Mais chez les petites gens où l'on n'observe pas cette pratique, il est presque impossible d'y durer, car ils y couchent, ils y mangent, ils y sèchent leur linge et ils gardent du fruit, ce qui y cause une puanteur détestable. Joignez à cela une quantité importune de mouches et de puces, qui s'y conservent toute l'année, et l'on pourra se faire une idée assez juste de ces vilains chaufoirs.

Je cède encore la plume au même poëte, pour décrire un lit d'Allemagne. Rien n'est plus agréable que le stile naïf et ingénieux de cet excellent auteur.[1] Après avoir gémi sur les incommodités de son auberge, il ajoute :

>   Et de nos maux pourtant ce n'est pas là le pire :
>   Le pire est, ou qu'il faut dormir sur le plancher,
>   Chose d'ordinaire un peu dure,
>   Ou se résoudre à se jucher
>   Sur un lit que je voy, dont la seule figure
>   Me détermine presque à ne me point coucher.
>   La chose toutefois n'est pas encore bien sûre,
>   Et pour ne me rien reprocher,
>   Je croy qu'elle mérite avant que de conclure,
>   Deliberation plus mûre,
>   Cependant je m'en vais tâcher
>   De décrire ce lit avec sa garniture.

---

l'Académie française, dont il devint secrétaire perpétuel en 1684. Boileau a placé un de ses opuscules, *l'Edit d'amour*, parmi les livres qui servent au combat des chanoines dans le cinquième chant du Lutrin.

[1] L'éloge peut paraître un peu outré.

Il est fait en forme d'armoire
Et l'on y monte par degrés.
Des rideaux ? vous m'excuserez,
Ces sortes de lits font gloire
De n'en être jamais parés.
L'ambitieux chevet jusques au ciel s'élève,
J'entens jusques au ciel du lit,
Et de la couche large et brève
Tient la moitié sans contredit.
Vne coüete de lit[1] vers le milieu renflée,
Mais plate et mince vers le pied,
Avec une autre coüete encore plus gonflée,
En occupe l'autre moitié.
Voulez-vous vous coucher ? C'est entre ces deux couëtes,
Où vous trouvez deux draps grands comme deux serviettes,
Qu'il faut tout vif s'ensevelir.
Romains, vainqueurs de l'Allemagne !
Et vous, illustre Charlemagne,
Que vous l'avez sceu mal polir !
Au lieu de tant de lois de toutes les natures
Dont on vous a vûs la remplir,
C'étoit des draps, des couvertures,
C'étoit des matelas qu'il falloit établir.

On comprend assez par cette description poétique que les lits de ce païs là sont trop courts, qu'ils sont tout enfermés de menuiserie;[2] qu'on y monte par une porte ou fenêtre, au bas de laquelle il y a deux degrés de la longueur du lit, aussi sont-ils toujours posés dans le coin des chambres; que le chevet en est très haut et très large; qu'on y dort entre deux lits de plume où l'on fond en sueur, c'est à cause de cela que je m'imagine que les Allemans[3] couchent sans chemise, puisqu'il faut tout dire. Je n'ay jamais pu m'acoutumer à ces assommantes coüetes, en quelque saison que ce fût.

---

[1] Sorte de courte-pointe garnie de plumes.

[2] Notre auteur avait dû cependant voir des alcôves à Paris. Qui ne connait la description de Boileau :

« Dans le réduit obscur d'une alcôve enfoncée. »

Il est vrai que la menuiserie y était le plus souvent remplacée par des draperies.

[3] C'était l'usage aussi en France pendant tout le moyen âge.

Lorsque j'allois dans quelques-unes des villes fortes, qui ne se trouvoient pas obligées de démeubler à cause de la guerre, je demandois toujours des couvertures de laine comme celles de France, car, dans les bonnes hôtelleries, il y en a en réserve pour les étrangers, et ils appellent ces couvertures là *Catalaunen*.[1] Pour chez Keller, mon hôte, je n'avois rien à craindre de ces lits de plume, car je croy l'avoir déjà dit, en onze mois de tems que j'ay logé chez lui, je n'y ay couché que sur la paille, sans autre couverture que mon manteau.

Les petits enfans sont couchés, de même que les grandes personnes, entre deux coüetes qui emplissent un berceau proportionné à leur âge, parce qu'ils ne les emmaillotent point, quelque jeunes qu'ils soient; ils ne font que les serrer avec une large lisière, qui passe dans deux rangs de chevilles atachées aux côtés du berceau, ce qui les tient si fermes que les femmes de vilage les portent sur leurs têtes allant aux champs, les posent à l'ombre d'un arbre pendant qu'elles travaillent, et leur donnent à teter de temps en temps sans les ôter de leurs petits berceaux. Pendant la nuit, elles posent ce berceau sur une table qui se dresse auprès de leurs lits, pour être en main de les bercer lorsqu'ils crient.

L'article des autres meubles ne sera pas long ; il n'y a que

---

[1] Cette dénomination s'est perdue, sans laisser aucune trace dans la langue du pays. Par la même raison qu'on dit *perse, nankin, barège*, on donnait à ces couvertures le nom du pays d'où on les tirait originairement, de la Catalogne, en latin *Cataluania*. Voici l'explication donnée par Savary dans le *Dictionnaire universel de Commerce*, Paris, 1723 : « *Castalogne* ou *Castelogne*, couverture de lit faite avec de la laine très fine. M. Furetière, et après lui M. Corneille prétendent que ce nom vient de *casta lana*, qui signifie la toison des agneaux dont ces sortes de couvertures, à ce qu'ils disent, ont coutume d'être fabriquées. Mais les maîtres couverturiers, sans chercher tant de raffinement dans l'étymologie du mot, croient que ces couvertures, qui se font présentement presque toutes en France, y ont été imitées de celles qui se fabriquaient autrefois à Barcelone et dans plusieurs autres villes de la Catalogne ; et il se trouve encore quantité de ces artisans qui leur conservent leur ancien nom de *catalognes*. »

peu ou point de tapisserie en Allemagne. Les chaises n'y sont que de bois sans garniture, le dossier qui ressemble à un cartouche est percé par le milieu, pour y passer la main, et est quelquefois taillé de quelque méchante sculpture. Les ouvrages de menuiserie y sont à bon marché. C'est de là que nous viennent ces tables d'ardoise polie enchassées dans des bordures de bois de raport.[1] La cheminée de leurs cuisines ressemble assez bien à la forge d'un serrurier, il faut avouer que cela est pourtant commode, car l'âtre étant relevé à la hauteur de deux pieds au moins, l'on y peut travailler de trois côtés à la fois; le quatrième est posé contre le mur; le feu est justement au milieu du quarré, qui est couvert d'un manteau de cheminée fait comme un pavillon. Il y a en Allemagne quantité de pièces de baterie de cuisine, qui nous sont inconnües en France. Je ne m'arêterai pas à en donner la description.

Pour dire quelque chose du génie de la nation allemande, je les trouve, généralement parlant, lents au travail et prompts à se mettre en colère, faisans des imprécations terribles pour de très petits sujets. La plus ordinaire est de souhaiter que le tonnerre frape ceux qui les fâchent; leur grand jurement est par le Sacrement. A cela près, ils sont fort amis du repos et de la bonne chère, et grands babillards. C'est l'ordinaire des buveurs et des gens simples, qui ont le cœur* sur les lèvres; aussi sont-ils, comme j'ay dit ailleurs, de bonne amitié, fidèles, ouverts, agissans sans déguisement, caressans. Car la première civilité que le maître et la maîtresse d'une maison font aux nouveaux venus, c'est de leur toucher dans la main en leur disant *wilkomen, mein herr*.** Tout va bien jusques là; mais ce qui désespère les étrangers, c'est leur lenteur insuportable à servir soit dans les auberges, soit de la part des ouvriers. Il semble qu'ils ne sauroient

* Les Orientaux disent que le cœur de l'insensé est dans sa bouche, et que la langue du sage est dans son cœur.

** Monsieur est le bienvenu.

---

[1] De petits morceaux de bois rapportés pour faire de la marqueterie.

rien terminer. Un tailleur sera dix jours à vous faire un habit ordinaire, et un cordonnier au moins trois jours sur une paire de souliers ; il en est de même pour les autres ouvrages de mécanique. Il faut pourtant dire à leur louange qu'ils sont inventifs dans les arts et patiens dans le travail. A propos de ces deux professions de tailleur et de cordonnier, j'ay remarqué qu'ils sont d'un sentiment contraire à l'estime qu'on en fait vulgairement en France. Icy[1] on regarde un savetier comme le plus vil de tous les métiers, et en Allemagne c'est le tailleur, car on n'en parle jamais sans ajouter *mit gunst,* qui veut dire, sauf votre grâce.[2] Mais une autre prévention qui nous paroît bien plus étrange, c'est que non seulement les Allemans n'ont pas d'horreur pour la personne du bourreau, au contraire il y est en quelque espèce de vénération, on ne l'apelle que *le Maître* par excellence ; il est bienvenu partout, il est de toutes les fêtes et de tous les régals. Pour moi, je n'ay jamais pu m'acoutumer à la présence de cet honête homme là ; je ne pouvois seulement souffrir qu'il me saluât en passant dans la rue. Voilà ce que produit l'opinion.

On trouve partout des gens curieux de faire mettre en gros caractères la date de l'année qu'ils font bâtir une maison ou quelque édifice considérable ; mais nos Allemans l'y écrivent partout, ne fût-ce que sur une porte de jardin fermé de hayes. Peut-on pour cela les taxer de minutie, lorsque nous lisons que les Romains, cette nation si sage et si polie, en usoit de même sur des sujets de petite conséquence, telle qu'étoit la bouteille[3] qu'Horace révère dès le commencement

---

[1] En France, où savetier est devenu synonyme de méchant ouvrier.

[2] Si la phrase est incorrecte, la plaisanterie est agréable. Cependant il ne faudrait pas la prendre au pied de la lettre. Sans doute, en Alsace, le peuple n'a pas ménagé les sobriquets aux tailleurs, mais ils n'étaient pas tournés partout si fort en ridicule : à Mulhouse, par exemple, ils avaient donné leur nom à la plus importante des tribus politiques.

[3] Toutes les bouteilles n'étaient pas de verre.

de l'ode 21 de son troisième livre en l'apostrophant ainsi :

O nata mecum consule Manlio ![1]

Apparament que cette bouteille portoit la date de l'année qu'elle fut faite et qu'ils étoient tous deux d'un même âge.[2]

Les Allemans content le tems par semaines et par quarts d'année et rarement par mois, comme nous le pratiquons. Nous contons bien jusqu'à sept semaines, mais nous ne disons jamais quinze ou vingt semaines, ou un quart ou trois quarts d'an comme font les Allemans.

Pour dire un peu de tout, je parlerai de leur chirurgie. On y saigne les hommes de la manière que les maréchaux saignent les chevaux en France ; c'est-à-dire que leurs lancettes sont faites en forme de flametes,[3] et que le chirurgien donne une chiquenaude dessus pour piquer la veine. Le clistère en Allemagne n'est pas dans une seringue ; mais dans une vessie de porc, qui a un petit tuyau qu'on introduit dans l'endroit nécessaire, et alors l'opérateur presse de ses deux mains son vaisseau flexible et range ainsi le remède en sa place. J'ai déjà dit que la ventouse y étoit fort ordinaire, au lieu qu'elle ne se pratique en France que dans les maladies apoplectiques et pressantes. Pour les Allemans, qui regardent cette opération comme un remède et un préservatif excellent pour la santé, ils ne se font pas une affaire de souffrir au moins quatre fois l'année les ardeurs de la filasse embrasée dans des cornets de verre, et les taillades innombrables de rasoir dont on leur déchiquète les épaules.

C'est, ce me semble, icy le lieu de parler d'une particula-

---

[1] O douce amphore, née avec moi sous le consulat de Manlius.

[2] Galien, en effet (*De Antidotis*, I, 5), nous apprend que l'âge du vin était gravé sur les amphores mêmes ; parfois il était marqué, comme aujourd'hui, sur des tablettes mobiles.

[3] La flammette ou flamme est le nom même des lancettes qui servent à saigner les chevaux ; c'est une corruption du mot savant *phlébotome*.

rité que je n'ay vue qu'en Allemagne et qu'on peut mettre dans la catégorie des maladies.[1] C'est une excroissance de poil comme une longue tresse de cheveux mêlés, qui vient à la tête de quelques personnes et qui leur pend jusques aux pieds. On voit aussi des chevaux qui en ont de pareilles dans les crins du cou, et l'on appelle cela des folets. De donner raison de cette production étrange, qui est commune à l'homme et à la brute, cela passe mon intelligence. Tout ce que j'en puis dire, c'est qu'on prétend que les chevaux qui portent ce toupillon de crin mêlé sont toujours plus propres, mieux étrillés et mieux soignés que les autres, quoique les valets ne les pancent point, l'opinion du peuple étant que c'est un lutin ou un esprit folet qui leur rend ce service.[2] Je ne voudrois pas garentir cet article. Comme les chevaux ne parlent point, il n'est pas possible d'en tirer la vérité par des interrogations ; mais l'homme raisonnable à qui cette cadenete[3] mal peignée croît de même qu'au cheval, devroit contenter notre curiosité. J'ay vu deux personnes qui avoient ce folet, l'un étoit un gentilhomme de la basse Allemagne, avec lequel j'ay mangé à la table du baron de Reynach dans

---

[1] Notre curieux doit avoir rédigé ses Mémoires avant 1697, année où parurent les *Histoires et Contes du temps passé*, de PERRAULT; autrement il n'eût pas manqué de faire allusion à Riquet à la houpe.

[2] Il en est question dans le singulier traité de la *Démonialité*, publié sous le nom du R. P. SINISTRARI. «... *hoc evenit etiam cum equabus, quæ ab eo (dæmone) curantur optime, ac ipsarum jubæ varie artificiosis et inextricabilibus nodis texuntur.* » Il en est de même des juments; il (le démon) les entoure des soins les plus empressés, il tresse leur crinière en une infinité de nœuds inextricables.

[3] Voici, d'après l'explication donnée par mon savant maître, feu Jules Quicherat, l'origine de cette dénomination : Pendant les premières années du règne de Louis XIII, la mode était de faire pendre d'un côté une longue mèche de cheveux qu'on appela moustache. Lorsque M. de Luynes devint connétable pour son talent à faire voler les pies-grièches, on fit maréchal de France du même coup son puîné Cadenet, très recommandable par sa moustache. C'était la plus belle touffe de cheveux qu'on pût voir. Il la faisait nouer avec du ruban de couleur. Cette façon eut longtemps la vogue sous le nom de *cadenette*.

son château de Fussemagne, près Beffort; il avoit cordonné cette tresse de poil avec du ruban noir, et elle lui pendoit sur le dos comme une bource à perruque. Je ne m'en serois pas avisé, sans que[1] la compagnie le railloit sur l'entêtement où il étoit de n'oser faire couper ce vilain toupillon de cheveux; il avoit effectivement la foiblesse de croire que si on le lui avoit rasé, il lui en arriveroit une rude maladie ou quelqu'autre accident. L'autre personne que j'ay vue avec un pareil écheveau de faux cheveux étoit une vieille femme à Beffort, qu'on appelloit toujours la belle Jeanne, quoique l'âge lui eût bien effacé son ancienne beauté; elle avoit la même crainte de perdre son folet. Je l'ai interrogée plus d'une fois sur cet article, pour savoir si elle avoit ce long poil dès sa naissance, et si elle ne s'en trouvoit point incommodée; elle m'a toujours répondu que cette tresse lui étoit venue étant encore fille, toute en une nuit, et qu'elle étoit si longue qu'elle traînoit plus d'un pied à terre; qu'au reste elle n'en avoit point d'autre souci qu'une grande crainte qu'on ne la lui coupât, croyant que sa vie dépendoit de là. Voilà sincèrement tout ce que j'ay pu apprendre de ce phénomène de nature. Je laisse aux savans médecins et autres physiciens à en tirer toutes les conjectures qu'il leur plaira.

Parlons maintenant de la langue et de l'origine de la nation allemande. Les Allemans font sonner bien haut que leur langue est mère, qu'elle n'a rien emprunté des autres idiomes et qu'elle s'est formée chez eux-mêmes. Un certain Irenicus[2] prétend qu'elle a été composée par le Prince* Trebeta, fils de Sémiramis, qui fut le premier roy des anciens Sarmates et fondateur de la ville de Trèves. Cela me paroît fort plaisant d'entendre dire qu'un avanturier vienne de sept ou

*Primus autem germanicam linguam Trebeta composuit filius Semiramis.

[1] N'eût été que; cette tournure, très usitée au xvii siècle, n'a plus cours.
[2] François Irenicus, d'Ettlingen, près de Carlsruhe. Son histoire d'Allemagne en douze livres a eu plusieurs éditions, la première a été imprimée à Haguenau, en 1518.

huit cens lieues composer un langage pour le faire parler à des gens qui aparament ne lui avoient pas donné cette commission là, se pouvant contenter de leur langue maternelle. Comment en effet ajouter foy à cet auteur sans autorité, lorsque les plus célèbres écrivains ne sauroient percer l'obscurité de l'ancienne histoire d'Allemagne, ne parlant de cette nation que comme d'un peuple féroce et barbare, qui habitoit un païs montueux, couvert de bois, coupé de ruisseaux et de lacs et presque impraticable aux étrangers.

La langue allemande, autant que j'en puis juger, paroît originale et ancienne, en ce qu'elle a peu de racines et par conséquent beaucoup de mots composés ; que la construction en est particulière. Elle a néanmoins quelque raport avec la langue latine, en ce que sa frase fait une suspension de sens continuée jusqu'au verbe, qui d'ordinaire se met à la fin ; mais ses verbes n'ont de tems complets que l'infinitif, le présent et l'imparfait, les autres, sans en excepter le futur, ne se conjuguent qu'avec un auxiliaire. Cette inflexion qui se trouve dans les langues du nord, telles que l'angloise, la suédoise et la danoise, est une marque qu'elle sont filles de l'allemande, et que c'est avec raison qu'on la qualifie de langue-mère.

Quoique notre langue soit bien différente de la dialectique[1] allemande, on trouve cependant un poëte du tems de Charlemagne[2] qui nous donne celle-cy pour françoise. Voicy comme il commence son poëme :

Ich wille doch singen auff fransischa Zungen.
Je chanterai cependant en françoise langue, etc.

---

[1] Mot impropre, dialectique n'a jamais été synonyme de langue; mais peut-être n'est-ce qu'une erreur de plume, et l'auteur aura voulu écrire dialecte, qui s'employait au féminin.

[2] Otfried de Wissembourg, dont le *Krist*, ou plutôt l'*Evangelienbuch*, a paru en 868. L'équivoque qui suit sur la *frenkisga ʒungun*, dont s'est servi Otfried, est puérile, comme les autres considérations philologiques, que néanmoins nous n'avons pas voulu supprimer.

Cela paroît difficile à croire d'abord, mais quand on fait réflexion que les historiens font sortir du païs de Franconie nos premiers François, qui sans doute parloient allemand, on pourra plus facilement se persuader que la langue de ces gens là pouvait pour lors s'appeller françoise, puisque ce sont eux qui ont aporté le nom de François ou de Francs dans les Gaules, où la langue du païs étant déjà toute mêlée avec la latine, que les Romains y avaient introduite durant près de 500 ans qu'ils en ont été les maîtres, il a fallu que la langue allemande de ces nouveaux Francs se soit incorporée avec celle des Gaulois, avec lesquels aussi par succession de tems, ils ne firent plus qu'une nation parlant le même langage, qui est le vieux françois de nos pères.[1] C'est en effet un composé de latin, de gaulois et d'allemand, ainsi qu'on le peut prouver par les étimologies de notre langue.

Pour revenir à la langue allemande, elle a souffert de tems en tems les changemens et les additions qu'on remarque dans tous les autres langages du monde. Elle s'est civilisée peu à peu, jusqu'à quitter la manière grossière de ne parler qu'au singulier, c'est-à-dire de tutoyer. Elle a imité de la langue italienne le tour de parler à un homme seul, en troisième personne; par exemple, un maître d'auberge demande à son hôte, si Monsieur veut souper, ou si Monsieur veut aller dans une telle ville. Mais les changemens qui se sont introduits dans cette langue, sont devenus en plus grand nombre de nos jours, où les Allemans ont adopté quantité de mots françois, particulièrement ceux qui concernent l'art militaire. Il n'est pas besoin de dire qu'en Allemagne, de même que chez les autres nations du monde, les provinces ont une prononciation différente l'une de l'autre. Ce défaut, si c'en est un, est commun à tous les habitants de la terre; pour ne

---

[1] On dirait que dans cette énorme phrase l'auteur s'est plu à faire un pastiche allemand.

pas chercher d'exemple hors de l'Allemagne, les Saxons qui passent pour parler et pour prononcer le plus correctement le haut allemand, n'entendent presque point les Suisses, qui parlent allemand à peu près comme les païsans de Gascogne parlent françois.

Tout le païs est des meilleurs et des plus fertiles du monde en tout ce qui est nécessaire à la vie. Ses plaines sont abondantes en froment et en toutes sortes d'autres grains; ses côteaux portent d'excellens vins, ses pâturages nourrissent tant de bestial que la chair s'y vend à très bas prix. J'ay remarqué que les porcs n'y sont pas si grands qu'en France, ils ont la taille courte et ramassée et le poil roux ou noir. Les chevaux y sont fort bons, mais un peu sujets à la vûe.[1] Il y a aussi en Alsace beaucoup de mines de cuivre et de fer, on tire même de l'argent de celle qui est à Giromagni, à 3 lieues de Beffort. C'est le duc Mazarin qui la possède et qui la fait valoir. On juge bien qu'un païs si gras et si fertile doit être bien peuplé, il l'est en effet : car outre les villes, il y a un si grand nombre d'autres petites places, de gros bourgs murés, de parroisses et de hameaux, qu'il semble que l'Alsace soit toute semée de maisons. Mais ce beau et malheureux païs se trouvant frontière de la France et de l'Empire, il se voit si souvent exposé au ravage et aux malheurs de la guerre que ses habitans vivent dans des allarmes continuelles, et ne peuvent jouir de l'abondance dont ils seroient comblés sans ce rude fléau ; c'est de quoi j'ai été témoin durant un séjour de près d'une année et demie que j'ay fait dans le païs.

Il ne faut pas oublier de parler de la monnoye du païs. Il y a peu de différence de ce que j'en ay dit dans ma description de Basle; car de même que dans la Suisse la monnoye de toute l'Europe couroit de mon tems en Alsace pour sa

---

[1] Grasse ou trouble, c'est un terme de vétérinaire.

valeur. C'est en vérité une science que de la bien connoître.[1]
A l'égard de celle de l'Empire la chose est facile, car sans s'arêter à deviner de quel souverain est l'espèce en question, on n'a qu'à remarquer le chifre qui est au bas de la face droite, il vous instruit aussitôt de la valeur de la pièce par le nombre des Kreutzer qui y sont marqués, et le Kreutzer revenant à 8 deniers de France, l'espèce qui, par exemple, est chifrée 60 vaut 40 sols de notre monoye et 30 de celle d'Allemagne; car pour réduire la monoye de France à la valeur de l'autre, il faut en rabatre le quart, au lieu que pour ajuster la monoye d'Allemagne en livres tournois ou de France, il faut la rehausser du tiers, voilà la règle générale.

Les espèces les plus ordinaires du païs sont des florins valans 30 sols d'Allemagne et 40 des nôtres. C'est ce que nos gens de guerre ont nommé Schnapans; le demi à proportion est appelé Kreustie. Généralement parlant, toutes ces espèces sont de bas aloy, ainsi on ne sçait ce que c'est que de fausse monoye. Ensuite suivent la grotsche ou batze commune, la plapert ou sol d'Allemagne, la rape, qui est la plus petite monoye, qui vaut deux deniers deux tiers de France. Il est assez rare d'y recevoir des espèces d'or, tels que des louis de France, des pistoles d'Espagne, des guinées d'Angleterre et des pistoles d'Italie; on y voit plus communément des ducats dont l'or est fort estimé. Quant aux espèces d'argent de ces mêmes païs, elles y ont cours aussi bien que celles de Suède, Danemark, Pologne, etc. Mais on n'en peut aprendre la valeur que par l'usage.

Voilà à peu près ce que je puis avoir remarqué en Alsace. Après l'avoir fait voir acablée des misères de la guerre, je vais maintenant raconter en quelle situation je trouvai ce même païs jouissant des douceurs de la paix.

---

[1] Science que possède à fond l'auteur des *Etudes économiques sur l'Alsace ancienne et moderne*. Nous renvoyons à cet excellent ouvrage de M. l'abbé Hanauer, et spécialement au volume *les Monnaies*, le lecteur curieux de s'assurer de l'exactitude des évaluations de notre Receveur général.

Quoique dans l'intervale de mes deux voïages, l'Alsace ait encore souffert trois années de guerre ; que les Impériaux, commandés par le général Saxe-Eysenach,[1] l'eussent encore pillée et saccagée, et que notre armée n'eût point cessé d'y séjourner pendant tout ce tems là, nonobstant tous ces rudes fléaux, lorsque j'y retournai en 1681, c'était une merveille de voir comme tout y étoit rétabli. La campagne me paroissoit riante et fleurie, de nombreux troupeaux y paissoient sans crainte, une abondante moisson couvroit la terre ; les cabarets étoient fréquens dans les villages, enfin tout étoit tranquille comme dans le cœur du Roïaume. Je trouvai aussi notre petite ville d'Altkirch toute changée depuis la paix, l'église étoit reblanchie du haut en bas et ornée de compartiments de peintures en guirlandes et en festons de feuilles de laurier et de fruits, les autels étoient peints et dorés de nouveau, le chœur et la nef brilloient de vingt bannières de taffetas rouge et blanc à l'allemande,[2] atachées le long des deux murs. J'avois peine à me représenter le triste état où je l'avois vûe, il n'y avoit que leurs chanteurs et leur musique qui étoit aussi pitoyable que du tems de la guerre.

C'étoit de mème, à proportion, des maisons de la ville ; car outre les réparations qu'on avoit faites à celles qui avoient été endommagées du feu par les gens de guerre, on en avoit encore bâti de neuves. Elles étoient meublées de tout le nécessaire, on voyoit partout de la vaisselle, des tasses d'argent, des Wilkome de vermeil. Chacun avoit du vin en cave et passoit une partie de la journée à boire, après avoir travaillé l'autre, selon l'ancienne coutume d'Allemagne. Avec tout cela je ne trouvois point cette ville si

---

[1] Duc de Saxe-Eisenach. Voir pour l'histoire de l'Alsace à cette époque un travail fait de main de maître : *Le 30 Septembre 1681. Etude sur la réunion de Strasbourg à la France*, par ARMAND WEISS. Paris, Berger-Levrault et Cⁱᵉ, 1881.

[2] Ce sont les couleurs d'Alsace.

peuplée que de mon tems; les maladies contagieuses, que les misères de la guerre engendrent toujours, avoient bien emporté du monde, et les hommes ne se réparent pas comme des maisons. Je trouvay de même à ce second voïage la ville de Basle extrêmement déserte; mais c'étoit par une autre raison. La guerre chez ses voisins la comble de biens et la peuple de gens riches qui s'y réfugient; ces républicains ont le plaisir[1] de voir ruiner les états des autres souverains, pendant qu'ils jouissent d'une profitable neutralité.

Je ne devrois pas entreprendre le récit de la réception qu'on me fit à Altkirch à mon second voïage, s'il ne servoit à faire connoître la sincère amitié de ces bons Allemans. Comme j'y arrivai entre dix et onze heures du matin, qui est le tems où l'on dîne en ce païs là, je passai un des fauxbourgs, j'entrai bien avant dans cette petite ville sans y rencontrer presque personne, du moins de ma connoissance; et lorsque je fus décendre à l'hôtellerie *du Bœuf*, qui est la meilleure, mon arrivée jeta d'abord toute la famille dans un si grand étonnement qu'ils ne savoient si c'étoit un songe. Je ne puis pas décrire les démonstrations de joye de ces pauvres gens; chacun venoit tour à tour me toucher dans la main, en me disant *Wilkome der Herr ʒu uns*.[2] Je répondois à leurs civilités par les marques d'amitié qui se pratiquent en France, ensuite je les priay de se remettre à table, où je les avois trouvés dînans, et je m'y assis avec eux pour causer, en atendant qu'on me préparoit à manger. En moins de rien on sceut mon arrivée par toute la ville. Mademoiselle Keller, mon ancienne hôtesse, ne tarda guères à venir. Dès qu'elle m'eut aperceu, elle se mit à lever les mains avec admiration, en disant : « *Post tausend, ist es müglich dass ich meinen Herren wider sehe.* » O merveille! est-il possible que je

---

[1] Triste plaisir et sot plaisir; or, les Bâlois n'ont jamais passé pour sots.
[2] Monsieur, soyez le bienvenu chez nous.

revoye Monsieur ! Je répondis de mon mieux à ses honestetés, et je la priay de se mettre à table auprès de moy, et alors nous nous mîmes à boire des santés à l'allemande avec la famille et avec tous ceux qui venoient me féliciter de ma bienvenue. Je me souvenois mieux de cette cérémonie que de la langue allemande, dont[1] j'avois perdu la facilité de m'exprimer faute d'exercice ; je ne laissai pas cependant de me faire bien entendre, et l'on me pardonnoit aisément, lorsque je faisois quelquefois répéter. C'étoit une joye sans pareille ; nous demeurâmes bien trois heures à table, pendant lequel tems je m'informai à loisir des nouvelles de toutes mes connoissances de la ville. Il y étoit arrivé bien du changement depuis cinq ans. Keller, mon hôte, étoit baillif de Karspach ; notre ancien greffier étoit allé demeurer à Ferrette. On m'aprit des morts, des mariages, on n'oublia pas l'article d'Heinrich Rinck, qu'on croyoit que j'avois retiré des gardes suisses en France. Son retour me fit donner des louanges sans fin. Sortant de table, j'aperçus par la fenêtre sa bonne femme de mère, qui m'avoit tant prié et conjuré de chercher son fils à Paris. Je décendis pour la saluer, mais pour lors à peine put-elle me reconnoître, elle étoit devenüe presque en démence, ainsi je n'eus pas longue conversation avec elle. A son défaut, je fus abordé par une douzaine de bourgeois, qui me vinrent saluer en me touchant dans la main. De là je fus chez le Sr Rinck, qui me fit tout l'honneur et les caresses dont il put s'aviser ; il fit venir sa femme, qui étoit toute honteuse devant moy, et il l'obligea de boire à ma santé. Je ne pus me dispenser de lui promettre de venir dîner avec lui le lendemain.

Le soir, ce fut une fête entière à mon auberge. Le maître, qui étoit un beau grand vieillard à barbe et cheveux blancs, pleuroit de joye en m'embrassant, il ne savoit quelle chère

---

[1] Dans laquelle.

me faire. Son fils aîné, jeune prêtre fort estimé, me fit ses civilités d'un air plus réservé; mais lorsque Keller, mon ancien hôte, arriva, ce fut des démonstrations de joye si grandes, qu'il en jetta son chapeau par terre, pour me mieux embrasser; il s'y reprit à tant de fois que j'en fus surpris, car je ne l'avois jamais connu pour un homme si caressant. La première furie de ses complimens étant passée, il se plaignit à moy d'une manière honête de ce que je n'étois pas venu décendre chez lui, me disant qu'il se flatoit d'être plus mon ami que je ne le faisois paroître. Je m'excusai sur ce que je m'imaginois qu'il pouvoit avoir changé de logis depuis cinq ou six ans, et que le plus seur d'abord étoit de me mettre à l'auberge, pour y aprendre des nouvelles de tous mes anciens amis; qu'au reste j'acceptois l'offre obligeante qu'il me faisoit de sa maison pour y passer quelques jours, après mon retour de Brisac, où j'allois pour affaire.

Sans perdre de temps on se mit à table, où nous nous trouvâmes quinze ou seize personnes, et pour commencer, le maître ayant pris gravement la grande coupe du Wilkome, la fit emplir et la but à ma santé, puis on me l'aporta en cérémonie sur une soucoupe et je la vuidai toute en le remerciant. Après cela, ce ne fut plus qu'un cercle continuel de verres qu'on voyoit porter autour de la table comme des lampes ardentes. Le vin, qui étoit bon et fort cette année là, nous faisoit jaser et faire un bruit aussi capable d'enyvrer que la liqueur même.

Ce grand souper ne m'empêcha pas de me lever dès quatre heures du matin le lendemain, pour soutenir encore deux assauts que j'essuyay pendant la journée; j'appelle ainsi le dîner que Heinrich Rinck me donna et le souper dont Keller, mon ancien hôte, me régalla le soir. Je fus bien étonné de voir chez lui un grand étalage de belle vaisselle et un buffet garni de coupes dorées, qu'il ne m'avoit point montrées du tems de la guerre. La paix l'avoit changé d'une extrémité à l'autre, c'étoit un homme nouveau, je n'en ay parlé cy devant que comme d'un ménager jusqu'à la vilennie, d'un malpropre, d'un homme d'esprit lent, distrait et mélancolique, au lieu que, pour lors, je le trouvai libéral, honête, spirituel, gai et proprement habillé.

Mon affaire, par bonheur, m'obligea de partir le jour suivant pour aller à Brisac; je dis par bonheur, car sur le pied que j'avois commencé à manger et à boire avec ces amis d'Altkirch je n'aurois pas duré quatre jours en vie, ce voïage là vint fort à propos pour me donner le loisir de faire digestion. Je fus pourtant acompagné d'un maire de Karspach, gros vieillard fort endurci à la fatigue de boire; il me le montra bien le soir à Ensisheim, ville où nous couchâmes; mais pour lors je conservai mon droit françois, qui est de ne manger et de ne boire qu'à son appétit, et j'eus le plaisir de le voir à souper se gorger de viandes et avaler vingt verres de vin à ma santé.

Dès que j'eus fini mon affaire à Brisac, je fus promener à Fribourg en Brisgau, comme je l'ai conté cy-devant;[1] je revins à Altkirch au bout de cinq jours et je me logeai chez[2] Keller, mon ancien hôte, où il m'avoit fait acomoder l'apartement que j'avois autrefois occupé chez lui. Il fit fort bien les honneurs de sa maison, il tint assez bonne table, à laquelle il invitoit toujours quelqu'un de nos amis communs; mais ce qui étoit meilleur pour moy, c'étoit le plaisir sensible que nous prenions à rapeller la mémoire des mauvais jours que nous avions passés pendant la guerre: ces allarmes fréquentes où nous vivions, ces insultes qu'il falloit essuyer du soldat insolent, ces maigres repas, les lits de paille et le reste des misères que les armes causent dans un païs de frontière. Il avait l'honêteté de me dire que ma compagnie lui avoit été d'une douce consolation durant ces tristes tems; qu'il s'étoit

---

[1] pp. 58 sqq. — [2] dans la maison de

bien aperceu depuis du vuide que mon absence lui avoit causé. Ce qui augmentoit encore son chagrin, à ce qu'il disoit, c'étoit la différence qu'il trouvoit, aussi bien que tous les bourgeois de la ville, de mon humeur facile et honête, à la conduite dure et inexorable que tenoit avec tout le monde Brossard, mon successeur. Il avoit véritablement l'âme d'un maltotier, il se faisoit une religion de n'épargner personne, il disoit souvent, dans la ferveur de la justice qui le transportoit, qu'il ne pardonneroit pas à son propre père, s'il le voyoit tomber en contravention. Après tout, ce petit homme se trouvoit bien de ces roides maximes, il avoit gagné, disoit-on, plus de vingt mil francs en confiscations depuis mon départ. C'est ainsi qu'on accomode ses affaires. Keller continuant à parler de ce héros de maltote : « Il peut bien, disoit-il, s'en aller quand il lui plaira, jamais personne ne le regretera, il n'emportera que des malédictions. Pour vous, Monsieur, c'est bien le contraire. Vous avez gagné le cœur de tout le monde, on ne se peut lasser de dire du bien de vous. » — J'en serois ravi, lui répliquai-je, si vous ne me flatiez point tant, je ne suis pas assez vain pour croire que j'aye pu gagner l'affection de toute une ville, en n'y faisant ni bien ni mal. — « Ah, ne m'en croyez pas encore, interrompit Keller, vous en serez bientôt persuadé par la voix publique, si vous demeurez un peu de tems icy. Les enfans mêmes, qui ne vous connoissent pas, vous révèrent sur le bien qu'ils entendent dire de vous à leurs pères et mères, et les prévôts et maires de vilages des bailliages d'Altkirch, de Ferrette et de Lanzer ne viennent jamais quérir du sel, qu'ils ne parlent de vous avec bénédiction. » J'avoue que je n'étois pas fâché d'entendre ces témoignages de la bonne opinion qu'on avoit de moy dans ce païs ; cependant je dis à Keller qu'il en disoit trop pour se faire croire, que je n'atribuois qu'à sa bonne amitié toutes les douceurs qu'il me contoit, et que c'étoit à lui seul que j'en devois mes reconnoissances.

Je passai six ou sept jours dans cette petite ville, à visiter mes anciennes connoissances. Je revis Rinck, qui me fit bien rire un jour, car le félicitant sur son établissement dans son païs, il me répondit fort ingénument qu'il aimeroit mieux le mousquet qu'il portoit autrefois dans les gardes suisses du Roy que sa femme et tout son ménage. Durant tout le tems que je me reposai à Altkirch, je fus prié de dîner ou de souper par les principaux de la ville, je vis le baillif, le greffier, le bourgmeistre, les conseillers de ville, le receveur Bieguisen, Mad. Hold, femme du conseiller dont j'ay parlé déjà deux fois. Elle me receut avec bien de l'honêteté ; en nous promenant dans son joli jardin, qui fait les délices de son époux, elle me dit fort obligeament que je parlois allemand mieux que jamais. En effet, je me racoutumois insensiblement à cette langue et je me la rendois de jour en jour plus familière. On ne manqua pas, en continuant le compliment sur cet article, de me dire que mon successeur dans la commission des fermes n'en avoit pas pu apprendre deux mots depuis cinq ans et demi de séjour en Allemagne, et qu'il lui falloit toujours un interprète. Cette dame ajouta qu'on remarquoit dans cette ville que de mémoire d'homme ils n'avoient vu de François que Mr Colbert, fils du premier président du Parlement de Metz,[1] et moy, qui eussent pu en cinq ou six mois de tems aprendre assez d'allemand pour se mêler dans une conversation. Je dirai en passant que je ne fus point rendre visite à ce Brossard, quoiqu'il eût la vanité de croire que je lui devois cette démarche ; mais je ne me trouvay pas de son avis.

Pour le bon Père Frantz, jésuite, je le vis plusieurs fois,

---

[1] Charles Colbert, qui mourut premier président au parlement de Metz, en 1722, à l'âge de 105 ans, avait été procureur général, puis premier président au conseil souverain d'Alsace, du temps que Valentin Holdt était conseiller. C'est donc à Ensisheim ou à Brisach et non à Altkirch que Madame Holdt a dû connaître son fils.

il fut ravi de ma visite. Dans nos entretiens, il élevoit jusques au ciel notre Roy Louis le grand de ce qu'il travailloit à la destruction de l'hérésie de Calvin en France, et je connus par les éloges qu'il donnoit à ce prince, qu'il étoit meilleur catolique qu'impérialiste, disant même que c'étoit un bonheur pour des sujets d'avoir pour Roy un tel deffenseur de la foy ortodoxe. Puis ce Père, changeant de discours, me disoit qu'il espéroit dans peu de tems me revoir en Alsace, et quoique je lui contasse bien sincèrement l'affaire qui m'avoit engagé à faire ce voyage, néanmoins il tomba dans la croyance commune de toute la ville, s'imaginant que mon affaire n'étoit qu'un prétexte, et que je venois effectivement de la part des intéressés, pour prendre l'air du bureau[1] touchant l'état de la ferme. Il me donna ensuite quelques commissions, aussi bien que le Père Saltzmann, son confrère, pour leur achepter des livres et des estampes à Paris, sans oublier l'adresse de ceux qui me devoient fournir d'argent pour faire ces emplètes. Ce bon Père Frantz me donna pour marque d'amitié un petit meuble de dévotion que je n'osai refuser, quoique, pour le dire sincèrement, la pièce me fût assez indifférente.

On peut juger par les caresses que j'ay receües des habitans d'Altkirch que ces bonnes gens me marquèrent aussi beaucoup de chagrin de mon départ, sans que je m'arête à en faire le détail. Ainsi je vais parler de mon retour en France par la route de Bourgogne, et quoique j'aye fait ce chemin jusqu'à cinq fois, je n'en ferai cependant qu'un seul récit, en observant seulement de décrire les incidens les plus notables qui m'y sont arrivés en divers tems.

A ma première sortie d'Altkirch j'étois accompagné d'un certain Filandre, dont j'ay déjà parlé, et dont je vais encore faire mention à cause de la disgrace qui lui arriva dès le

---

[1] Sonder les dispositions des ayants droit

commencement de notre voïage; car à peine eûmes nous passé Ballerstorff[1] et Damerskirch,[2] beau grand vilage à deux lieues de là, que nous trouvâmes la rivière de Larg fort enflée, comme il est ordinaire dans le mois de février; mais cela ne m'embarassa guères, me fiant à mon cheval que je connoissois fort adroit à passer des rivières à la nage. Sans autre consultation, je me mis à l'eau et j'arrivai sans peine à l'autre rive. Pour Filandre, qui n'étoit pas habile cavalier et qui d'ailleurs étoit embarassé d'un fusil qu'il portoit sur l'arçon, il fit si mal son compte, qu'il se laissa emporter à la rapidité du courant, homme et cheval tout en un bloc. Je m'aperçus aussitôt de son naufrage, parce que je m'étois arêté sur le bord, pour le regarder passer; je courus au plus vite à son secours, en me remettant à l'eau, je lui criay de laisser aller son cheval et de nager vers le rivage, ce qu'il fit en disant tout hors d'haleine : « le fusil est perdu ! » — « Que le fusil périsse, » lui dis-je avec chagrin,[3] « et ne pensez qu'à vous sauver. » Il gagna heureusement le bord avec ce fusil en question, qui par hazard étoit demeuré acroché par la batterie à la poche de son justaucorps; et sans perdre de tems, j'achevai de repasser la rivière et je courus au grand galop le long du rivage, pour ratraper le cheval de Filandre qui nageoit à vau-l'eau. Elle étoit extrêmement profonde partout, et j'eus bien de la peine à le joindre pour le prendre par la bride. Quand je l'eus amené à terre, je ne savois si je devois rire ou me mettre en colère de voir ce malheureux animal tout mouillé et chargé d'un gros paquet, qui avoit tourné avec la selle où il étoit ataché en trousse et qui lui pendoit sur le flanc. Après l'avoir redressé et resanglé de notre mieux, nous nous avisâmes que la casaque de Filandre étoit perdüe. Je recourus deux ou trois cens pas vers le fil de la rivière, et

---

[1] Ballersdorf, en français Baudricourt. [2] Dammerkirch (Dannemarie). [3] Humeur.

je l'aperçus, flotant dans un endroit rempli d'arbrisseaux où l'eau couroit en tournoyant d'une rapidité à faire peur. D'ailleurs, le bord étant haut et escarpé, je ne jugeai pas à propos de me mettre en danger pour une vieille casaque. Je m'en revins auprès de Filandre, qui m'atendoit en tremblant de froid, et je pris son cheval par les resnes de sa bride pour le faire passer à travers de cette fâcheuse rivière, pendant qu'il s'en fut chercher un pont étroit et haut qui étoit peu distant du gué sur notre gauche. Je ne laissai pas, durant tous ces mouvemens là, de prendre aussi de l'eau dans mes grosses bottes; mais ce n'étoit rien en comparaison de ce malheureux garçon, qui en avoit eu par dessus la tête : c'étoit une pitié, lorsqu'il fut remonté à cheval, de voir l'eau découlant de lui qui faisoit une trace continuelle après nous. Il seroit assurément mort de froid, si nous n'eussions mis pied à terre à une lieue de là chez une vieille païsane, qui eut bien de la peine à nous ouvrir la porte, craignant que nous ne fussions des gens de guerre. A la fin, touchée de nos prières, elle nous receut et fit un grand feu, qui ressuscita notre pauvre morfondu. Nous étions en cet endroit hors de la langue allemande; mais le patois de ce païs là m'étoit plus difficile à entendre, quoiqu'on y parle une espèce de françois. Nous récompensâmes bien notre bonne hôtesse de la charité qu'elle avoit eüe pour nous; puis, remontant à cheval, nous fûmes dîner à Besoncourt,[1] vilage. Il étoit plus de trois heures après midi, parce que le chagrinant passage de la rivière de Larg avec toutes ses circonstances, et la station que nous venions de faire chez la bonne femme pour réchaufer mon camarade, nous avoit employé bien du tems. Nous ne jugeâmes pas à propos d'aller à Beffort ce soir là, à cause que nous aurions trouvé les portes fermées. Nous prîmes donc sur la gauche du château et nous arrivâmes à la nuit toute

---

[1] Bessoncourt (Bischingen ou Büssingen).

noire à Damjustin,[1] vilage, où nous couchâmes chez un païsan, qui n'avoit rien à nous donner à souper ni à nos chevaux. Il fallut passer la soirée avec un peu de pain bien bis et du lait, et nous coucher sur le plancher de son poële, qui ressembloit assez bien à une étable, à la réserve qu'il y avoit un fourneau, qui nous servit bien pour faire sécher toutes les pièces de notre paquet mouillé.

Le lendemain, qui étoit un dimanche, nous fûmes à Tretudan,[2] vilage, pour savoir des nouvelles d'Onoxandre, receveur général de Beffort. Nous y aprîmes du commis du péage de ce lieu qu'il étoit parti cinq jours auparavant avec toute sa famille pour Paris. Cela me fit de la peine, car cet Onoxandre m'avoit écrit qu'il m'atendroit jusqu'au lundi, qui étoit le lendemain. Au lieu de m'en chagriner davantage, je pris mon parti d'aller à Beffort, pour voir s'il n'y auroit point laissé quelque instruction pour nos affaires ou pour mon voïage, et en même tems pour tâcher d'y changer une bonne somme d'argent d'Empire que j'avois dans ma valise.

Arrivant à Beffort, les bourgeois qui gardoient la porte ne voulurent pas me laisser entrer dans la ville, à cause que la garnison en étoit dehors, qui faisoit l'exercice auprès des Capucins. J'eus beau me renommer[3] des premiers officiers, apeller même des bourgeois que je connoissois et que je voyois sur le pont en dedans la barrière; ils firent tous la sourde oreille, sans faire semblant de m'entendre. Je savois bien qu'en pareil cas, on doit refuser la porte aux inconnus, mais je ne croyois pas qu'on dût me prendre pour tel dans une si petite ville, où j'avois demeuré près de trois mois. Cette cérémonie m'impatientant, je crus que pour abréger je n'avois qu'à aller prier M^r le gouverneur, qui étoit au bataillon, de me permettre d'entrer dans la ville. Je fus donc dans la plaine des Capucins, je mis pied à terre par respect

---

[1] Ancien nom de Danjoutin. [2] Trétudans. [3] Me réclamer.

à trente pas de lui, et laissant mon cheval en garde à un païsan, j'allay lui demander la permission dont j'avois besoin; mais quoique je fusse très bien connu de ce gouverneur, il me répondit, d'un ton de mauvais plaisant, que j'eusse la bonté d'atendre que la garnison fût rentrée. Je n'insistay pas sur cette belle réponce, je le quittay tout indigné, je remontai à cheval pour aller atendre à la barrière du corps de garde. Peu de tems après, les troupes battirent la marche, et le gouverneur, qui venoit à leur tête, fit signe de loin avec sa canne qu'on me laissât entrer dans la ville.

Je fus décendre chez le nouveau receveur, qui me fit assez bon accueil; nous dînâmes ensemble, mais il ne voulut point me donner d'argent de France, quoiqu'Onoxandre lui en eût laissé une partie pour changer contre ma monoye d'Empire; c'est ce que je connoissois par une lettre qu'il m'avoit écrite en partant de Beffort, par laquelle aussi il prenoit la liberté de me quereller de mon retardement. Cette même lettre m'adressoit encore au prévôt de la ville pour la même fin, c'est-à-dire pour me changer mes Reichsdalles. J'en essuyay un pareil refus, je n'en pus tirer que de mauvais complimens et des bons souhaits pour mon voïage, qui ne coûtent rien. Cela fait bien connoître qu'il n'est point d'amis si forts que l'interest. Je fus donc obligé de porter mon argent d'Allemagne à Montbéliard, où Kœnig le banquier m'y fit perdre 12 pour cent de change. Je suspendrai icy la suite de mon voïage de Paris, où j'arrivai avec Filandre sans aucune rencontre digne d'être remarquée. Je dois parler de la ville de *Beffort,* commençant par l'état auquel elle étoit, lorsque j'y vins demeurer en novembre 1674. Puis je ferai voir tous les changemens et les augmentations que le Roi y a fait faire depuis.

La figure que j'en ay dessinée nous montre que cette ville étoit très peu de chose en ce tems là; en effet, ce n'étoit qu'un trou, des rües étroites, sales, mal pavées, des maisons mal bâties et obscures, en un mot, la plus triste et la plus désagréable demeure du monde. Le soleil, qui répand partout ailleurs sa lumière, n'y paroît* que l'après-midi, parce que la hauteur de la côte où est situé le château, l'empêche de l'éclairer dès le matin. Beffort ne contenoit que la partie du plan qui est au-dessus de la rivière, avant que le Roi l'eût fait fortiffier de la manière qu'elle paroît dans la figure. Le château que l'on voit dans la figure, n'étoit qu'un nid à rats; mais présentement il a bien changé de face, c'est un bâtiment de briques qui paroît avoir 25 à 30 toises de longueur, percé de trois rangs de fenêtres en belle simétrie, dont les vues sont charmantes, situé comme il est sur le haut de ce rocher escarpé. Ce château est fortiffié, du côté de la plaine qui est vers le midi, de trois ou quatre bastions et d'un ouvrage à cornes bien revêtus, d'un fossé sec taillé dans le roc, d'un chemin couvert, d'une palissade et d'un glacis qui aboutit au niveau de la campagne. Il y a une vieille tour ronde dans la petite cour de ce château, qui est la première chose qu'on découvre de loin, et un puits qui a 83 toises de profondeur. La ville, qui est au bas, n'avoit de mon tems aucune fortification, elle n'étoit fermée que d'une simple muraille sans deffence, telle qu'elle est représentée dans la figure. On voit qu'il n'y a que deux portes, encore n'ouvroit-on que celle qui étoit sur le bord de la petite rivière nommée la Savoureuse. Cette porte étoit double avec double pont-levis et un corps de garde à l'ordinaire auprès de la barrière. La première de ces deux portes cy étoit flanquée de deux tours rondes d'une espèce de pierre rouge fort dure; il y avoit au-dessus de l'entrée cinq armoiries de seigneurs de l'Empire, et celles de l'Empereur se voyoient au plus haut de la seconde porte au-dessus d'une montre d'horloge. L'autre porte de Beffort, qu'on n'ouvre point pendant la guerre, est celle du marché.

Il n'y a dans cette ville qu'une seule église, c'est une collé-

* Il faut entendre en hiver.

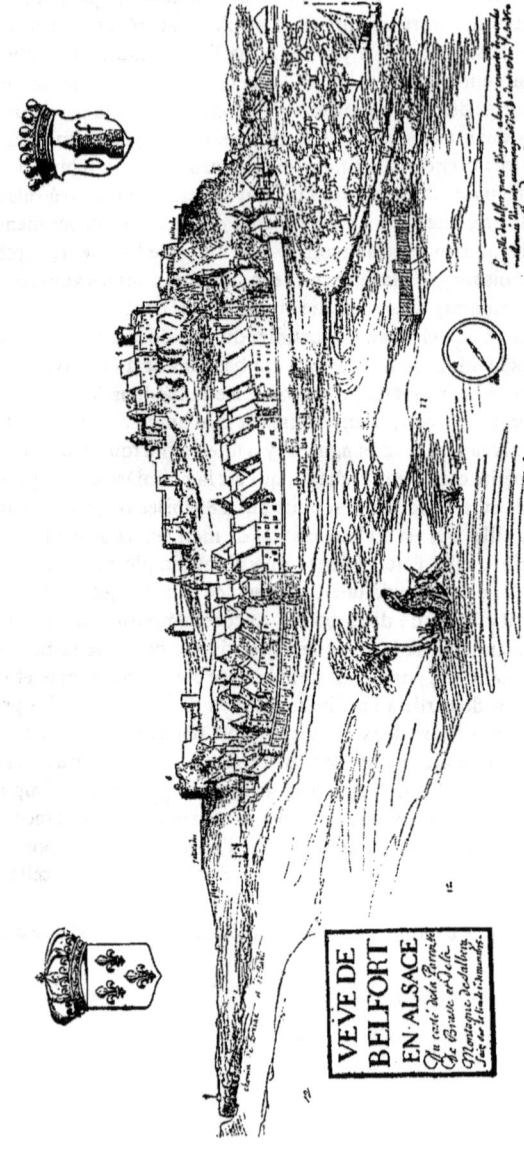

giale servie par cinq chanoines, dont le premier s'apelle le prévôt du chapitre. Ces bénéfices là sont de peu de revenu. Ils ont de certaines fêtes en l'année, où il y a fondation pour chanter trois fois de suite le *Magnificat* à Vêpres. Tout auprès est une petite chapelle dédiée à Ste Barbe. L'église parroissiale, dédiée à S. Christophe, est située à un bon quart de lieue de la ville, vers le nord, à un lieu nommé Brasse, de sorte que c'est une chose incommode de porter si loin les enfans au batême et les morts à la sépulture. Près de cette parroisse il y a une belle forgè de fer, qui travaille par le moyen de l'eau d'un grand étang. A deux ou trois cens pas de la porte de Beffort, sur le bord d'une des branches de la Savoureuse, il y a un couvent de Capucins, où ils étoient bien douze ou quinze religieux, entre lesquels il y eut un assez fou, que je ne veux pas nommer, pour servir d'espion au Roy d'Espagne, après qu'il eut perdu la comté de Bourgogne. Bel emploi ! pour un homme qui a renoncé au monde et même à sa propre volonté, que de s'intriguer dans les interests d'un autre prince que celui que la Providence lui a donné pour maître, et de se mettre au péril de perdre la vie pour toute récompense. C'est aussi ce qui lui arriva en 1676, car ses lettres ayant été interceptées, il fut convaincu de trahison et condamné à être pendu entre la porte de la ville et son couvent. Tout l'adoucissement que ses confrères purent obtenir, fut que pour le respect de leur ordre, on le dépouilla de l'habit de S. François, on lui rasa la tonsure et la barbe de Capucin, avant de le conduire au gibet.

Au pied de la hauteur sur laquelle est bâti le château, il y a plusieurs moulins pour batre et préparer la mine de fer, et des fourneaux, où l'on la fond ensuite.

Ce plan de Beffort[1] nous montre l'agrandissement et les nouveaux ouvrages que le Roy y a fait faire depuis la réduc-

---

[1] Différent de la figure dessinée par l'auteur.

tion de Strasbourg. Ces trois petits bastions embrassés par leurs contregardes, les quatre demi-lunes qui couvrent les courtines et cet ouvrage à cornes[1] que l'on a construit sur le flanc d'une petite montagne à gauche, rendent cette ville assez régulièrement fortifiée. Cependant à moins que l'on n'ait applani le haut de cette même montagne, qui s'apelle la Miote,[2] il sera difficile d'en faire une bonne place de guerre, parce qu'elle en sera toujours commandée. J'en parle comme oculaire témoin, j'ay monté dix fois au haut de cette éminence, d'où le château même de Beffort, qui est si élevé, me paroissoit comme dans une vallée ; aussi découvrois-je de là les montagnes de la Forêt noire et de la Suisse jusqu'aux Alpes. Il y a sur le sommet de la Miote un pilier quarré de pierre d'environ 15 pieds de hauteur sur 4 de largeur, qui sert de borne à trois diocèses, savoir à l'archevêché de Besançon, d'où relève Beffort, à l'évêché de Strasbourg et à celui de Basle.

A l'égard des habitans de Beffort, ce n'est que de la petite bourgeoisie, mais le comte d'Aubigni, frère de Madame de Maintenon, gouverneur de la place, et les officiers de quatorze compagnies d'infanterie qui y étoient de mon tems, y mettoient du beau monde. La bourgeoisie suit les coutumes d'Allemagne soit pour la cuisine, les poëles, la monoye ; mais pour le langage, c'est un patois, qui n'est ni françois ni allemand, qui tient pourtant de tous les deux, et que tous deux n'entendent point. Ils apellent ce jargon là le Romain. Personne ne m'a jamais pu dire la raison pour laquelle on donnoit un nom si illustre à cet étrange baragouinage.[3] J'en

---

[1] Notre auteur tombe assez volontiers dans le travers, ridiculisé par La Bruyère, de ces gens qui, sans être le moins du monde guerriers, « vous étourdissent de flancs, de redans, de ravelins, de fausse-braie, de courtines et de chemin couvert. » [2] Miotte.

[3] Il n'est pas si petit écolier aujourd'hui qui ne pourrait en dire la raison, sans avoir lu même une page des *Recherches sur les patois de Franche-Comté, de Lorraine et d'Alsace,* par Gustave Fallot.

raporterai ici pour échantillon la première frase que j'entendis à Beffort à mon arrivée. Ce fut d'une femme, voisine d'Onoxandre, qui se trouva chez lui. Après que j'eus salué toute sa famille, elle vint aussi me prendre la main, en me disant ces gracieuses paroles : « *Ben vegna si vos, men bes chire.* »[1] Ce vilain patois là règne depuis les montagnes de Lorraine, le long de la frontière des Suisses et de la Franche Comté jusques dans Genève.

Toute petite que soit cette place, elle est cependant fort importante, c'est une des clefs de l'Alsace, et la situation avantageuse de son château lui a fait donner le nom de Belfort, qu'on s'est acoutumé insensiblement de nommer et d'écrire Beffort.

Après avoir décrit cette ville telle qu'elle étoit avant ses augmentations, il faut dire un mot de l'état où étoient ses affaires, lorsque j'y arrivai en 1674.

J'ay dit cy devant que cette année là les Impériaux s'étant rendus maîtres de tout le plat païs d'Alsace, il ne leur restoit plus à prendre que Brisac qu'ils tenoient bloqué, le château de Landscron qu'ils tâchoient de surprendre, et la ville de Beffort qu'ils prétendoient assiéger de jour en jour. En atendant cette entreprise, ils avoient établi des quartiers dans tous les châteaux circonvoisins, ils venoient tous les soirs en escadron jusqu'au bord du glacis du château et le long des murailles de la ville, pour la reconnoître, de sorte qu'on s'atendoit fermement à être assiégés. Le comte d'Aubigni, que je fus saluer dès le lendemain de mon arrivée, ne nous entretint que de ce prétendu siége, et il faisoit fort l'empressé sur les précautions qu'il avoit à prendre ; il demandoit à Onoxandre s'il avoit bonne provision de sel dans le magazin du Roy, il trouvoit que la quantité qu'on lui marquoit n'étoit pas sufisante, et il le menaçoit de le rendre responsable du

---

[1] Soyez le bienvenu, mon beau monsieur.

dommage, en cas que la garnison vînt à manquer de sel durant le siége. Il paroissoit fort en colère contre lui ; après tout, ce n'étoient que fanfaronades, car tous les jours, après midi, ce gouverneur venoit chez le receveur tenir son brelan avec les officiers de la garnison.

Les fausses allarmes étoient cependant assez fréquentes dans la ville et aux environs. Nous en eûmes un jour une, étant en bonne compagnie à dîner aux Capucins; leur couvent est hors de la ville, comme je l'ay remarqué cy-dessus. Un valet tout échaufé nous vint dire qu'il paroissoit un parti d'Impériaux dans la plaine marchant vers Beffort. Nous receûmes diversement cette nouvelle, les uns en pâlirent, d'autres en plaisantèrent, et quelqu'un de notre bande demanda au Père gardien un habit et une barbe de Capucin, pour n'être pas emmené par les Allemans.

Ce qui confirma de plus en plus la croyance où l'on étoit que la ville seroit assiégée, c'est que le 1er décembre il y arriva 600 cavaliers de la brigade de Catteux, pour en fortifier la garnison, mais ils ne servirent qu'à désoler les habitans. Ils étoient au désespoir de voir jusques à vingt soldats dans chaque maison, leurs bestiaux étoient dans la rüe, tandis que les chevaux des cavaliers occupoient non seulement les écuries et les étables, mais encore les salles et les magazins d'embas. On n'entendoit de tous côtés que des plaintes de ces pauvres bourgeois, qui vouloient tout abandonner plutôt que d'être tourmentés, mangés et ruinés par ces impitoyables gens de guerre. A cela près, tous les soirs on étoit régallé des fanfares de leurs trompetes qui se répondoient d'un quartier à l'autre.

On ne doutoit plus que la ville ne dût être bientôt assiégée. Le gouverneur, qui faisoit l'homme entendu dans le métier de la guerre, disoit tout haut qu'il alloit faire brûler la ville et les vilages à deux lieues à la ronde et qu'il ne recevroit dans son château que la seule garnison. Toutes ces menaces là, feintes ou véritables, firent qu'Onoxandre, le receveur général, résolut de se réfugier dans quelque ville de Franche-Comté ou de Champagne. Le secrétaire du duc Mazarin et son maître d'hôtel, qui étoient à Beffort avec une partie de sa maison, furent aussi de cet avis, de sorte qu'ils prirent leurs mesures ensemble pour en sortir au plutôt.

Pour nous rassurer contre la peur du siège, le 7 décembre, à une heure du matin, nous fûmes réveillés en sursaut par le bruit des tambours, des trompetes et le tintamare que faisoient des hommes et des chevaux courans par les rües. Nous nous levâmes au plus vite, pour savoir la cause de ce vacarme. Des gens épouvantés nous dirent d'abord que toute la garnison se retiroit de la ville à cause de l'aproche des ennemis; mais un moment après on sceut que c'étoit un détachement de cavalerie et d'infanterie qui alloit partir, pour tâcher de surprendre un quartier des Impériaux à deux lieues de là. Cette réponce remit le calme dans nos esprits et renvoya chacun se réchauffer dans son lit.

Sur les dix heures du matin, on nous vint dire qu'il y avoit déjà quelques cavaliers revenus de l'expédition. La curiosité d'en savoir des nouvelles nous engagea d'aller promener hors la ville au devant de ces aventuriers. Nous trouvâmes à la porte un officier impérialiste avec quelques cavaliers prisonniers qu'on faisoit atendre à la barrière, où ils mouroient de froid, car il geloit à pierres fendre, et ils n'avoient point de manteau. Nous vîmes ensuite revenir nos gens, qui alloient au petit pas par pelotons, ayant tous du papier blanc au cordon de leur chapeau, ou à sa place le mouchoir tourné autour de la forme. Nous interrogeâmes un officier et quelques cavaliers, qui nous dirent qu'ils venoient de Montreux, qu'ils avoient manqué leur coup pour être arrivés trop tard, et que l'infanterie ne les avoit pas soutenus, qu'elle devoit se jetter dans les maisons du vilage et faire un feu continuel, tandis qu'ils auroient ataché le pétard à la porte du château. Tout ce qu'ils avoient pu faire, étoit d'enlever quelques cavaliers avec leurs chevaux, de ceux qui étoient logés dans le vilage. Nos gens vouloient qu'il y eût plus de 600 hommes dans le château, mais les prisonniers assuroient qu'il n'y avoit que trois compagnies de dragons en tout. Quoi qu'il en soit, on amena à Beffort 27 prisonniers et 60 petits chevaux maigres, et nous perdîmes à cette belle expédition le lieutenant colonel de Catteux, jeune homme fort brave, qui fut tué et laissé sur le pont-levis du château avec cent louis qu'il avoit dans sa bource, à ce qu'on disoit. Il y eut de plus trois de nos cavaliers blessés, deux desquels vinrent mourir à Beffort.

Après midi, Onoxandre et le M^e d'hôtel du duc Mazarin prirent leur résolution de partir dès le lendemain et de se réfugier à Langres, et à l'heure même ils se donnèrent tous les mouvemens nécessaires pour ce voïage. On fut demander un passeport de Monsr le gouverneur et une escorte de cavaliers pour une journée seulement. On chercha un chariot pour mettre toutes les hardes et les balots, et celui de l'équipage du duc, qui étoit couvert, servit pour porter sa vaisselle d'argent et la finance du bureau du Roi, ce qui montoit bien ensemble à la valeur de cinquante mil livres. On y trouva encore place pour la femme du receveur et sa mère, ses deux petites filles, dont la plus âgée n'avoit pas neuf ans, et une servante. On laissa le soin du magazin à sel du Roi au commis de Tanne, qui n'avoit point d'emploi, depuis que les soldats impériaux l'avoient contraint d'en déloger.

On m'acusera de faire le gascon, si je dis icy que je sentois du chagrin de voir qu'il falloit partir de Beffort. C'est cependant la vérité que les bouillons de la première jeunesse où j'étois, m'inspiroient la dangereuse curiosité de me trouver dans une ville assiégée.

Avant de nous mettre en chemin, je dirai que ce voïage de refuge que nous fîmes à Langres dura deux mois tout juste, car nous revînmes à Beffort le 8ᵉ février suivant. A notre retour, la crainte des Impériaux étoit entièrement dissipée. Monsʳ de Turenne, qui parut tout à coup sur la fin de décembre à Beffort, les empêcha bien d'en former le siége ; il se mit à leurs trousses, les battit à Milhouse, à Turkeim et auprès de Strasbourg, comme nous avons vu, et les obligea de repasser le Rhin sur le pont de cette ville là. Mais les ennemis qui ne purent garder l'Alsace par leur valeur, en firent périr une partie des habitans par les maladies qu'ils y aportèrent et qui sont ordinaires dans les armées nécessiteuses ; la dissenterie, le scorbut, le pourpre, les fièvres malignes régnoient partout, c'étoit une désolation entière.

Tout ce que je trouvoi de plaisant après notre retour, ce fut qu'étant allés, Onoxandre et moi, saluer le gouverneur de Beffort, il se mit à nous faire valoir la conduite qu'il avoit tenue durant ces dangereux tems, nous voulant persuader, comme à des gens venant de l'autre monde, que sans lui c'étoit une ville perdue pour la France. Nous n'eûmes garde de faire paroître que nous ne le croyions pas, quoique nous eussions déjà appris par des officiers de la garnison que l'aproche des ennemis lui avoit presque troublé l'esprit, qu'il n'avoit pas osé faire tirer le canon sur eux, crainte de les irriter, lors même qu'ils l'insultoient jusqu'à s'aprocher en escadron sur le glacis du château, et que le chevalier de la Poterie, lieutenant de Roi de la place, vouloit à toute force qu'on les escarmouchât. Ce gouverneur ne croyoit pas que nous savions que le Roi lui avoit envoyé un commandant avec pleine autorité en cas de siége. Il tâchoit, en se donnant de l'encens à lui-même, d'oublier les incartades que les moindres officiers de l'armée de Monsʳ de Turenne lui avoient faites en passant, et de se dissimuler le mépris que ce grand général marqua pour sa personne, en refusant de loger au château, et préférant la simple maison du lieutenant de Roi, fort sage et fort expérimenté dans le fait de la guerre.

La pluspart des prisonniers impériaux qu'on avoit faits dans les dernières batailles avoient été transférés en France et en Catalogne. Nous ne trouvâmes plus à Beffort que trois officiers colonels des ennemis. L'un se nommoit le comte Alieti, florentin, les deux autres étoient allemans. Ils avoient la liberté d'aller et de venir seuls par la ville, on leur permettoit même quelquefois d'en sortir ; mais pour lors ils étoient accompagnés d'un officier et de deux soldats armés de leurs mousquets, la mèche allumée; ils ne portoient jamais d'épée dedans ni dehors. Voilà tout ce que je puis dire de la ville de Beffort et de ce que j'y ay vu de remarquable. Vers la my-mars 1675, je fus prendre possession de la recepte générale d'Altkirch, comme je l'ay conté cy devant.

Il faut présentement reprendre le fil de notre voïage et parler tout de bon de mon retour en France. Quelque diligence que nous fissions pour sortir de Beffort, nous n'en pûmes jamais partir avant onze heures du matin, quoique nos chariots fussent chargés dès le soir de la veille. Pour premier obstacle les soldats de la garde les arêtèrent à la porte, et quoique nous eussions un passeport du gouverneur, il nous fallut encore avoir une permission particulière pour nos voitures. Cela fini, le maître d'hôtel nous pensa désespérer par ses allées et venues, ensuite l'escorte de cavalerie se fit atendre une bonne heure. Cependant nous étions à cheval dès huit heures du matin hors de la barrière, exposés sans aucun abry à la bise cruelle qui nous transissoit. Enfin, nous nous mîmes en chemin au nombre de 22 cavaliers, cinq fusiliers à pied, qui étoient de la maison du duc Mazarin, cinq femmes ou filles dans un chariot, un second chariot et trois ou quatre chartiers. Cela ne ressembloit pas mal à un équipage de Bohémiens. Nous passâmes devant la porte des Capucins, où le Père gardien se trouva pour nous souhaiter un heureux voïage.

Ceux qui commandoient notre troupe ne trouvèrent pas à

propos de passer par Montbéliard, croyant qu'il seroit plus seur de cacher notre marche et d'éviter cette ville étrangère. On prit donc par Baviliers, et après avoir passé des bois où les chemins sont étroits et dangereux en tems de guerre, nous arrivâmes à Héricourt, foible petite ville de la principauté de Montbéliard, où l'on prit l'allarme en nous voïant. On ferma les portes au plus vite, on sonna le toquesin et en moins de rien toute la muraille fut bordée de mousqueterie. Comme nous ne voulions point de mal à personne, nous ne crûmes pas qu'on nous en voulût faire, nous continuâmes tranquilement notre chemin le long du fossé, sans nous épouvanter de ces mousquets et nous arrivâmes devant la porte de cette bicoque, où le maître d'hôtel et Onoxandre aperçûrent un des principaux du païs qu'ils connoissoient. Ils s'aprochèrent de la barrière et lui parlèrent un moment, ce qui rassura cette tremblante bourgeoisie. Nos six cavaliers d'escorte nous quitèrent là, et ils entrèrent dans la ville pour repaître, et nous y prîmes un guide qui nous conduisit jusques à la couchée.

Comme la route que je décris présentement nous écarte de deux petites lieues de la ville de Montbéliard, où j'ay été quatre ou cinq fois, et que je n'aurai plus d'ocasion d'en parler désormais, je ferai icy une petite digression, pour raporter ce que j'y ay remarqué.

Montbéliard, capitale d'une principauté de même nom, est une ville d'un assez agréable aspect, située sur la rive droite de la rivière de Halle,[1] au bas d'une côte sur le haut de laquelle étoit construit un cavalier de gazon fort élevé, qui commandoit la ville et les environs. La place étoit joliment fortifiée d'une double muraille fraisée,[2] palissadée, ouverte de cinq portes deffendues d'autant de demi-lunes de

---

[1] Allaine, anciennement Allain.
[2] Garnie de plusieurs rangs de pieux présentant leurs pointes.

terre; mais toutes ces fortifications sont à bas depuis l'année 1677, que le Roi les fit sauter pour punir les bourgeois de lui avoir refusé des quartiers d'hiver et d'avoir osé atendre qu'on les assiégeât en forme. Les pauvres gens ne tinrent pas six heures de tems, notre canon et nos bombes les firent bientôt crier miséricorde. On la leur acorda, et aussitôt on atacha le mineur au pied de la muraille, et avant qu'il fût nuit, elle étoit ouverte en dix endroits, et le lendemain il n'y paroissoit plus de clôture. C'est en cet état que j'ay vu cette ville la dernière fois que j'y passai, en 1681. Du tems de mon premier voïage, elle me paroissoit fort peuplée; les bourgeois y faisoient la garde avec un renfort de milice composée de païsans ramassés, qui faisoient plus de pitié que de peur. On faisoit état[1] de 3000 hommes de garnison; mais quelle résistance peuvent faire des troupes sans discipline. Les hommes y sont habillés à la vieille mode et portent tous la barbe faite comme les cornes d'un hanneton; les femmes sont vêtües à l'allemande de différentes manières. Il semble que ce soit un rendez-vous de gens de diverses provinces d'Allemagne, aussi tout le monde y parle-t-il allemand et françois, outre ce méchant patois dont j'ay fait mention à Beffort, qu'ils apellent le Romain. Ils envoyent leurs enfans à Milhouse[2] en Alsace, pour y aprendre l'allemand, d'où en échange on en envoye d'autres à Montbéliard pour aprendre le françois ou, pour mieux dire, ce patois Romain. On estime assez la coutellerie de cette ville. On y fabrique aussi quantité de ces grosses toiles blanches barrées de bleu, qui servent à faire des matelas. Toute espèce de monnoye étrangère y a cours pour sa valeur. Je ne sache pas que le prince de Montbéliard[3] en fasse battre. Il est de la maison de Wirtemberg.

---

[1] On faisait cas de .., on se croyait suffisamment protégé par...
[2] A cause de la religion, plus encore peut-être que du voisinage.
[3] Georges de Wurtemberg.

Il a épousé une des filles de Mr le duc de Chatillon,[1] dont il avoit de mon tems un fils et cinq filles. Ce prince est d'une humeur mélancolique, solitaire et fort studieux,[2] aussi ne sort-il guères de son château, qui est un vieil édifice n'ayant que l'air d'une prison; il est situé à l'orient de la ville sur une roche escarpée par nature et par le ciseau. La religion du prince et de ses sujets est la luthérienne. On ferme les portes de la ville durant le prêche, ainsi qu'il se pratique chez les protestans de ce païs là. J'ay oublié d'aller voir leur temple, c'est un beau bâtiment, à ce qu'on m'a dit. Il ne faut pas oublier de parler des fontaines de cette ville, elles sont en bassin au milieu des places et des rues pour la commodité publique.

Ce fut à Montbéliard où[3] je vis pour la première fois avec étonnement les manières d'Allemagne, me trouvant tout d'un coup transporté comme dans une autre région, où les habillemens différens, les coiffures étranges des femmes, le langage, les bâtimens, les meubles, les poëles, enfin tout ce qui tomboit sous mes yeux, étoit nouveau pour moi; car je ne faisois que de sortir de la comté de Bourgogne, où chacun parle et s'habille à la françoise. J'avoue que j'en sentois une joye secrète, et mon inclination de voir un païs étranger se trouvoit contente.

Pour achever cet article, je dirai que la comté ou principauté de Montbéliard a bien 7 à 8 lieues d'étendue du nord au midi, et 4 à 5 lieues d'orient en occident. Elle est située entre la Lorraine, l'Alsace, l'évêché de Basle et le comté de Bourgogne.

Continuons maintenant notre voïage. J'ay dit qu'à Héricourt nous prîmes un guide, qui nous conduisit à Saunot,[4]

---

[1] Gaspard de Coligny, maréchal de France.
[2] Il aimait en effet les sciences et il fonda dans sa capitale un bon collège.
[3] que. [4] Saulnot.

où nous arrivâmes à la noire nuit. Ce vilage est ainsi nommé parce qu'il y a une source d'eau salée dont on fait du sel au feu. Quelques-uns de nos gens furent voir les chaudières, où l'on le fait bouillir ; mais pour lors ma curiosité étoit éteinte, j'étois demi-mort de froid et de faim, il y avoit dix heures que je n'avois mangé et que j'étois à cheval à souffrir le rude vent du nord, qui m'avoit gelé le côté droit du visage. Notre compagnie étoit trop grosse, pour tenir toute dans une méchante hôtellerie de vilage, nous nous logeâmes donc dans deux, et nous n'y trouvâmes pour tout régal que treize œufs ; ce n'étoit pas là contentement pour une telle troupe de gens affamés. Mais les cuisiniers du duc Mazarin y remédièrent ; ils s'avisèrent fort à propos de faire cuire du porc salé aux pois, et de nous aprêter d'autres ragoûts, dont nous fîmes la media-noche, parce que nous étions au soir du samedi.[1] Ce ne fut pas pourtant sans inquiétude, car ces officiers de grands seigneurs, qui ne sont pas acoutumés à se chauffer à petit feu, pensèrent brûler cette pauvre hôtellerie ; nous en eûmes la peur toute entière. Par bonheur on y remédia assez tôt. Ensuite de quoi chacun s'envelopa de son manteau et dormit quelques heures sur la paille, qu'on étendit sur tout le plancher d'une salle basse.

Nous ne pûmes pas partir bien matin le lendemain, qui étoit un dimanche, parce que le curé de ce lieu ne voulut pas avancer l'heure de la messe de paroisse, où il falloit que ses habitants (dont la plupart étoient éloignés) assistassent. Pour nous désennuyer, nous nous mîmes en atendant à causer avec ce bon pasteur. Il nous aprit entr'autres choses qu'il avoit enterré la veille un païsan âgé de cent dix ans, qui n'avoit jamais été malade. Il faut croire qu'il étoit mort par défaillance de nature. Ensuite le discours tourna sur la con-

[1] Jour maigre, et qu'en bons catholiques ils ne vouloient manger de la viande qu'après minuit ou à peu près.

quête que le Roy venoit* de faire de la Franche-Comté, et il * durant l'été dernier 1674.
nous exagéra le chagrin que les Bourguignons avoient de se voir sujets de la France. Surtout ils ne pouvoient se consoler de ce qu'on leur avoit deffendu de porter des armes, leur ôtant le moïen de continuer leurs meurtres et leurs brigandages dans les bois, dont ce païs là est fort couvert. Mais on a beau publier des deffences, les méchans ne peuvent vaincre leur inclination perverse, et l'on trouva de ces païsans là qui cachoient leurs fusils jusques sous le grand autel de l'église de leur paroisse, où ils les venoient prendre pour courir les grands chemins. Si cette bonne police de désarmer les païsans eût été établie en Franche-Comté du tems que le roi d'Espagne en étoit encore le maître, il n'en auroit pas coûté la vie à tous les habitans d'un gros bourg voisin de Saunot, nommé Arsé;[1] ces misérables auroient trouvé leur sureté dans leur faiblesse, et ils auroient préservé leurs maisons de l'embrasement où elles ont été réduites. Voicy comme on m'a conté l'histoire en passant par ce lieu désolé.

Pendant que le Roi faisoit le siége de Besançon, il passa un jour par Arsé une voiture de vin que l'on conduisoit au camp. Les habitans de ce vilage, suivans le penchant de leur aversion contre les François, s'imaginèrent que ce vin étoit de bonne prise, puisqu'il apartenoit à leurs ennemis. Sans autre consultation, ils déchargent les tonneaux, les défoncent d'un côté, et se mettent à boire sans mesure et sans raison, tant que le vin dura. Mais par malheur pour eux ils éprouvèrent ce que dit le Sage: «Que les larmes succèdent à la joye»;** car comme ils achevoient leur débauche, il arriva ** extrema gaudii luctus occupat.
dans ce vilage une compagnie de dragons françois, pour lever les contributions. On juge bien que des païsans yvres et ennemis ne répondirent pas juste à cette demande; au contraire les voilà à monter dans la tour du clocher et sur

---

[1] Arcey.

les voûtes de l'église, d'où ils se mirent à tirer à grands coups de fusil sur nos gens et à en blesser quelques-uns. Ceux-cy voulant les épargner trouvèrent plus à propos d'enfumer ces forcenés que de leur résister à force ouverte. Pour cet effet ils environnèrent l'église de paille mouillée, dans laquelle ils mirent le feu, ce qui incommodoit si fort ces malheureux révoltés qu'ils furent contrains de demander quartier. On voulut bien le leur acorder, on retira la paille et le feu pour entendre leurs propositions ; mais au lieu de dire leurs raisons, ces canailles recommencèrent à tirer de plus belle, et tuèrent même le commandant de la compagnie ; ce qui irrita tellement nos dragons qu'ils firent main basse sur tous ceux qu'ils rencontrèrent, mirent le feu à l'église et à toutes les maisons du bourg. On remarqua dans ce désordre le mauvais courage d'une vieille décrépite, qui voïant sa maison brûler se mit sur son lit pour périr avec elle, et quoiqu'un soldat l'en retirât par pitié, elle persista dans son obstination et y brûla misérablement. Pour ceux qui étoient dans le clocher, après avoir usé leur poudre et leur plomb, ils se précipitèrent eux-mêmes de haut en bas comme des désespérés. Voilà la triste fin où la fureur et l'ivrognerie conduisirent ces brutaux de païsans. Ce malheureux bourg porte avec justice le nom d'Arsé,[1] qui veut dire brûlé, puisqu'il a été entièrement détruit par le feu, à la réserve de deux maisons que la fumée déroba à la vengeance du soldat animé.

Après avoir entendu la messe à Saunot, nous montâmes à cheval et nous passâmes à Granges, où nous vîmes les ruines d'un château, qui avoit été assez bon avant que les Espagnols l'eussent fait sauter, au commencement de la dernière campagne, de peur que les François ne s'y fortifiassent. De là nous passâmes de hautes collines en aprochant de Villars

---

[1] Un auteur qui fait des jeux de mots en racontant de telles atrocités, ne pèche point par excès de sensibilité.

Sessel,[1] bicoque murée, dont le comte d'Aremberg, espagnol,[2] est le maître. Je me souviens toujours de la peur que j'eus à 300 pas de cette vilette, la première fois que je traversai la Franche-Comté, en venant de Paris.

Je marchais en compagnie d'un vieil cornete allemand, que j'avois trouvé à Langres; il étoit suivi d'un valet en bon équipage et tous deux montés à l'avantage,[3] de sorte qu'ils menoient toujours le devant, parce que le cheval de louage que j'avois ne pouvoit les suivre qu'à grand peine, non plus que celui de mon guide qui portoit ma valise. Me trouvant donc un matin assez éloigné de mes Allemands, j'aperçus, le long d'une roide montagne au bas de laquelle je marchois, un drole basanné comme un Egiptien,[4] ayant ses cheveux troussés dans un bonnet brun, sans crevate, tenant un fusil à la main, qui décendoit droit à moi avec une diligence extrême. Je ne doutoi point que ce ne fût un schnapan,[5] qui vînt m'ataquer, car on ne parloit d'autre chose par tout le païs. Je ne puis le dissimuler, j'étois encore si nouveau dans le danger que la frayeur s'empara de moi, les cheveux me dressèrent à la tête, et je crus être à ma dernière heure; je n'avois ni la force ni le moïen de lui résister, étant convalescent pour lors, n'ayant que des pistolets et une épée, et une méchante rosse mal propre pour la fuite. Quoi qu'il en fût, je n'eus pas le tems de faire de longues réflexions sur le péril où je me trouvois. En moins de rien, le drille fut à la tête de mon cheval, où il s'arêta un moment en me regar-

---

[1] Villersexel.
[2] Non de naissance, mais parce qu'il était gouverneur du Hainaut pour le roi d'Espagne; au reste il était prince.
[3] Terme de manège : bien montés.
[4] Bohémien.
[5] Un *Schnapphahn*, d'où est venu le français chenapan, était un détrousseur de grand chemin; le nom et la chose existaient déjà au xve siècle, Brant en parle dans son *Narrenschiff* et Geiler en donne cette définition : *Equites qui insidiose rapiunt, schnapphen*.

dant, il me salua en riant de la peur qu'il m'avoit faite et s'en alla vers la ville. Je lui rendis son salut de bon cœur, louant Dieu de ce que j'en étois quitte pour la peur, et piquant de mon mieux pour rejoindre ma compagnie et m'éloigner de ce griffon de montagne.

Nous n'entrâmes pas dans Villars-Sessel, nous le laissâmes sur notre droite, et nous fûmes passer la rivière de l'Ougnon[1] à gué avec beaucoup de peine et de péril pour nos voitures, à cause des glaces et de la profondeur de l'eau. Nos chariots en avoient par dessus le moieu des roues, les chevaux jusqu'à la moitié du corps, nos pauvres femmes crioient miséricorde, parce que l'eau froide les gagnoit. Outre ce dangereux passage, où le Seigneur nous garda, il nous préserva encore ce même jour d'un autre fâcheux accident, en nous faisant partir de Saunot, ce village où nous avions couché, entre neuf et dix heures du matin, parce qu'à l'heure de vêpres il y passa mille cavaliers lorrains, qui le pillèrent, lorsque nous n'étions pas à trois lieues de là. La prise n'auroit pas été mauvaise pour eux. Car outre 25 personnes que nous étions, qu'ils auroient fait prisonniers, nos chevaux et notre équipage dont ils se seroient accomodés, ils auroient de plus gagné une grosse somme des deniers du Roi et la vaisselle d'argent du duc Mazarin, qui étoient dans un de nos chariots.

Nous couchâmes à Esprez,[2] méchant vilage, chez un hôte qui avoit la mine et le cœur tout espagnols; nous y trouvâmes un ecclésiastique soi-disant chanoine de Besançon. Il soupa avec nous, et nous demandoit, en faisant le railleur, combien de tems la Comté demeureroit au Roi de France? Tant qu'il lui plaira, répondions-nous en riant aussi. Sans nous M^r le chanoine auroit fait mauvaise chère ce soir là, car nous avions aporté de bons chapons de Beffort, et il n'y avoit dans l'hôtellerie que de la vache à demi bouillie.

---

[1] Oignon. [2] Esprets.

Le jour suivant, nous eûmes bien de la peine pendant toute la journée, car dès le matin le chariot des hardes versa, et après midi celui où étoient les femmes s'embourba dans une fondrière pleine de glaces brisées, auprès de Vesoul. Dans les efforts redoublés que firent les chevaux pour s'en tirer, ils rompirent la cheville ouvrière et emportèrent le timon du chariot plus de deux cens pas loin, en courant à toutes jambes. Cet accident mit le maître d'hôtel dans une telle colère qu'il voulut tirer un coup de fusil à son chartier, et il fallut que nous nous missions tous à l'apaiser et à lui remontrer que ce n'étoit pas là le plus court pour sortir d'affaire. On fit de nécessité vertu, on ratacha le timon au chariot avec de fortes cordes et à l'aide des chevaux de deux ou trois charues, qui se trouvèrent aux environs, et de ceux de deux chariots, on se tira de ce mauvais pas.

Vesoul est une jolie vilote,[1] où il y a un collége de jésuites. Elle est située au pied d'une petite montagne ronde, isolée, d'environ cent toises de haut, qu'on apelle en ce païs là *le Teton*.[2] Nous arrivâmes à une heure de nuit à Port-sur-Saône, gros bourg. Nous étions tous morfondus de froid et nos manteaux tout empesés d'un grésil qui étoit tombé durant toute la journée. Nous logeâmes à la *Croix d'or,* grande hôtellerie, où il y avoit bien de quoi faire bonne chère, s'il y avoit eu de bon pain, mais il étoit si bis et si pâteux qu'on n'en pouvoit manger. On n'oublia pas de faire réparer le domage de notre chariot.

Le lendemain, avant que de monter à cheval, nous passâmes la rivière de la Saône, qui est déjà assez large en cet endroit, quoiqu'elle ne prenne sa naissance qu'à neuf ou dix lieues de là, dans les montagnes voisines de la Marche en Lorraine.

---

[1] Se disait aussi pour villette.
[2] On y a substitué depuis, par euphémisme sans doute, la dénomination de *Motte de la Vierge*.

Notre passage de la Saône nous arêta assez de tems à cause de nos voitures, que le bac ne put passer que l'une après l'autre; leur lenteur nous désespéroit tous, cependant nous n'osions pas les abandonner à cause du danger qu'il y avoit pour lors dans la comté de Bourgogne, sa[1] conquête étoit trop récente pour y trouver les esprits soumis à la domination françoise. On disoit toujours qu'il y avoit des païsans armés dans les bois qui sont fort fréquens et fort épais dans ce païs là, où les routes sont difficiles à tenir à cause des défilés, et qui pis est, nous y trouvions encore des barricades de gros arbres, dont on avoit embarrassé les chemins pour faire des retranchemens et empêcher la cavalerie d'avancer. A mon dernier passage en 1681, je trouvoi tout cela bien changé. Au lieu de ces dangereux coupe-gorges, c'étoient des routes de dix toises de largeur et tirées au cordeau, que le Roi avoit fait traverser à travers ces ennuyeuses forêts. Pour revenir à notre marche, il falloit donc durer à cheval et transir de froid depuis huit heures du matin jusqu'à plus de cinq heures du soir, sans manger, car nous n'arêtions point pour dîner à cause des jours courts, et cela pour faire cinq ou six lieûes au plus, qui sont à la vérité fort longues dans cette province. Je puis dire que cette vie m'étoit encore plus dure qu'aux autres; car étant nouvellement relevé de maladie, je me trouvois plus foible et plus affamé qu'à l'ordinaire. Il faut que j'avoue cependant que cette diette forcée me fit du bien, et j'apris par expérience que le jeûne est profitable au corps aussi bien qu'à l'âme.

Après avoir passé Combaut-Fontaine,[2] gros vilage où il y a des sources d'eaux chaudes minérales, et Saintré,[3] autre vilage, nous trouvâmes un haut poteau où sont peintes les armes de France, ce qui marque qu'on est hors des terres de la comté de Bourgogne.

---

[1] La conquête en... [2] Combeaufontaine. [3] Cintrey.

A demie lieue de ce haut poteau on trouve le Fay-Billot,[1] grand vilage de France, où il y a un bureau des droits du Roi. Au lieu de nous faire païer, le receveur, qui connoissoit le maître d'hôtel du duc Mazarin, nous fit présent d'une demie douzaine de grosses bouteilles d'excellent vin, et il soupa avec nous. Comme il ne pouvoit fournir de lits à une si grosse troupe, nous couchâmes sur la paille pour la dernière fois.

Nous voïant sur les terres de France et hors de danger des païsans de la comté de Bourgogne, nous autres cavaliers prîmes un peu les devans le jour suivant, laissant derrière nos chariots et nous arrivâmes par un gros brouillard à

LANGRES

à une heure après midi. En qualité de ville cy-devant frontière, on y faisoit une garde fort exacte. La sentinelle nous cria d'arêter à 20 pas de la porte du fauxbourg de Sousmur; le caporal vint à nous pour savoir qui nous étions, puis il nous envoïa loger au *Cerf volant,* disant que deux Messieurs à cheval, qui venoient d'entrer et qui étoient de notre compagnie, y devoient aller loger, après qu'ils auroient été chez le maire de la ville. Crainte de nous rompre le cou, nous mîmes pied à terre, parce que cetts roide entrée de la ville étoit pour lors toute encroûtée de verglas. Ce fut donc à l'hôtellerie du *Cerf volant* que toute notre troupe se rassembla; nos voitures arrivèrent deux heures après nous.

Comme nous devions demeurer à Langres jusqu'à ce que nous eussions des nouvelles de la sortie des Impériaux hors de l'Alsace, Onoxandre loua dès le lendemain un apartement tout garni, assez grand et assez propre pour loger sa famille, dans la rue Neuve, chez un apoticaire nommé le Vasseur. Les gens du duc Mazarin demeurèrent treize jours à Langres à l'hôtellerie, en atendant qu'ils eussent receu l'ordre de leur

---

[1] Fayl-Billot.

leur maître d'aller à Paris. Ils en prirent le chemin le 27 de décembre. Cette séparation me fut sensible ; j'avois fait amitié avec le secrétaire, qui étoit un petit homme bien fait, poli, spirituel, qui avoit de l'étude et qui chantoit à charmer. Nous ne nous étions point quittés durant les six journées de l'ennuyeuse et pénible route que nous venions de faire en Franche-Comté. Etant à Langres, nous étions d'ordinaire ensemble à nous promener, en visitant ce qu'il y a de plus curieux dans la ville. Nous allions souvent entendre la musique de la cathédrale.

Dès le 5 janvier de l'année 1675, nous aprîmes par un postillon venu d'Alsace la marche de M. de Turenne et la défaite des Impériaux à Milhouse.[1]

Le 11ᵉ en suivant, nous eûmes nouvelles de la bataille de Turkeim[2] où les Allemans furent encore battus. Tant d'heureux succès par nos armes nous firent juger que nous ne ferions pas long séjour dans notre ville de refuge.

Sur la fin du même mois, les comtes de Beaumont et de Broglio qui avoient été blessés dans les combats dont je viens de parler, arrivèrent à Langres dans chacun un brancard. Le corps du marquis de Moucy[3] et celui de Mʳ Foucaut[4] y passèrent aussi ; ils avoient été tués à Turkeim, on les menoit inhumer à leurs terres seigneuriales.

Il passoit aussi de fois à autres des bandes de déserteurs et de prisonniers impériaux que l'on conduisoit en Catalogne, pour prendre parti dans nos troupes.

Le 17 du même mois de janvier, je fus par compagnie à une demie lieue de la ville, où, malgré la rigueur du froid de la saison, il y avoit grand concours de peuple à une chapelle appelée S. Jome, dans laquelle on révère le tombeau de trois frères martirs natifs de Langres, qui sont Speusippe, Eleusippe et Meleusippe. Le martyrologe romain[5] nous

[1] le 29 décembre 1674. [2] le 5 janvier 1675. [3] Moussy. [4] Louis Foucault, comte d'Oignon, lieutenant-général. [5] Qui place leur fête au 17 janvier.

aprend qu'ils y soufrirent le martyre avec leur ayeule Leonille, sous l'empire de Marc-Aurèle.

Pendant notre séjour à Langres nous trouvâmes que les habitans de cette ville sont fort sociables, prévenans, aimant la joye, la bonne chère et la musique bachique; car quoique nous ne fussions connus de personne, nous n'y demeurâmes pas quinze jours sans être invités à souper chez les principaux de notre voisinage, et jusqu'à notre départ il y eut fréquemment entr'eux et nous de bons repas pris et rendus. Cela faisoit passer les tristes soirées de l'hyver fort agréablement. Le gibier abonde à Langres, le vin y est excellent, le pain est très bien fait, on y trouve d'habiles cuisiniers; ainsi rien n'y manque pour se bien régaller.

Un dimanche, 3 de février, le *Te Deum* fut chanté en musique à la cathédrale en action de grâces de ce que les Impériaux avoient été chassés d'Alsace. Cette cérémonie mérite bien une petite description. On fit mettre sous les armes 600 bourgeois des mieux faits de la ville, ils avoient tous des habits fort propres et de très belles armes. Ils s'assemblèrent en escadron dans le marché aux porcs, grande place, d'où ils partirent en bon ordre tambour batant, enseignes déployées, pour aller occuper le portail et les avenues de l'église cathédrale. Après une belle salve de mousqueterie qu'ils firent étant arrivés, on vit passer au milieu des deux files de cette bourgeoisie en armes et d'une multitude infinie de peuple tout le clergé séculier et régulier de la ville en procession, pour assister à la cérémonie. Le *Te Deum* étant chanté, cette galante milice passa en même ordre par la place de Champeaux et par les principales rues de la ville et se rendit dans la place de l'hôtel de ville, où elle forma un escadron. La façade du bâtiment étoit ornée de guirlandes et de festons de feuilles de lierre, la saison ne fournissant point d'autre verdure. Le tout couronnoit et accompagnoit un grand portrait du Roi, qu'on avoit placé au haut de la porte, et au bas du tableau étoit écrit ce distique latin en lettres d'or :

> *Una bis undenos Martis manus expulit hostes*
> *Et dabit invitam discors concordia pacem.*[1]

Le soir on tira le canon et des boëtes. On fit des feux de joye dans les rues et l'on mit des lanternes à toutes les fenêtres. La défaite des Impériaux étant si bien confirmée, nous n'hésitâmes plus pour nous en retourner en Alsace et notre départ fut fixé et exécuté le 6 du mois de février en compagnie du baron de Vanghen,[2] seigneur allemand, qui alloit à Brisac porter des ordres de la cour. Nous étions six personnes à cheval, nous marchâmes si bon train que nous nous rendîmes en moins de trois jours à Beffort.

Je vais présentement faire une description de la ville de Langres et raporter toutes les remarques que j'y ay faites, tant dans les différentes fois que j'y ay passé que durant un séjour de près de deux mois.

Langres est sans contredit une des plus anciennes villes de France. Elle est située sur une haute colline de roche presque escarpée, ce qui la rend naturellement forte, à la réserve du côté de midi, où son terrain va en pente douce vers la campagne. Son plan a un grand quart de lieue de longueur, et sa largeur est à peu près de la moitié. Ses murailles, qui paroissent fort anciennes, sont encore assez bonnes, elles ne sont flanquées que de six tours demi-rondes; les endroits les plus foibles sont couverts d'une grande demie lune et de deux bastions détachés. On fait le tour des murailles en une heure de tems, marchant partout à l'abry de la pluie et du soleil. Ses portes sont au nombre de cinq; celle qui est au midi s'apelle la porte des Moulins à vent, c'est le chemin de Dijon. La porte des Tanneurs est au levant vers la comté de

---

[1] Le seul bras de Mars a chassé vingt-deux mille ennemis, et un accord sans concorde donnera une paix contrainte.
[2] De Wangen, vieille famille noble d'Alsace.

— 237 —

Bourgogne ; il y a un petit fauxbourg au bas de la décente nommé de Sousmur. La fameuse Longe-porte est au nord, et du côté d'occident sont les portes du Marché-aux-Porcs et de Saint-Didier, qui est celle par où l'on sort pour aller à Paris. Entre ces deux portes la muraille se renfonce en manière de redan,[1] et l'espace qui est entre les angles ressemble à un ancien arc de triomphe à deux ceintres, qui sont maintenant bouchés de massonnerie, où l'on voit quelques vieilles moulures d'architecture toutes ruinées.

On s'est avisé en 1673 de fortifier cette ville d'une palissade, d'un chemin couvert qui règne tout autour ; mais c'est autant d'argent perdu, tous [ces ouvrages] ne valent rien. Heureusement, Langres n'a guères besoin de fortifications, n'étant plus place frontière depuis la conquête de la Franche-Comté ; les bourgeois continuoient cependant de faire la garde de leur ville sans autre garnison qu'eux-mêmes, ils tenoient corps de garde à toutes les portes. Une sentinelle veille au haut de la tour de S. Pierre, qui sert de beffroy ; lorsqu'il[2] voit aprocher des cavaliers, il marque par le nombre des coups de cloche combien ils sont, et par quelle porte ils doivent entrer. En cas d'allarme pendant la nuit, chaque bourgeois se rend aussitôt à un des créneaux de la muraille, qui lui est donné en garde. Leur discipline militaire est si exacte et si bien entendue que M[r] le marquis de Choiseuil, leur gouverneur, en voulut avoir un mémoire pour le présenter au Roi. Ces bourgeois passent pour gens de cœur[*] et ils périroient plutôt tous que de laisser prendre *leur pucelle,* c'est le surnom qu'ils donnent à la ville de Langres, à cause qu'elle n'a jamais été prise depuis la monarchie de France ;

[*] Ce n'est seulement de ce tems cy puisque Lucain a fait mention de leur valeur au livre de sa Pharsale : *Pugnaces pictis cohibebant Lingonas armis.*[3]

---

[1] Retranchement à angles rentrants et sortants.
[2] Notre narrateur abuse un peu de la syllepse.
[3] I, v. 398, ...les forts, qui sur la crête sinueuse des Vosges, arrêtaient les belliqueux Lingons aux boucliers peints.

c'est pourquoi nos Rois s'assurant sur leur fidélité en ont toujours confié la garde à la bourgeoisie.

Après avoir décrit les dehors de cette ville, il faut parler de son intérieur. Elle a d'assez belles rues, entr'autres la grande qui va depuis la porte des Moulins à vent jusqu'à l'église cathédrale. Il n'y faut pas chercher des palais superbes pour l'architecture, mais les maisons bourgeoises y sont bien bâties de pierre de taille, et ce qui est de particulier, c'est qu'elles sont aussi couvertes de pierres plates en manière de tuiles, posées sur des toits qui ont peu de pente. Les citernes y sont fort communes, à cause qu'il est difficile de creuser des puits dans un plan de roche si élevé. Les rues y sont pavées de cailloux ronds comme à Basle et à Lyon. La principale place de Langres, quoiqu'irrégulière dans sa figure, est celle de Champeaux, où se font les exécutions de justice ; ensuite le marché aux porcs, qui est une place plus grande, mais qui n'est pas pavée, et celle de S. Martin. Je puis bien mettre au rang des places le champ de Navarre situé derrière les Capucins, c'est un lieu tout planté d'arbres à la ligne, qui en font une jolie promenade ; l'hôtel des arquebusiers est dans cet endroit et la bute où ils tirent la sible[1] de cent cinquante pas.

Parlons maintenant des églises de Langres. Toute la ville est divisée en trois parroisses, qui sont Saint-Pierre, Saint-Martin et Saint-Amatre.* Il y a trois couvens d'hommes, savoir, les Jacobins, les Capucins et les Carmes, qui sont hors des murs de la ville, et quatre de filles, qui sont les Ursulines, les Jacobines, les Annonciades et les Religièuses de la Visitation. Il y a encore une église et un collége de Jésuites, une communauté de prêtres de l'oratoire et un

* Peut-être Saint-Amateur.[2]

---

[1] S'il est vrai que cible vient de l'allemand *Scheibe*, l'orthographe de notre auteur est plus exacte que la nôtre.

[2] Oui : on trouve aussi la forme Amaitre. Le martyrologe romain énumère trois saints de ce nom.

prieuré de Saint-Didier, patron de Langres, où l'on voit son tombeau. Outre cela, il y a trois hôpitaux nommés S. Laurent, S. Nicolas et S. Farjeu, et deux chapelles dont l'une se nomme la Chapelote, et l'autre la chapelle des Morts. Cela fait en tout dix-huit églises, sans compter la cathédrale que j'ay réservée pour la dernière.

En commençant sa description, il faut dire d'abord que l'évêque de Langres est honoré du titre de duc et pair ecclésiastique de France et l'un des douze qui assistent au sacre de nos Rois. Cet illustre siége étoit du tems de mon séjour occupé par Monseig[r] Louis-Marie-Armand de Simianes de Gordes. Son église cathédrale est dédiée à S. Mammés, martir, quoique dans les premiers siécles elle ait eu S. Jean l'évangéliste pour patron. Le chapitre est composé d'un doyen, d'un trésorier, six archidiacres, un chantre, 52 chanoines et huit prébendés, ceux-cy ont le camail fourré de peau* noire, et les chanoines l'ont de petit gris, au moins leur en voit-on un gros bord renflé qui leur environne le visage. Ils portent même en été le camail bordé de cette fourure, à la réserve qu'il n'est pas boutonné par devant et qu'ils n'ont pas, comme en hiver, la chappe de dessous que l'on appelle en langue de chapitre *les draps;* ainsi ils ne se servent jamais de bonnet durant l'office. Ils y gardent une coutume bien particulière, c'est qu'ils font remplir de foin toutes leurs stales ou chaires du chœur à la hauteur du genou, et cela dure depuis la Toussaints jusqu'à la Chandeleur; on ne leur en change qu'à Noël. Ces canonicats passent pour être des plus forts de France, ils raportent dans des années, à ce qu'on m'a dit, jusqu'à mil écus de rente. Il y a quelques-uns de ces Messieurs qui sont en réputation d'être fort riches et d'avoir bien de l'argent comptant.

On m'a fait remarquer un de ces chanoines des mieux nouris, qui servit un plat des plus singuliers dans un repas qu'il donnoit à une compagnie de ses amis. Ce qui lui en fit

* Tous les autres ecclésiastiques de la ville le portent fourré de même couleur.

naître la pensée, ce fut que sur la fin du régal, quelques-uns d'entr'eux se mirent à dire comme en se louant de la bonne chère qu'on leur faisoit: « Ah que nous voilà bien ; maintenant, il ne nous faudroit plus que de l'argent. » Le maître de la maison, sans faire semblant d'avoir entendu ce souhait frivole, sortit de table et au bout d'un moment il fit servir un bassin d'argent, dans lequel il y avoit quinze à vingt mil livres en louis d'or, en leur disant : « Messieurs, vous désiriez de l'argent, pour être contents de mon repas, en voilà ; goûtez, s'il vous plaît, de ce plat de dessert. » On peut juger de la surprise des conviés à la vue de cette quantité d'espèces d'or. Pas un d'eux cependant n'y toucha, ils se contentèrent de complimenter leur hôte sur sa magnifique galanterie. Peu de gens sont capables d'en faire une semblable.

L'évêque seul peut donner la bénédiction à la fin de la grande messe. Quand c'est un chanoine qui officie, il sort de l'autel après l'*Ite Missa est,* et il dit avec ses ministres l'évangile *In principio,* en s'en retournant à la sacristie. La musique y est assez remplie, il y a dix enfans de chœur. J'y ay entendu un très beau fausset,[*1] qui a été receu depuis à la chapelle du Roi.

*Aubert, Lorrain.

Le bâtiment de cette cathédrale n'a rien de remarquable que sa grandeur. La nef en est obscure et triste, son portail est sans ornement, ce n'est qu'un mur tout uni et bien ancien, qui soutient une assez belle tour à la moderne couverte en dôme. Il y a de plus une haute flèche de clocher sur le milieu de la croisée de l'église. Au reste, le chœur en est vaste. Les stales sont de menuiserie gotique, le tout bien clos et bien tapissé, crainte des vents coulis. Le maître-autel est isolé à l'ancienne manière, son retable et sa contretable[2] sont tout revêtus d'argent, accompagnés d'un crucifix, d'une statue de la Ste Vierge d'un côté, et de S. Mammès de l'autre, de 4 à

---

[1] Voix de tête. [2] ou contre-retable, ce dernier est du masculin.

5 pieds de hauteur, de même métal, aussi bien qu'un autre crucifix plus grand que le naturel, ataché sur le haut du mur circulaire qui termine le fond du chœur. Derrière l'autel s'élève une colonne de marbre, qui porte une châsse de reliques. On voit dans le même espace où elle est dressée, quatre tombeaux d'évêques de Langres, et au côté droit du maître-autel est celui du cardinal de Longvie,[1] qui a aussi occupé le siége de Langres en 1551; son chapeau rouge est pendu au-dessus de sa sépulture.

A propos de tombeaux, il ne faut pas oublier de parler de celui qui est situé au-devant des marches du grand autel, il est des plus rares. Il ressemble à une table quarrée de trois pieds de haut,[*] longue environ de six pieds sur quatre de largeur, il est toujours couvert d'un tapis, sur lequel on arrange six grands chandelliers de cuivre avec leurs cierges de cire jaune, qu'on allume pendant la messe et l'office du chœur, je n'ay jamais vu de cierges sur l'autel. Les deux bouts de ce tombeau ont chacun une petite fenêtre par lesquelles on voit au fond, à quatre pieds ou environ de profondeur, trois petits cercueils de pierre qu'on tient être ceux des trois enfans d'Israël qui furent jettés dans la fournaise de Babilonne par l'ordre de Nabuchodonosor, savoir Sidrac, Misac et Abdenago. Leurs figures sont taillées en relief de pierre sur la table qui couvre le tombeau, et leurs noms sont écrits à leurs pieds; mais je n'ay point vu l'épitaphe qu'un curieux de Langres m'a assuré y avoir lue, peut-être que le tapis que j'ay toujours vu dessus m'a empêché de la découvrir. Quoi qu'il en soit, la voici dans les mêmes termes qu'elle m'a été dictée:

[*] Dans mon dernier passage à Langres je remarquai qu'on avoit abaissé le dessus de ce tombeau, car il n'étoit plus élevé que d'un pied de haut au-dessus du niveau du pavé du sanctuaire.

Hic jacent in sarcophago *Quos Persarum rex Cosroas*
Sidrach, Misach, Abdenago, *Olim misit ad Lingonas,*
  Ut effugerent dæmonas.[2]

---

[1] Claude de Longwy, cardinal de Givry.
[2] Ci-gisent en ce sarcophage   Envoya jadis aux Lingons
    Sidrac, Misac, plus Abdénage, Pour les arracher aux démons.
    Que Chosroès, le roi de Perse,

Et afin qu'il ne me reste plus rien à dire touchant ce sépulcre, je vais conter icy à quelle occasion ces trois corps saints de l'ancien Testament ont été aportés à Langres ; je n'augmenterai ni ne diminuerai rien de la relation que m'en a faite le même curieux. Le lecteur judicieux y aura tel égard qu'il jugera à propos.

Vers le commencement du settième siècle, la ville de Langres se trouva obsédée de certains esprits malins appelés Incubes,[1] de sorte qu'il se passa plus de vingt années sans que les femmes eussent des enfans. Cet étrange accident mit toutes les familles dans une si triste situation, que l'évêque de ce tems là ordonna des jeûnes et des prières publiques pour demander à Dieu la fin de ce malheur. Au bout de quelques jours, il eut révélation qu'il n'y avoit point d'autre remède à cette désolation que d'envoyer en Perse pour avoir des reliques des trois compagnons du prophète Daniel. Aussitôt le prélat fit convoquer le clergé et les plus notables habitans de Langres, auxquels il découvrit ce que le Seigneur lui avoit révélé. Cette proposition parut d'abord très suspecte à l'assemblée, la pluspart dirent qu'il y avoit de l'illusion ; quelques-uns qui connoissoient la sainteté de leur évêque crurent bonnement que Dieu lui avoit fait connoître sa volonté. Enfin, après de longues contestations, on conclut qu'il ne falloit rien négliger dans un cas si extraordinaire et que, pour n'avoir rien à se reprocher, il falloit dépêcher en Perse quelques personnes d'intelligence et de probité, pour chercher les reliques en question. Le roi Cosroès, qui régnoit pour lors en ce païs là,[2] leur accorda leur demande moyenant

---

[1] Nous renvoyons sans plus les lecteurs qui seraient curieux de s'enquérir des faits et gestes, peu édifiants, de ces démons au traité *De Dæmonialitate et incubis et succubis,* publié pour la première fois en 1875, à Paris, sous le nom du R. P. Louis-Marie Sinistrari d'Ameno.

[2] Chosroès II (591-628) : il ne paraît pas avoir été d'ordinaire si accommodant en fait de reliques ; du moins, après avoir pris Jérusalem en 615, il

quelques présens. Ces députés ne furent pas plutôt de retour à Langres que le mal y cessa. Ce fut une fête publique dans toute la ville, et en mémoire de ce bienfait receu de Dieu par l'intercession de ces saints Hébreux, les Langrois firent dresser le monument dont je viens de parler, et l'on enchassa précieusement leurs reliques, qu'on garde encore pour telles dans le trésor, où je les ay vues avec quantité d'autres, entre lesquelles est le chef de saint Mammès, martir, patron de cette église. Il y a de plus grand nombre de vases sacrés d'un grand prix. Le sacristain qui montre ces reliques, ne manque jamais d'avertir les spectateurs qu'elles sont très véritables, assurant qu'il n'y en a point de supposées* ou de changées, à raison de ce que Langres n'aïant point été prise depuis qu'elle est chrétienne, le trésor n'a souffert aucun domage.

* Je n'ai pourtant pas grande foi pour un cordon de soulier de la Sᵗᵉ Vierge, qu'on m'y a montré au rang de ces autres pièces vénérables.

Avant que de sortir du chœur de Saint-Mammès, il faut remarquer une vitre peinte tout autour chargée des armes de Mʳ Zamet,[1] qui en étoit évêque sous le règne d'Henri IV. Les grands biens dont ce prélat a doté son église de Langres font que sa mémoire y est fort précieuse. Il a laissé une grosse fondation pour faire célébrer à perpétuité la fête de saint Sébastien, son patron, avec autant de solennité que le jour de Pâques. Il n'y a plus rien à remarquer dans cette église que les vitres des chapelles, qui sont dans l'allée circulaire derrière le chœur, et particulièrement dans celle de la Sᵗᵉ Vierge, où le tableau du retable mérite d'être considéré. On conte entre les saints plusieurs évêques de Langres; le plus ancien dont on ait connoissance est saint Sénateur.[2] Ce

---

emporta, dit-on, en Perse la sainte croix avec un grand nombre d'objets sacrés.

[1] En 1622, il publia des statuts synodaux. Etait-il fils du riche financier Sébastien Zamet, à qui Henri IV témoignait beaucoup d'amitié?

[2] Le second a été saint Just et le troisième saint Didier, tué en 407 par les Vandales. Le martyrologe romain, qui ne cite pas les deux premiers, mentionne de plus parmi les saints un Grégoire et un Urbain, tous deux évêques de Langres.

siége a été occupé par quantité de grands et d'illustres personnages. On tint dans cette ville un concile au mois de juin de l'an 859 et un autre en 1080,[1] où présida Hugues de Dié, légat du saint Siége, contre l'investiture des biens ecclésiastiques par les séculiers. On y a tenu aussi en divers tems des sinodes dont je ne ferai point de mention. Mais il ne faut pas oublier de dire qu'il y a un présidial et une élection à Langres.

J'ai déjà dit en parlant du génie des Langrois qu'ils étoient gens de bonne compagnie. J'ajouterai icy qu'ils sont bons et fidelles François et les plus ardens nouvellistes du monde; le froid le plus rude de l'hiver n'est pas capable de les chasser du milieu d'une place publique où l'on conte des nouvelles. Mais le rendez-vous le plus fréquenté pour traiter de ces sortes d'affaires d'Etat, c'est le cloître des Capucins; il est à Langres sur le même pied que le quai des Augustins à Paris.

On sait qu'en France il y a quelques villes aux habitans desquels on donne des surnoms de raillerie, tels que celui de *badauts,* qu'on atribue aux Parisiens. Or le sobriquet qu'on donne aux Langrois, c'est de les appeler *fouilleteaux,* comme qui diroit folets,[2] en mémoire, ce dit-on, de l'histoire des Incubes que j'ay raportée cy-devant. Cette tradition railleuse, qui est fort ancienne, ne pourroit-elle point servir de preuve que cette espèce de démons ont affligé véritablement cette ville?

Il y a d'assez bonnes boutiques de marchands à Langres, mais la coutellerie, qui en est estimée, fait le plus considérable de son négoce pour le dehors, les ouvriers y travaillent presque tous pour les maîtres coutelliers de Paris.

A six ou sept lieües de cette ville, vers la Lorraine, il y a des eaux minérales à Bourbonne-les-Bains, qui sont estimées pour la guérison de diverses sortes de maladies.

---

[1] ou 1077, selon Baronius.
[2] C'est le nom populaire des incubes, les Italiens disent de même *folletti*.

Rien ne m'empêche désormais de continuer mon retour vers Paris. Je raporterai icy la dernière route que j'ay faite en compagnie d'un lieutenant-colonel de Champagne, et je terminerai ainsi ces mémoires par la fin de mon second voïage, qui est celui par lequel je les ay commencés. J'avois trouvé cet officier en passant par Montbéliard, logé dans mon hôtellerie, tout prest à partir pour Paris aussi bien que moi, il venoit d'Huningen et moi de Brisac. Il étoit en chaise roulante, accompagné d'un valet de chambre à cheval, d'un palefrenier et d'un laquais, tous armés de fusils et d'épées; les deux derniers montoient derrière la chaise. Je fus bien aise de cette rencontre, pour me servir d'escorte en traversant les bois et les mauvais passages de la Franche-Comté, dont les païsans sont la plupart de méchante canaille. Ce colonel ne les redoutoit guères, puisqu'il les obligeoit malgré eux de nous servir de guides dans les chemins difficiles. Nous arrivâmes donc ensemble à Langres et nous en partîmes un 19ᵉ de juillet, par un tems le plus chaud de l'été. Au bas de la ville on passe un pont à Hume,[1] petit vilage, puis on trouve quatre lieues de désert en bois et en bruières jusqu'auprès d'Arc-en-Barrois, petite vilette du duché de Bourgogne, où l'on travaille beaucoup en ouvrages d'estame[2] et de cotton tricotés Il y a un château apartenant au duc de Vitry,[3] où je vis un parterre assez joli. Dans un des quarrés on a planté en buis un grand quadran solaire, où l'on a ajouté un stile de fer proportionné, et dans un autre ce sont les armes du maître de la maison, dont les émaux sont marqués par les couleurs des différentes fleurs qu'on y plante, et sur la palissade qui environne les allées de ce parterre on a

---

[1] Humes. [2] Tricot de laine.

[3] Plus exactement à la duchesse de Vitry ou à sa fille Marie-Françoise-Elisabeth, qui venait d'épouser le marquis de Torcy. Quant à François-Marie de l'Hopital, duc de Vitry, dernier de sa branche, il était mort le 9 mai 1679, c'est-à-dire deux ans auparavant.

taillé une chasse de plusieurs animaux sauvages, avec les chiens et les chasseurs, le tout de buis vert. On juge bien que ces figures ne sont pas régulièrement dessinées.

Après, nous rentrâmes en Champagne, et après avoir passé par dedans plusieurs vilages et par devant la porte de l'abbaye de Longuai,[1] nous arêtames le soir à Montigny-sur-Aube, bourg où il y a un assez bon château qui pourroit servir de refuge en tems de guerre. Ses tours sont taillées en pointes de diamant et elles sont garnies de quelques pièces de canon. On entre dans une cour ovale, dont le bâtiment à trois étages est de trois ordres d'architecture : celui du bas est dorique, le premier ionique, et le second qui termine l'entablement est corinthien. Il y a de grands appartemens sans meubles, dont les anciennes vitres sont peintes d'armoiries différentes. Cette maison est à Mr de Barillon.

Le jour suivant nous passâmes Autricourt, Grancey, Essoirs,[2] trois beaux bourgs fermés qui ont un air de ville. Ce dernier est sur la rivière d'Ourse,[3] renommée pour ses belles truites. Les frontières de Bourgogne et de Champagne sont fort inégales depuis Langres jusqu'auprès de Troyes, faisant des espèces de cornes, qui avancent réciproquement sur le territoire l'une de l'autre, de sorte que l'on passe souvent sur les bornes de ces deux provinces. Ainsi en sortant de Champagne, nous trouvâmes sur notre chemin

BAR-SUR-SEINE

qui est situé dans le duché de Bourgogne. C'est une ville qui ne me plut point. De vieux bâtimens de bois, des rues estroites et mal pavées, et bien crottées quand il y pleut, c'est tout ce que j'y ay remarqué. Je n'allai point voir les églises. L'ordre de la Ste Trinité y a un couvent. Pour rendre justice à cette pauvre ville en bien et en mal, il ne faut pas taire,

---

[1] de l'ordre de Citeaux. [2] Essoyes. [3] Ainsi que les deux autres qu'on nomme Autricourt- et Grancey-sur-Ource.

pour la consolation de ceux qui aiment à boire, qu'il y croît d'excellent vin sur les côteaux voisins.

La chaleur de la saison nous obligeoit de partir toujours au soleil levant, afin de nous mettre à l'ombre dès neuf heures du matin dans l'hôtellerie. Ce M^r le colonel du régiment de Champagne avec qui je voïageois, étoit un homme de mérite, qui avoit des airs aisés sentant sa personne de qualité. Comme il étoit tout couvert de blessures et qu'il ne pouvoit plus se promener à pied, il s'étoit mis par raison et par passetems à la lecture des bons livres ; il en avoit déjà nombre de bien choisis dans le siége de sa chaise roulante, dont je profitai pendant les pauses de la méridienne. J'en passois une partie à lire, pendant que cet officier dormoit. Il vouloit toujours faire bonne chère à dîner ; car pour le soir il ne prenoit qu'une écuellée de lait au sucre en se couchant, et autant en se levant. C'étoit un régime de vivre que les médecins lui avoient ordonné, pour se rétablir des fatigues de la guerre. Il m'aprit que pour la récompence de ses services le Roi l'avoit fait lieutenant-commandant de Monaco, où il devoit se rendre aussitôt qu'il auroit fait faire son équipage à Paris. Il me contoit ainsi ses affaires en dînant et il me marquoit beaucoup d'amitié.

Ce soir là, nous couchâmes à Fougères,[1] vilage en deçà de Bar-sur-Seine, et le lendemain nous arrivâmes avant neuf heures à

TROYES

Nous y entrâmes par une manière de fauxbourg pavé, qui a bien demie lieue. Cette longue rue est bordée de cabarets, de maisons bourgeoises et champêtres. On y voit aussi un monastère de Chartreux sur la gauche et un couvent de Capucins sur la droite. On connoît bien en traversant cette ville qu'elle est des plus grandes de la France. Outre cette

---

[1] Fouchères.

passade, je l'ay un peu parcourue. J'ai vu la façade de l'hôtel de ville, qui paroît être un beau bâtiment. J'entrai dans une église de religieuses qu'on appelle de la Madelaine, où je remarquai un jubé ou tribune fermant le chœur, qui est un apareil de pierres bien hardi; on en jugera par ce mot de description. C'est un ceintre surbaissé d'environ 25 pieds de largeur, sous lequel l'ouvrier a formé trois arcades en l'air, toutes percées à jour, dont les retombées sont à la hauteur des impostes, sans qu'il y ait aucuns piliers pour les soutenir, à la manière à peu près de ces gros culs de lampe qui servent de clefs au milieu des vieilles voûtes d'églises à la gotique. Aussi l'ouvrage dont je parle est de cette espèce d'architecture là, les ornemens sans bon goût et les colifichets y sont à confusion.[1] Il a été bâti par les Anglois, qui ont possédé cette ville de Troyes, après que Charles VI étant en démence, conduit par le pernicieux conseil de sa femme Isabeau de Bavière, eut déshérité son fils Charles, dauphin de France, et donné sa fille et son roïaume à Henri V, roi d'Angleterre. Je rapelle icy la mémoire de cette mauvaise affaire, parce que ce fut à Troyes même qu'elle fut conclue et signée le 21 mai 1420.

Je fus ensuite à l'église cathédrale dédiée à S. Pierre; c'est un grand bâtiment gotique qui a son portail orné de deux tours quarrées, dont il n'y a que celle qui est à gauche d'achevée. Le clocher, qui s'élève au-dessus de la croisée de l'église, est un des plus hauts qui se voye en France, il a 150 pieds de hauteur au-dessus du toit, la flèche en fut achevée en 1430, après qu'on eut été 17 ans à la rétablir dans le tems des mêmes Anglois, ayant été renversée par un orage. L'intérieur de cette église est vaste et bien éclairé. J'y remarquai grand nombre de tombeaux, entr'autres ceux de la famille de Choiseuil qu'on voit auprès de la porte du chœur du côté de l'Evangile,

---

[1] Autrefois synonyme de profusion.

leurs statues de marbre blanc sont bien travaillées. Le chapitre est composé de 40 chanoines. L'évêque est suffragant de Sens. Il y a quantité d'autres églises dans Troyes, entre lesquelles sont deux collégiales, six parroisses, l'abaye de Saint-Loup, un collége de prêtres de l'Oratoire, un couvent de religieux de la Trinité et plusieurs autres que je n'ay pas visitées.

Troyes est la capitale de la province de Champagne; il y a présidial. Elle est située sur la rivière de Seine, qui commence à y porter bateau. Les rues en sont belles, remplies de belles et bonnes boutiques de marchands. On y fait grand trafic de toilles blanches, sans parler des andouilles de cette ville, qui sont en grande réputation. Les railleurs disent que les Troyens sont un peu sujets à la lune,[1] c'est de quoi je n'assurerai pas; mais ce qui est certain, c'est que Troyes nous a donné de fameux spéculateurs des éphémérides célestes, et que cette ville fournit tout Paris et une partie de la France d'almanacs.[2] Quoi qu'il en soit, il ne faut pas lui refuser la gloire d'avoir vu naître chez elle un des plus grands papes de l'Église,[3] c'est Urbain IV qui n'étoit cependant que le fils d'un savetier. Son seul mérite lui fit avoir d'abord la dignité d'archidiacre de Liége, puis celle d'évêque de Verdun, et de patriarche de Jérusalem, et l'éleva enfin jusques sur le siége de saint Pierre le 29 août 1261. Ce fut lui qui institua en 1264 la fête du Saint-Sacrement, le jeudi d'après la Trinité, avec les processions solennelles,[4] et l'office particulier composé par saint Thomas d'Aquin. Après ce grand

---

[1] Lunatiques, fantasques.

[2] Ils s'y vendent aujourd'hui encore au kilogramme. C'est aussi des officines de Troyes que sont sortis une foule d'autres livres populaires, agrémentés de figures sur bois non moins naïves.

[3] C'est beaucoup dire; quoiqu'il ait donné, de par le droit que s'arrogeaient alors les souverains pontifes, le royaume des Deux-Siciles à Charles d'Anjou, il n'était pas de la taille de cet autre fils d'artisan qui se nomme Grégoire VII.

[4] La bulle ne fait pas mention de la procession.

pontife, il ne faut pas oublier de parler de deux des plus grands maîtres que nous ayons eu en France pour le dessin, qui sont Pierre Mignard, premier peintre du Roi, et François Girardon, excellent sculpteur, l'un et l'autre natifs de Troyes.

Après avoir parcouru quelques cantons de cette ville, je m'en fus retrouver mon colonel, qui s'ennuyoit de ce que je le faisois atendre pour dîner.

Nous ne partîmes de Troyes que vers les cinq heures du soir, à la fraîcheur, pour aller à trois lieues de là coucher aux Pavillons,[1] joli vilage, apparement ainsi nommé à cause que toutes les maisons en sont bâties de belle craie blanche et faites en forme de pavillons, de sorte qu'elles ne touchent point les unes aux autres. Ce lieu apartient à Mr Colbert,[2] contrôleur général; il est situé au milieu d'une plaine sèche, unie comme glace, de huit à neuf lieues d'étendue, où l'on ne trouve pas le moindre buisson, mais quantité de pierres à fusil; aussi le bois y est-il excessivement cher.

Le jour suivant, nous roulâmes à merveilles jusqu'à Saint-Aubin, où nous dînâmes. Le païs commence là à être moins de niveau, on y voit des côteaux qui le diversifient. A une lieue de là, nous traversâmes Nogent-sur-Seine, petite ville de Champagne, où ce qu'il y a de plus remarquable est la tour de l'église de parroisse. Nous y passâmes la rivière de Seine sur un pont de pierre, pour entrer dans la Brie champenoise. On trouve en cet endroit une longue chaussée que l'on a élevée contre les débordemens de cette rivière. Le soir nous arêtâmes à

PROVINS

Quelques personnes m'ont dit que son aspect ressembloit à celui de Jérusalem. C'est ce que je ne puis pas contester, je n'ai jamais été dans la Terre-Sainte, et je connois fort peu

---

[1] Pavillon. [2] Colbert mourut deux ans après, en 1683.

cette ville de Provins. Tout ce que j'en sçay, c'est que son plan en est haut et bas, qu'il y a une église à dôme, que l'on découvre de loin, que les maisons en sont mal bâties pour la pluspart. A cela près, la ville paroît assez bonne, elle est renommée surtout pour ses roses, dont on fait de la conserve. Notre colonel de Champagne y receut une visite d'une demoiselle, c'étoit la fille du major de Monaco, qu'il avoit envoyé complimenter, en lui offrant de porter de ses nouvelles à son père.

Nous partîmes dès la pointe du jour, le lendemain, en intention d'aller coucher à Paris, où[1] il y a dix-huit lieues; mais nous n'en pûmes pas venir à bout. A une heure de là, nous rencontrâmes deux cavaliers qui alloient le même chemin que nous. Le plus âgé des deux s'acosta de moi et se mit familièrement à me conter une querelle qu'il avoit eue la veille avec un gentilhomme de son voisinage, dont il alloit de grand matin porter sa plainte aux juges de la maréchaussée[2] à Nangis. J'étois assez étonné qu'un homme qui ne me connoissoit point me découvrît si facilement son affaire, elle lui pesoit apparement trop sur le cœur; car ce franc[3] gentilhomme ne s'en tint pas là, il me pria ensuite de lui dire mon sentiment sur la manière dont il avoit agi contre son aversaire, et me demanda même conseil sur ce qu'il devoit faire pour sortir de ce pas là avec honneur. Je lui répondis d'abord que je n'étois guères propre à décider la question; mais voyant qu'il continuoit ses instances, à tout hazard je lui dis ce que j'en pensois selon mes petites lumières. Il parut si content de moi, qu'il ne cessoit point de me remercier et de me dire que je prenois parfaitement le vrai sens de la chose,

---

[1] jusqu'où.
[2] C'était la juridiction légale pour des faits de ce genre. Déjà en 1602 un édit avait ordonné que les querelles entre gentilshommes fussent déférées au jugement du connétable et des maréchaux de France; mais l'institution de ce tribunal d'honneur n'arrêta pas les duels.
[3] expansif.

et il ajouta foi à mes paroles comme il auroit pu faire au plus habile jurisconsulte du monde. Peut-être fut-ce à l'aspect de ma longue barbe qu'il conceut cette bonne opinion de moi, car à cause du grand hâle[1] je ne m'étois point fait raser depuis douze ou quinze jours. Ces deux cavaliers se séparèrent de nous pour aller à Nangis, et nous fûmes tout droit dîner à Morman.[2] Nous eûmes beau hâter nos chevaux, ils étoient las d'avoir marché cent lieues tout d'une traite sans aucun jour de repos. Ainsi tout ce que nous pûmes faire, après avoir passé Brie-Comte-Robert, petite ville de la Brie françoise, et avoir cotoié le parc du château de Gros-Bois, ce fut d'aller à Boisi,[3] vilage, où nous arrivâmes même assez tard. Nous aperçûmes, avant que de nous retirer,[4] la ville de Paris de-dessus une hauteur.

Me voiant si près de la fin de mon voïage, je m'atendois à me bien récompenser d'avoir peu dormi la nuit précédente, et de me lever bien tard; mais il arriva tout le contraire, car ce colonel de Champagne, qui avoit quelque affaire en tête, se mit dès une heure après minuit à apeller d'une voix de désespéré : « Picard, La Rivière, Breton, allons, debout, selle, atelle, partons! » Puis s'adressant à moi, qui étois couché dans la même chambre : « Courage, Monsieur, levons-nous, dépêchons-nous. » Je m'éveillai en sursaut à ce bruit importun, me semblant que je ne venois que de mettre la tête sur le chevet. Je lui répondis, en grondant, qu'il ne falloit pas tant se presser, ni se lever si grand matin, pour faire trois ou quatre lieues; mais fort inutilement lui fis-je cette remontrance, il voulut partir. Et moi, par une complaisance inutile, je m'arachai du lit, et nous montâmes à cheval avant le jour. Nous passâmes le pont de Charenton,

---

[1] On disait : il fait un grand hâle, pour un vent brûlant qui dessèche la peau et rougit le teint. A son retour à Paris, notre voyageur, qui était jeune, ne voulait pas avoir l'air d'un campagnard.

[2] Mormant. [3] Boissy-le-Châtel. [4] dans nos chambres à coucher.

bâti sur la rivière de Marne qui, à cent pas de là se jette dans la Seine. J'aperçus sur la droite le temple* des Calvinistes, assez bel édifice de Jean Marot l'architecte,[1] et un peu après nous marchâmes le long des murs du château imparfait de Bercy. Enfin nous arrivâmes à cinq heures sonnantes à l'arc triomphal du fauxbourg S. Antoine. En entrant dans

PARIS

mon colonel se mit à foueter ses chevaux et à prendre un train de poste. Pour moi, qui n'avois pas si hâte que lui, ni envie de passer pour un homme de sa suite dans les rues de la ville, je le laissai courir devant. Je traversai tout Paris au pas de mon cheval, et j'arrivai chez mon frère Anténor au fauxbourg Saint-Germain, dès six heures du matin. Je fus surpris d'y trouver toute la famille déjà levée. C'étoit pour accompagner le Saint-Sacrement qu'on alloit porter à notre frère le cadet. Il mourut à un mois de là, âgé seulement de 27 ans. Il fut quitte par ce moïen de toutes les peines et de tous les chagrins que nous causa par la suite notre malheureux procès, qui m'avoit fait entreprendre ce second voïage d'Alsace. C'est tout dire qu'après plus de deux ans et demi de sollicitation assidue et avoir dépencé trois à quatre mille livres à païer les paroles des avocats et les griffonemens des procureurs et des sergents,[2] las, rebutés de toutes les amertumes qu'il faut avaler en plaidant, la cause devenant de plus en plus difficile à juger par la multiplication des procédures et la malice de nos parties, nous nous trouvâmes bien heureux d'acommoder avec eux pour le quart

* Il a été détruit par ordre du Roi en 1686, et on y a bâti à la place un monastère de religieuses bénédictines du Saint-Sacrement, afin que par l'adoration perpétuelle dont ces saintes filles font profession, on répare en quelque façon l'outrage qu'il avoit receu en ce lieu de ces hérétiques, ennemis de la réalité du corps de J.-Ch. dans cet auguste misière.

---

[1] Comme son contemporain Le Pautre, Jean Marot était un excellent graveur, qui nous a laissé la représentation exacte des principaux monuments de l'architecture française au xviie siècle.

[2] Huissiers.
« Et j'ai toujours été nourri par feu ma mère
Dans la crainte de Dieu, Monsieur et des *sergents*. »
Au lieu de l'étymologie avérée *serviens* (serviteur), un badin du xviie siècle a proposé la dérivation *serre gens*.

de nos prétentions, aimans mieux les laisser jouir du reste que de le donner à manger aux gens de justice, et acheter ainsi la paix au prix d'un héritage qui ne nous coûtoit rien.

 Après avoir fait un voïage dans un païs que les armes désolent si souvent, et être revenu dans ma patrie pour y soutenir un fâcheux procès, que dois-je conclure de tout ce récit, si ce n'est de reconnoître avec l'Écriture que la vie de l'homme est une guerre continuelle sur la terre;* car si les souverains ne l'ont pas toujours entr'eux, elle ne cesse jamais d'être allumée entre leurs sujets par la discorde et les inimitiés, les procès et les chicanneries qu'ils s'entrefont continuellement, comme s'il n'y avoit plus d'amitié, d'humanité, de justice ni de bonne foi dans le monde.

* *Militia est vita hominis super terram.* (Job.)

Ici se termine cet agréable récit, que le lecteur ne nous reprochera certainement pas de lui avoir fait connaître. L'auteur ne le destinait pas à la publicité, mais il comptait bien que ses mémoires lui survivraient et que, après l'avoir délecté lui-même et les siens, ils auraient la fortune d'exciter encore, par la suite des temps, l'intérêt de quelques curieux.

Aussi, de ces feuilles volantes — *ludibria ventis* — auxquelles il aura confié d'abord ses impressions de voyage, a-t-il eu la prudence de les transcrire, suivant toutes les règles de l'art calligraphique, dans des cahiers pouvant être reliés. Puis cette copie, sans aucun doute autographe, puisque la légende des deux dessins exécutés par lui est manifestement écrite de la même main, il a eu soin de la parer, avec un amour paternel, de cartes, de vues, de plans de villes, de vignettes, de planches de costumes, le tout en épreuves de choix.

En agissant ainsi, il a fait preuve de goût et tout ensemble de sagesse. Qui sait si l'accessoire n'a pas sauvé le principal de la destruction à laquelle ont été voués tant de manuscrits précieux, pour ne s'être point, à première vue, recommandés par de jolies miniatures, par une reliure sortant de l'ordinaire, ou par toute autre particularité, attrayante même pour des profanes. Une belle figure, suivant une remarque très juste, est une recommandation muette.

Quoi qu'il en soit, que notre volume ait échappé au grand naufrage littéraire grâce aux *planches,* comme on l'a dit spirituellement des poèmes de Dorat, ou par quelque autre chance, il a eu l'heur d'entrer au port. Avec quelle joie il fut recueilli par ce grand sauveteur, M. Frédéric Engel-Dollfus. « Félicitez-moi de ma bonne aubaine d'hier, » — nous disait cet homme unique, dont nous regrettons tous les jours davantage la perte irréparable — « un tableau de nos mœurs sundgoviennes au XVIIe siècle, pris sur le vif par un

Parisien d'alors! Ce que j'en ai lu déjà, m'a fait un plaisir infini ; vous m'en direz des nouvelles. » Et comme il n'était pas de ces bibliophiles jaloux qui gardent leurs trésors pour eux seuls, il ajoutait : « Notez que c'est un ouvrage inédit, il faudra voir à en faire profiter les lecteurs de notre Bulletin historique et tous les amis de l'Alsace. »

Voilà comment ces mémoires ont été imprimés deux siècles après avoir été écrits. Et certes, ils méritaient d'être tirés de l'oubli, car... — Nous vous tenons quitte de vos preuves et de vos réflexions, mais nommez-nous l'auteur. — H. DE L'HERMINE, le nom se trouve en caractères lisibles, quoique très ténus, et comme perdu au milieu d'autres traits de plume, sur la vue de Belfort dessinée par l'auteur le 1ᵉʳ mars 1675, c'est-à-dire avant la rédaction des mémoires. Quant aux cinq autres initiales sous lesquelles depuis il a jugé bon de se dérober, sauf le P qui paraît signifier Parisien et l'S qui pourrait s'expliquer par Sieur, il nous faut, en dépit que nous en ayons, laisser à un autre le plaisir de les expliquer. Quelques recherches intelligentes dans les dépôts de titres à Paris permettraient sans doute de combler cette lacune, de trouver la clef de plusieurs des pseudonymes répandus dans l'ouvrage et de découvrir quelques indices sur la vie de cet écrivain, ou plutôt de cet aimable homme du monde, qui savait observer et écrire, et qui ne tirait pas vanité de son talent.

TABLE DES NOMS DE PERSONNES

Abdénago, page 241
Achille, 11
Albert I (l'empereur), 93
Albert VI (d'Autriche) 62,
Alieti (le comte), 222
Amadis, 40
Amédée VIII (duc de Savoie), 98
Amerbach (Boniface), 81
Andronic, 9
Annese (Gennaro). 13
Anténor, 9, 253
Archalans, 40
Aremberg (le comte d'), 229
Arnaut, 135, 138, 148, 157
Arundel (le comte d'), 89, 90
Atis, 137
Aubert, 240
Aubigné (le comte d'), 107, 216, 217
Avent (le comte d'), 31
Barillon (M. de), 246
Battier, 82
Bauhin, 82
Beaumont (le comte de), 69 sqq., 234
Beringhen (le marquis de), 11
Bernard, 11
Bicgeisen, 122, 156, 208
Broglio (le comte de), 234

Brossard, page 156, 158, 159, 207, 208
Buxtorf, 82
Callot, 25
Calvin, 99, 208, 209
Caprara, 69, 70
Cardose, 157
Catteux (le lieutenant-colonel de), 218, 220
César, 46
Charlemagne, 10
Charles VI (le roi), 248
Charles le Téméraire, 87
Chatillon (le duc de), 225
Chevillard (Jean), 179
Choiseul (la famille de), 248
Choiseul (le marquis de), 237
Chosroès, 241
Colbert, 250
Colbert (Charles), 208
Condé (le prince de), 45, 62, 136, 139
Corbulo, 24
Costard, 137
Cousin (Jean), 10
Créqui (le duc de), 62, 189
Dauphin (Monseigneur le), 63, 189
Dauphine (Madame la), 86, 189

Dié (Hugues de), page 244
Eleusippe, 234
Elie de Crète, 84
Epinets (M. des), 70
Erasme, 80, 89
Escalopier (M. de l'), 152
Esope, 153
Eugène IV (le pape), 98
Fæsch, 83
Fattet, 110
Feuquières (le marquis de), 26
Filandre, 106, 108, 115, 154, 156, 209 sqq.
Foucault (M. de), 234
Fouquet, 12
François I (le roi), 18
Frantz (le Père jésuite), 122, 123, 140, 208, 209
Froben (Jérôme), 81
Furstemberg (le cardinal de), 47
Furstemberg (la maison de), 62
Ganelon, 10
Gessler, 92
Girardon (François), 250
Graff, 140, 151
Guébriant (le maréchal de), 55
Guillaume Tell, 92
Guise (le duc de), 13
Habsbourg (la maison de), 92
Henri I (l'empereur), 98
Henri II (l'empereur), 79, 98
Henri V (d'Angleterre), 248
Henri VIII (d'Angleterre), 90
Héritac, 50, 53, 133, 151, 154, 155
Holbein, 83, 86, 88 sqq.
Hold (Valentin), 52, 53, 129, 167, 184
Hold (Madame), 208
Hilas, 8

Horace, page 194
Irenicus, 197
Jacquier, 157
Jeanne d'Arc, 22
Jeanne la Belle, 197
Job, 121
Karspach (la dame de), 138, 139
Keller, 109, 116, 121, 122, 140, 141, 142, 154, 192, 204 sqq.
Keller (Mademoiselle), 203
Kœnig, 213
La Girardière, 138
La Grange (Jacques de), 143
La Mamie, 138
Léonille, 235
Le Vasseur, 233
Linange (le comte de), 128
Longwy (le cardinal de), 241
Louis XIV, 208, 209
Luc (Frère), 14
Luther, 47
Macarion, 7, 53, 54, 65, 67, 142, 150, 151, 154
Machicor, 131, 132
Maintenon (Madame de), 107, 216
Marc-Aurèle, 235
Marot (Jean), 253
Martin V (le pape), 98
Mazarin (le duc de), 88, 39, 65, 118, 128, 129, 131, 174, 200, 219, 222, 226, 230, 233
Meleusippe, 234
Mignard (Pierre), 250
Misac, 241
Morsperg (le comte de), v. Vignacourt
Morus (Thomas), 90
Moussy (le marquis de), 234
Munatius Plancus, 85

Nabuchodonosor, page 241
Nicolas V (le pape), 98
Oecolampade, 81
Onoxandre, 106, 115, 212, 213, 217, 219, 221, 223, 233
Otfried de Wissembourg, 198
Peutinger, 46, 97, 118
Phaéton, 15
Philippe-Auguste (le roi), 9
Poterie (le chevalier de la), 221
Prouais (le chevalier de), 107, 108
Ptolémée, 46
Pusio, 151, 152, 153, 154, 156
Rabelais, 10
Régnier-Desmarais, 189 sqq.
Reinach (le baron de), 180, 196
Rinck, 160, 161, 204, 205, 207
Rochet, 110, 111, 116, 158
Saint-André-Montbrun (le marquis de), 150
Saint Christophe, 215
Saint Didier, 239
Saint François, 215
Saint Georges, 64
Saint Gervais, 56
Saint Grégoire de Nazianze, 84
Saint Jean, 181, 239
Saint Jome, 234
Saint Mammès, 239, 243
Saint Morand, 123 sqq.
Saint Pierre, 33, 248
Saint Prothais, 56
Saint Romeric, 31
Saint Sébastien, 243
Saint Sénateur, 243
Saint Thiébaud, 36
Saint Thomas d'Aquin, 249
Sainte Agathe, 165
Sainte Barbe, 215

Sainte Gertrude, page 31
Saltzmann (le Père jésuite), 209
Saxe-Eisenach (le duc de), 201
Saxe-Weimar (Bernard, duc de), 55
Sémiramis, 197
Sidrac, 241
Simianes (M. de), 239
Socin, 153
Speusippe, 234
Tacite, 46
Tassin, 167, 168, 173
Thémis, 54
Thétis, 11
Tonti, 13
Trebeta, 197
Turenne, 41, 43, 44, 45, 69 sqq., 100, 116, 126, 132, 133, 221, 234
Urbain IV (le pape), 249
Urgande, 40
Valois (Adrien), 31
Vaubrun (le marquis de), 45, 134
Vignacourt (M. de), comte de Morsperg, 63, 118
Villefranche (M. de), 141, 144, 149
Vitry (le duc de), 245
Voiture, 137
Vulcain, 117
Vulson de la Colombière, 179
Wangen (le baron de), 236
Wettstein, 82
Wurtemberg (Georges de), 224
Zæringen (Agnès de), 62
Zæringen (les ducs de), 92
Zamet (Sébastien), 243
Ziper, 129
Zwingli, 81, 84

TABLE DES NOMS DE LIEUX

Abnoba mons (v. Forêt noire)
Allaine (l'), page 223
Alsace, 35 et passim
Altkirch, 38, 52, 65, 66, 79, 106, 115, 119 sqq., 184, 202 sqq., 222
Ammerschwihr, 42, 66, 134
Angleterre, 201
Arc-en-Barrois, 245
Arcey, 227
Arlesheim, 61
Armainvilliers, 11
Augusta Rauracorum, 97
Autricourt-sur-Ource, 246
Babylone, 241
Baden-Baden, 43
Baies, 14
Bâle, 74, 76 sqq., 110, 136, 138, 139, 151, 216, 238
Ballersdorf, 210
Bar-le-Duc, 18 sqq.
Bar-sur-Seine, 246 sqq.
Barrois (le), 18
Bartenheim, 74
Battenheim, 67, 134, 154
Baviliers, 223
Bayon, 28
Belfort 106, 115, 197, 212 sqq., 236

Bercy, page 253
Berentzwiller, 114
Besançon, 216, 227, 230
Bessoncourt, 211
Bisse (la), 77
Blotzheim, 74, 152
Boissy-le-Châtel, 252
Bourbonne-les-Bains, 244
Bourgfelden, 110, 111, 116, 158
Bourgogne (comté de), 215, 225, 232, 246
Brasse, 215
Brie (la), 13, 250
Brie-Comte-Robert, 252
Brisach, 49 sqq., 134, 206, 217, 236, 245
Brisgau (le), 49
Bruche (la), 47
Brunstatt, 154, 155
Bussang, 35
Catalogne, 222, 234
Cernay, 38
Champagne, 15 sqq., 246
Charenton, 252
Charmes, 28
Châtel-sur-Moselle, 28
Châtenoy, 45, 46, 113
Chenevières, 10
Cintrey, 232

Colmar, page 41, 43, 48 sqq., 161
Combeaufontaine, 232
Cressy, 11
Cumes, 14
Dammerkirch (v. Dannemarie)
Danemark, 201
Danjoutin, 212
Dannemarie, 107, 115, 210
Delémont, 79
Domremy, 20
Dreisam (la), 61
Durlach, 75, 102
Dusenbach, 39, 43
Eguisheim, 41
Ensisheim, 64 sqq., 67, 176, 206
Epinal, 29
Espagne, 201
Esprets, 230
Essoyes, 246
Esternay, 12
Fayl-Billot, 233
Ferrette, 65, 116, 118, 119, 150, 204, 207
First (auf der), 36
Folgensbourg, 116
Forêt noire (la), 62 sqq., 216
Fouchères, 247
Foug, 21
Foussemagne, 197
France, 201
Franche-Comté, 217, 227, 245
Francken, 114
Franconie, 199
Fribourg en Brisgau, 46, 58 sqq., 79, 126, 206
Gascogne, 200
Genève, 217
Giromagny, 200
Glashütte, (die), 117
Grancey-sur-Ource 246

Granges, page 228
Granson, 87
Grentzingen, 119
Grets, 11
Gros-Bois, 252
Guebwiller, 39
Habsheim, 68
Haguenau, 66
Hart (la), 57, 63, 64, 67, 68
Hattstatt, 41
Hegenheim, 116
Heidelberg, 183
Héricourt, 223. 225
Hesingen, 100, 109, 110
Hirsingen, 119
Hirtzfelden, 64
Humes, 245
Hunawihr, 44
Huningue, 75, 99, 105, 245
Ill (l'), 47, 49, 64, 73, 115, 155
Illzach, 73
Ingersheim, 48
Issenheim, 39
Italie, 201
Jérusalem, 249
Jettingen, 112, 113
Karspach, 204, 206
Katzenthal, 41
Kaysersberg, 42 sqq.
Kientzheim, 43
La Flèche, 130
La Houssaye, 12
Landgraben (le), 45
Landskron, 70, 116, 217
Landser, 65, 74, 151, 167, 207
Langres, 220, 229, 233 sqq., 246
La Queue, 10
Larg (la), 118, 210
Lay-Saint-Remy, 21
Leymen, 116

Liège, page 249
Ligny-en-Barrois, 19
Longuai, 246
Lorraine, 22, 217
Lupcourt, 28
Lutter, 116
Luvendorf, 118
Lyon, 31, 238
Madagascar, 131
Mailly, 15
Marle, 12
Marne (la), 253
Martiana silva (v. Forêt noire)
Meaux, 48
Meuse (la), 20
Miotte (la), 216
Mola-di-Gaeta, 13
Monaco, 247, 251
Montbéliard, 73, 189, 213, 223 sqq., 225, 245
Montétis, 10
Montigny-sur-Aube, 246
Montreux, 219
Morat, 87
Moselle (la). 22, 28, 29, 35
Mulhouse, 66, 69 sqq., 94, 154, 161, 221, 224, 234
Munich, 190
Murbach, 39
Nancy, 24 sqq.
Nangis, 251
Neubourg, 67
Neumoutiers, 12
Niederhagenthal, 116
Niederranspach, 109, 158
Nogent-sur-Seine, 250
Nordlingen, 46
Oignon (l'), 230
Oltingen, 117
Orléans, 184

Ottmarsheim, page 67, 68, 74
Ource (l'), 246
Ozouer, 10
Padoue, 130
Pagny-sur-Meuse, 20
Paris, 8, 9, 130, 136, 244, 251, 252, 253 sqq.
Pavillon, 250
Perouse, 115
Pertois (le), 18
Pologne. 201
Pont-d'Aspach, 67
Porrentruy, 60, 79, 94
Port-sur-Saône, 231
Pouzzoles, 14
Provins, 250 sqq.
Raedersdorf, 117
Remiremont, 30 sqq.
Rheinfelden, 117
Rhin (le), 82, 91, 221
Ribeauvillé, 44 sqq.
Rimsingen, 58, 63
Ripaille, 98
Rome, 89, 130
Rouffach, 39 sqq.
Rozoy, 12
Rupt, 34
Saint-Amarin, 36
Saint-Aubin, 19, 250
Saint-Maur, 10
Saint-Maurice, 34
Saint-Mont (le), 31
Saint-Morand, 115, 120, 123, 126 sqq., 166
Saint-Nicolas-du-Port, 24, 28
Sainte-Croix-en-Plaine, 49
Sanct-Georgen, 58
Sancy, 12
Saône (la), 231
Sartrouville, 160

Sasbach, page 45, 132
Saulnot, 225, 230
Sausheim, 154
Saux (la), 18
Savoureuse (la), 214, 215
Schlestadt, 43, 45, 46
Seine (la), 249, 250
Semoine, 15
Sens, 249
Sermaise, 18
Sezanne, 13 sqq.
Sierentz, 74
Sondersdorf, 117
Soultz, 89
Strasbourg, 46 sqq., 155, 216, 221
Suède, 201
Suisse, 91 sqq.
Sundgau, 38, 52, 65
Tagsdorf, 109, 152
Thann, 36 sqq., 220
Thiengen, 58
Thur (la), 38
Toul, 21 sqq.

Tournan (Tournehem), page 11
Trétudans, 212
Trèves, 197
Troyes, 246, 247 sqq.
Turckheim, 41, 72, 221, 234
Urbès, 36
Valenciennes, 161
Vaudoy, 12
Venise, 89
Verdun, 249
Vesoul, 231
Victoriacum, 18
Vienne, 89, 130
Villersexel, 228 sqq.
Vincennes, 9
Vitry-le-Français, 16 sqq.
Void, 19 sqq.
Vosges (les), 33 sqq., 40, 43, 57
Wiese (la), 77
Wihl, 63
Winckel, 118
Wittersdorf, 109
Wolschwiller, 117
Zellomberg, 44